Irritationen – Befremdungen – Entgrenzungen

Fragen an die Grundschulforschung

herausgegeben von

Heike de Boer
Heike Deckert-Peaceman
Kristin Westphal

Irritationen – Befremdungen – Entgrenzungen

Fragen an die Grundschulforschung

herausgegeben von

Heike de Boer
Heike Deckert-Peaceman
Kristin Westphal

Johann Wolfgang Goethe-Universität
Frankfurt am Main 2011

Frankfurter Beiträge zur Erziehungswissenschaft
Reihe Kolloquien

im Auftrag des Dekanats
des Fachbereichs Erziehungswissenschaften
der Johann Wolfgang Goethe-Universität
herausgegeben von
Frank-Olaf Radtke

© Fachbereich Erziehungswissenschaften der
Johann Wolfgang Goethe-Universität
Frankfurt am Main 2011

Herstellung: Books on Demand GmbH, Norderstedt

Bibliografische Information der Deutschen Bibliothek

Die Deutsche Bibliothek verzeichnet diese Publikation in der Deutschen Nationalbibliografie; detaillierte bibliografische Daten sind im Internet über http://dnb.ddb.de abrufbar.

ISBN: 978-3-9813388-5-0

Inhaltsverzeichnis

Heike de Boer, Heike Deckert-Peaceman, Kristin Westphal
Irritationen – Befremdungen – Entgrenzungen 7

1. Kapitel: Entgrenzungen

Bernadette Baker
Borders, Belonging, Beyond? 19

Heike Deckert-Peaceman
Der Brauch der Zuckertüte als Medium und Praktik 61

Heike de Boer
„Motivierte Lehrer kooperieren auch nebenbei" –
Schulentwicklung und Effizienz 79

2. Kapitel: Irritationen

Kristin Westphal
Wirklichkeiten und Möglichkeiten 97

Ansgar Häußling
Mensch und Welt – inmitten von Bilderwelten und
Netzwerken? 109

Susanne Schittler
_aufs Spiel setzen.
Zum bildenden Charakter performativer Zugänge 135

3. Kapitel: Befremdungen

Helga Kelle
Schuleingangsuntersuchungen an einer International School 153

Monika Sujbert
Wenn Kindergarteneltern zu Schuleltern werden 171

4. Kapitel: Verschiebungen

Patrick Sunnen
Lernen 191

Gerhard de Haan
Sieben Thesen zur Erosion der Schule 217

Die Autoren 235

Irritationen – Befremdungen – Entgrenzungen

Fragen an die Grundschulforschung

Eine Festschrift zum Abschied von Gerold Scholz

Der Schulpädagogik fehlt es an Empirie, so Gerold Scholz in seinen Überlegungen zu einer ethnologischen Unterrichtsforschung.[1] Diese Aussage irritiert und befremdet zugleich angesichts zahlreicher internationaler Vergleichsstudien sowie vielfältiger Erhebungen zu den Fragen guten Unterrichts. Doch wie ist es mit einer Unterrichtsforschung, die die unterrichtliche Praxis nicht auf wenige Variablen reduziert, sondern in ihrer Komplexität betrachten möchte? Eine Unterrichtsforschung, die sich darüber hinaus dem komplexen Wirkungsgefüge von Mikro- und Makroebene stellt und sich damit auch als Kulturforschung von und am Beispiel von Schule versteht.

In diesem Band stehen Forschungsfragen im Mittelpunkt, die die von Gerold Scholz angelegten Reflexionen über die Komplexität von schulischem Wissen, Strukturen und Normen aufgreifen, vertiefen und weiter verfolgen. Seine Perspektive auf die Doppelbödigkeit unterrichtlicher Interaktionen im Spannungsfeld von Sach-, Inhalts- und Beziehungsfragen rückt in den Mittelpunkt der Betrachtung. Dabei werden Handlungen und Rituale im schulischen Kontext, die den Beteiligten geläufig und zugleich unhinterfragte Selbstverständlichkeiten sind, als Teil einer Kultur verstanden, die sich selbst aufführt und von einer Generation an die nächste weiter gegeben werden.

Der Zusammenhang von Schule und Unterricht als Teil einer Kultur, in der sich die Kultur einer Gesellschaft repräsentiert und deren Reflexion zum Verständnis der eigenen Kultur beiträgt, gerät in den Blick. Das Zusammenwirken einer Mikroperspektive auf schulisches Unterrichtshandeln und einer Makroperspektive, die darin verwobene gesellschaftliche und kulturelle Ordnungen reflektiert, erhalten Bedeutung. Dieser Fokus führt zur Befremdung von Selbstverständlichkeiten und versucht

---

1 Scholz, G. (2006): Was ist eigentlich ein Schüler? Pädagogische Ansätze für eine ethnologische Bildungsforschung. In: Andresen, S./Diehm, I. (Hrsg.): Kinder, Kindheiten, Konstruktionen. Erziehungswissenschaftliche Perspektiven und sozialpädagogische Verortungen. Wiesbaden, 229-247

unterrichtliche Situationen in ihrer Inszenierung zu beobachten und zu beschreiben sowie ihre Einbettung in kulturelle und gesellschaftliche Narrative sichtbar zu machen. Damit wird der Blick zum einen auf alltägliche Situationen und Interaktionen zwischen schulischen Akteuren gelenkt. Die impliziten Regeln und Rituale der Beteiligten werden erkennbar und verweisen auf Konstruktions- und Ko-Konstruktionsprozesse. Zum anderen werden die dahinter liegende Bedeutungen aufgesucht und im Zusammenhang mit kulturellen und gesellschaftlichen Ordnungen reflektiert.

Diese Perspektive führt zu erkenntnistheoretischen, politischen und ethischen Fragen, die sich in Schule als Ort und Praxis kultureller Aufführung spiegeln und darüber hinausgehen. Dekonstruiert man schulisches Wissen, werden einerseits institutionelle Überformungsprozesse und damit Einsichten in die Funktion von Schule offengelegt. Andererseits stößt man auf die Generierung von Wissen in unserer Kultur und die Prozesse der Weitergabe an die nächste Generation. Gerold Scholz hat gerade bezogen auf den Sachunterricht immer wieder darauf hingewiesen, wie wichtig es sei, sich mit dem Konstruktionsprozess der „Sachen" auseinanderzusetzen und eben nicht mit der „Sache" als Entität. Ferner gilt es, die Phänomene hinsichtlich ihrer Bedeutung zu hinterfragen sowie die Vermittlung als generationellen Prozess, als Aushandlungsprozess auch über Machtfragen zu verstehen und dabei Kinder ernst zu nehmen. Hinzu kommt die Veränderung unseres Wissens über die Welt und über uns selbst durch die neuen Medien. Folglich formiert sich das Verständnis von Bildungsinhalten und -prozessen neu.

In Anlehnung an anglo-amerikanische Diskurse zu einer dekonstruktivistischen Sicht auf Bildungsprozesse und ihre Steuerung geht es darum, Curriculum als „the collective story we tell our children about our past, our present and our future" (Grumet 1981)[2] zu betrachten und zu untersuchen. Die Auseinandersetzung mit diesen Prozessen wird im Anschluss an die *Cultural Studies* als *Curriculum Studies* verstanden. Dabei spielen immer wieder machttheoretische Fragen eine Rolle, die international sowohl auf nationaler Ebene als auch aus einer postkolonialen Perspektive als *Transnational Curriculum Inquiry* (Gough 1994)[3] erforscht werden.

Gerold Scholz' Interesse an Irritationen und Befremdungen, seine Neugier für andere Sichtweisen sowie sein kritisches Nachdenken über

---

2   Grumet, M. R. (1981): Restitution and reconstruction of educational experience: an autobiographical method for curriculum theory. In: Lawn, M./Barton, L (Hrsg.): Rethinking Curriculum Studies: A Radical Approach. London, 115-130
3   Gough, N. (2004): Transnational curriculum inquiry: building postcolonist constituencies and solidarities. In: AARE Conference 2004, Melbourne (Online-Publication)

das Verhältnis von Politik, Ökonomie und Pädagogik erklären u. a. die Gestaltung seiner Verabschiedung von der Universität im November 2009. Anstatt selbst eine Abschiedsvorlesung zu halten, wollte er seinen Gästen ein Geschenk in Form eines Vortrags machen und durch eine „fremde Sichtweise" auf aktuelle bildungspolitische Themen, hier die Auseinandersetzung mit PISA, zum Nachdenken anregen. Eingeladen wurde Bernadette Baker, eine australische Wissenschaftlerin, die u. a. den Ansatz Transnational Curriculum Inquiry vertritt, und die in Australien, in den USA sowie in Finnland forscht und lehrt.

Der komplexe und zum Nachdenken anregende Vortrag war der Anstoß für das vorliegende Buch. Intendiert ist, durch die schriftliche Fassung des Vortrages postkoloniale Ansätze der internationalen Curriculumforschung in Deutschland zugänglich zu machen und zu diskutieren. Dabei steht der umfangreiche Beitrag von Bernadette Baker in Originalsprache und im postmodernen Duktus zum einen für sich und soll zu weiteren Auseinandersetzungen zum Thema in Deutschland anregen. Um ihn besser in das deutschsprachige Buch zu integrieren, wird er im Folgenden ausführlicher als andere Beiträge vorgestellt. Zum anderen bildet er den Ausgangspunkt des ersten Kapitels *Entgrenzungen*. Er thematisiert die Frage nach dem Entstehen und den Legitimationsargumentationen von Grenzziehungen auf mehreren Ebenen.

Jeanette Baker setzt sich mit *„Borders, Belonging, Beyond? Education, Globalization, and the Possibility for Wold-forming"* mit Normalisierungs- und Naturalisierungsprozessen auseinander, die im Rahmen internationaler Vergleichsstudien vorgenommen werden. Auf der Basis poststrukturalistischer und postkolonialer Theorieansätze zeigt sie, wie es in diesem Kontext zur Affirmation der Idee des Nationalstaats kommt, obwohl dieser, wie viele andere Selbstverständlichkeiten der Moderne und damit zusammenhängend, letztlich in Auflösung begriffen ist. Poststrukturalistische Diskurse aufgreifend, jedoch durch eine postkoloniale Sicht wesentlich erweitert, werden westliche Rationalisierungsformen analysiert und hinterfragt. Baker arbeitet heraus, an welchen Stellen diese zu Grenzziehungen führen, die ein auf Linearität und Monokausalität hinauslaufendes Bildungs- und Gesellschaftsverständnis sichtbar machen. Am Beispiel unseres durch Karten geformten geographischen Verständnisses von Welt und von uns selbst, fragt sie danach, wie Erziehung vorstellbar wäre ohne die geographische Ordnung durch Landkarten (in absence of a map).

Grundlage für das diskursanalytische Verfahren sind Berichte der OECD über PISA. Dabei geht Jeanette Baker sowohl archäologisch als auch genealogisch vor. Ihr Beitrag gliedert sich in drei Teile. Im ersten Teil wird am Beispiel der Begriffsgeschichte von Curriculum und Klasse gezeigt, wie sich das Bildungsverständnis der Moderne als lineares und klar verortetes Geschehen, subjektbezogen und mit eindeutiger Ursache-Wirkung herausgebildet hat. Der Ursprung liegt hier u. a. im calvinistischen Denken, das die Perfektionierung des Menschen durch Leistung zum Ziel hat. Dieses ist nicht zu trennen von einer effektiveren Steuerung sowie von Prozessen kollektiver Identität im modernen Nationalstaat. Mit dem Verschwinden der großen Erzählungen oder der Container Theorien nach Beck (2000, nach Baker) wird, so Baker, ein neue Art der Auseinandersetzung mit dem Subtext von Curricula und ihren Nebenwirkungen erforderlich. Sie formuliert *Transnational Curriculum Inquiry* als Aufgabe und Auftrag, um zum nächsten Abschnitt überzuleiten, der mit einem Zitat der OECD über die PISA-Ergebnisse der Länder im Vergleich beginnt.

Baker analysiert die Prozesse der nationalen Grenzziehung im Zusammenhang mit Wissensproduktion im Sinne von Wahrheitsregimen. Es geht ihr um die Frage nach dem Gewinn eines Vergleichs, der nur zu erzielen ist, indem man Entitäten bestimmt. Der Erfolg Finnlands bei der PISA-Studie wird häufig mit dem Epistem der Kultur und ihrer Geschichte erklärt. Jedoch wird dabei ignoriert, dass Finnland, wie andere Nationalstaaten, ein historisch und kulturell entwickeltes Konstrukt ist. PISA und andere Vergleichsstudien gehen also davon aus, dass Wissen durch die Abweichung einer Norm und nur im Vergleich zu einem existierenden Staat bzw. zu einem vergangenen Zustand messbar ist. Baker fragt, ob hier nicht eine verdeckte Norm als Stabilisator bestimmter Verhältnisse fungiert.

Weitergehend untersucht sie Wissenschaft, Nation und Okzident als Konzepte des 19. Jahrhunderts, die sich durch eine Allianz von Realismus, Rationalität und Kolonialismus herausgebildet haben und sich insbesondere in modernen Institutionen spiegeln. Nach Winichukal (1994, nach Baker) bedingt dieser Prozess jedoch einen Glauben an eine bestimmte Deutung von Raum und Zeit als gegeben. Er beschäftigt sich vor allem mit dem Zusammenhang von moderner Geographie und nationaler Identität und dem daraus resultierenden Verständnis, das konträr zu anderen Völkern ist, wie er am Beispiel der vormodernen Thai-Kultur ausführt. Er zeigt, dass andere Ordnungen von Raum, beispielsweise entlang von spirituellen und moralischen Kartierungen, zu einem anderen Welt- und Gesellschaftsverhältnis führen. Die heute üblichen Grenzziehungen durch moderne Landkarten haben weitreichende Implikationen. Bezogen auf die Auseinandersetzung mit PISA genügt es demnach nicht zu fragen, auf welche Parameter sich der Vergleich bezieht, z. B. Deutschland vor oder nach 1989, sondern es gilt, die längst ins Wanken gekommenen Konzepte einer linearen Zeitvorstellung, eines dreidimensionalen Raumes, einer totalen Welt und der menschlichen Existenz als Subjekt zu hinterfragen.

Vertieft wird die Diskussion um Subjekt und nationalstaatliche Zugehörigkeit am Beispiel der Gehörlosen, die sich selbst eher als Volksgruppe und nicht als Behinderte verstehen. Nach Wrigley (1996, nach Baker) könnte man die ca. 15 Millionen Gehörlosen sogar als demokratische Nation bezeichnen, aus der niemand durch Geschlecht, Hautfarbe oder Milieu ausgeschlossen wird. Winichukals Gedanken aufgreifend lässt sich hier eine Nationenbildung ohne geographische Verortung modellartig diskutieren. Mit der sich erst im 18. Jahrhundert herausgebildeten Unterscheidung von hörend als normal und gehörlos als defizitär wird die Volksgruppe oder Nation der Gehörlosen kolonialisiert. Denn gehörlos wird nicht als andere Ethnie, Kultur und Sprache verstanden, sondern die Kompetenz des Hörens dient als Klassifikationsmerkmal im Sinne einer Abweichung von einer gesetzten Norm. Dieser Prozess ist historisch eng mit der Herausbildung von europäischen Nationalstaaten, mit der Schulpflicht und mit verbindlichen Hochsprachen verbunden und ist mittlerweile so stark naturalisiert, dass die Kolonialisierung nicht mehr bewusst ist. Vor dem Hintergrund dieser Dekonstruktion kann man nach Baker vermuten, dass die internationalen Vergleichsstudien die Gefahr bergen, neue Formen der Kolonialisierung hervorzurufen, indem zum einen Kompetenzen an ein Subjekt und zum anderen an die Zugehörigkeit zu einer territorial bestimmten Gemeinschaft gebunden werden.

Im nächsten Schritt wird der Begriff Wissensgesellschaft und die Vorbereitung von Schülern darauf problematisiert. Am Beispiel einer Reaktion eines amerikanischen Schulrats auf Hypnose im 19. Jahrhundert wird der Mechanismus erläutert, mit dem PISA-Ergebnisse rezipiert werden. Es wird deutlich, inwieweit sich unser alltägliches Wissensverständnis auf Sichtbarkeit und monokausale Erklärung reduziert, obwohl die Erkenntnistheorie diese Muster längst hinterfragt. So wird der finnische Erfolg bei PISA in den Unterrichtspraktiken gesucht, jedoch nicht eindeutig gefunden und mit rationalen Argumenten in seiner Gesamtheit nicht ausreichend erklärbar und dann zum Mysterium gemacht, also analog zur dem der nicht umfassend erklärbaren Wirkungen von Hypnose.

Im dritten Teil formuliert Baker Schlussfolgerungen. Ihrer Ansicht nach geht es beim Transnational Curriculum Inquiry um mehr als eine dichotome Gegenüberstellung von westlichem und anderem Denken. Es geht um eine Neuordnung von Gesellschaft, Gemeinschaft, Identität und Erziehung unter Auflösung binärer Codes und unter Anerkennung postmoderner Fluidität. Sie zeigt auf, dass die westliche Moderne von innen und von außen in Erosion begriffen ist. PISA ist demnach als Strategie zu lesen, sich diesem Erosions- und Machtverlustprozess zu entziehen. Ferner wird gleichzeitig ein Wandel der Legitimationsfigur pädagogischer Institutionen sichtbar. PISA ist primär eine ökonomische Berechnung des Verhältnisses von staatlicher Bildungsinvestition und Bruttosozialprodukt. Der Verlust an Bedeutung für die nationale Identitätsbildung von pädagogischen Institutionen wird durch die neue ökonomische Legitimationsstrategie kompensiert, indem über den Vergleich die Idee des Nationalstaats in besonderer Weise stabilisiert und konserviert wird. Baker warnt jedoch vor einer weiteren Entwicklung, die diesem Prozess inhärent ist. Der Versuch, Demokratie an die europäische Moderne zu binden, ignoriert die vielfältigen Ansätze Demokratie neu zu formulieren und unterschlägt die Gewalttaten, die im Namen von westlichen Demokratien entstanden sind. Demnach birgt auch der Subtext von PISA die Gefahr der Durchsetzung von neuem eugenischen Denken. Zurückkommend auf den eingangs formulierten Ursprung der Begriffe Curriculum und Klasse des calvinistischen Denkens kann man als unbewusstes Leitbild von PISA vermuten, dass die Welt durch die durch permanentes Optimieren des Menschen hinsichtlich einer effizienten Leistungssteigerung „errettet" werden soll.

Am Ende bleibt die Frage nach den ethischen Prinzipien in einer unübersichtlich gewordenen Welt. Baker fragt danach, inwieweit es gelingen kann, ohne Dominanz der „westlichen" Ordnungssysteme Erziehung und Demokratie als streitbare und humane Kultur zu gestalten und welche Rolle politisches Bewusstsein der Wissenschaft dabei spielt.

Im Anschluss an die theoretischen Überlegungen Bakers setzt sich der Beitrag von *Heike Deckert-Peaceman* mit dem Ritual des Artefakts Schultüte als Ausdruck einer für den deutschen Kontext typischen kulturellen Praktik des Schulanfangs auseinander. Empirische Fallbeispiele und ein diskursanalytisches Verfahren werden miteinander verknüpft, um auf den Zusammenhang von Mikro- und Makroebene zu verweisen. Aufgegriffen wird auch die Frage nach dem internationalen Vergleich, um im Anschluss an Gerold Scholz mit einer ethnologischen Sicht die Besonderheiten des Schulanfangs in Deutschlands herauszuarbeiten. Dabei zeigt sich eine spezifische Mythologisierung des Schulanfangs, die zum Leitbild der Institution wird.

In dem Beitrag von *Heike de Boer* findet mit Verweis auf Bakers Überlegungen eine Auseinandersetzung mit Kooperationspraktiken schulischer Lerngemeinschaften vor dem Hintergrund bildungs- und gesellschaftspolitischer Diskussionen zur Schulentwicklung statt. Analysiert werden konkrete Kooperationsinteraktionen, die vielfältige Deutungen und Interessen der Akteure offen legen und markante Differenzen von Programmatik und situierter Handlung anzeigen und zugleich die Folgen eines auf Leistungsoptimierung und Effizienz angelegten Schulentwicklungsdiskurses sichtbar machen.

Im zweiten Kapitel folgt eine Auseinandersetzung mit *Irritationen* in medialen und ästhetischen Zusammenhängen, ein Thema, das Gerold Scholz stets interessiert und ihn zu vielfältigen Überlegungen, beispielsweise zu Lernprozessen und zu der Begegnung mit Phänomenen im Sachunterricht inspiriert hat. Umgekehrt werden seine Ausführungen, z. B. zum Spiel, aufgegriffen und verändert.

Kristin Westphal geht der These nach, dass eine technische Welt ohne humane leibliche Referenz und Wahrnehmungsregister nicht denkbar ist. Die Erfahrungen, die in den neuen Technologien aus ihren ursprünglichen Kontexten gezogen werden und zu neuen Wirklichkeiten in künstlichen Bezügen hergestellt werden, irritieren gewohnte Wahrnehmungsweisen. Reflektiert wird, wie die Medien die Verankerung im Hier lockern, indem sie Möglichkeiten des Dortseins freisetzen und den Spielraum der Erfahrung teils erweitern, teils vervielfältigen.

Ansgar Häußling setzt sich in seinem Beitrag mit jener Wirklichkeit auseinander, die Kinder (und Erwachsene) in Zeit auf Zeit jeweils symptomatisch betrifft, heute wieder anders als früher. Wie Kinder darauf eingehen, um diese Wirklichkeit aufzuarbeiten und auszugestalten, wird paradigmatisch im Fokus dreier Maßgaben angegangen: der dramatisch sich verändernden Welt der Bilder, der rasant um sich greifenden Welt des Designs und der immer massiver auftrumpfenden Welt der Netzwerke, in denen vermehrt Menschliches mit Nichtmenschlichem kooperiert, so auch was sachunterrichtliches Lernen betrifft. Dabei werden die nach wie vor virulenten ikonoklastischen Gesten rund um den Erdball mit bedacht. Wie grundlegend und gestaltend dieser Verbund für Sachlernprozesse ist – bei einem ständigen Wandel, wie Kinder sich und Erwachsene sie verstehen – zeigt sich in diesem Kontext signifikant.

Susanne Schittler reflektiert anhand der Performance „Schattenspiele" von Eva Meyer-Keller (Koblenz 2009) Möglichkeiten von Erfahrungen in und durch das performative Spiel. In Abgrenzung zu dem herkömmlichen Umgang mit Lernspielen wird hier ein Zugang diskutiert, der sich der Irritation und Befremdung gegenüber den Erwartungshaltungen und Sehgewohnheiten annimmt. Welches Bildungspotenzial eröffnen uns Spielsituationen als Möglichkeitsraum, die den Zuschauer als Akteur in das Geschehen einbinden, ist die Leitfrage für den Beitrag.

Das dritte Kapitel richtet seinen Blick wieder auf die Institution Schule. Es versucht durch *Befremdungen*, Prozesse der Institutionalisierung von Erziehung und Bildung auf die Spur zu kommen. Beide Beiträge zeigen konkret am Datenmaterial, wie Schule in Praktiken von

Akteuren hergestellt wird.

Helga Kelle diskutiert Ergebnisse aus einem praxisanalytischen Forschungsprojekt zu kinderärztlichen Vorsorge- und Schuleingangsuntersuchungen. Es handelt sich dabei um den speziellen Fall einer abweichenden Durchführung der Schuleingangsuntersuchung an einer International School. Kelle macht auf die Bedeutung des kulturellen Kontexts solcher Untersuchungen aufmerksam und zeigt auf, inwieweit Kinder aus internationalen bildungsbürgerlichen und wohlhabenden Milieus unter die Logik des Verdachts unter umgekehrten Vorzeichen gestellt werden, nämlich der Akzeleration von Entwicklung.

Wie Eltern ihre Kinder im Übergang vom Kindergarten zur Grundschule konstruieren, reflektiert *Monika Sujbert* an empirischem Material, das in einem Projekt zu „Orientierungsrahmen von Eltern im Übergang zur Grundschule in unterschiedlichen Milieus und unter Bedingungen der Migration" erhoben wurde und auf Leitfäden gestützte Interviews zurückgreift. Herausgearbeitet wird, dass die aus bildungsnahen Milieus stammenden Eltern ihre Handlungsdispositionen gegenüber der Institution Schule zwar als vergleichsweise eingeschränkt empfinden, aber dass sie unterschiedlich auf diese Situation reagieren.

Im vierten Kapitel *Verschiebungen* geht es um Neuverortungen in Bezug auf Lernen als Begriff und abschließend bezogen auf die Institution Schule. Das letzte Kapitel findet somit Anschluss an den Eingangstext von Baker. Es stellt sich der Frage, inwieweit Bildungsprozesse neu gedacht werden können und müssen.

Patrick Sunnen setzt sich ausführlich mit den Texten von Gerold Scholz zu einem erziehungswissenschaftlichen Lernbegriff auseinander. Dabei greift er seine Forderung auf, nicht von einer Wissens-, sondern von einer Lerngesellschaft zu sprechen, weil das Lernen eine Auseinandersetzung mit dem Sinngehalt von Wissen impliziert und man damit besser mit den Unwägbarkeiten einer postmodernen Welt zurechtkommen kann. Sunnen beschreibt in Anschluss an Gerold Scholz Lernen als kulturellen und sozialen Vorgang. Dabei systematisiert und vertieft er seine Thesen.

Den Abschluss setzt *Gerhard de Haan* mit sieben Thesen zur Erosion der Schule. Er entfaltet die Behauptung, dass die Gegenwart von Erosionserscheinungen geprägt ist und dass es zudem plausibel ist, dass sich diese Erosion in Zukunft fortsetzen wird, indem auf den subjektiven Relevanzverlust der formellen Bildung, fundamentale Leistungsschwächen der Schule, ihre Konkurrenz zu anderen Formen des Wissensgewinns, die Marginalisierung von Schule aufgrund des demografischen Wandels und einige weitere Aspekte eingegangen wird. Dabei wird herausgearbeitet, dass es unterschiedliche Varianten von Zukünften in der Zukunftsforschung gibt, die als Vorgriff immer riskant bleiben. In Abgrenzung zu spekulativen Formen entwickelt de Haan seine Thesen vor dem Hintergrund einer weiteren Variante: die der *plausiblen* Zukunft.

Der Dank der Herausgeberinnen gilt den Autoren / Autorinnen, die spontan dazu bereit waren durch ihre Beiträge ihre Verbundenheit mit Gerold Scholz zum Ausdruck zu bringen und nicht zuletzt dem Initiator Franz-Olaf Radtke und den Herausgebern der Reihe Frankfurter Beiträge zur Erziehungswissenschaft der Johann Wolfgang Goethe-Universität.

Mainz, Frankfurt am Main im März 2011

Heike de Boer, Heike Deckert-Peaceman, Kristin Westphal

1. Kapitel
Entgrenzungen

Bernadette Baker

Borders, Belonging, Beyond?

Education, Globalization, and the Possibilities for World-forming

Introduction

"The passion to eradicate alterity from the earth is also the passion for the home, the country, the dwelling, that authorizes this desire and rewards it. In its nationalism, parochialism and racism it constitutes a public and private neurosis. So, unwinding the rigid understanding of place that apparently permits me to speak, that guarantees my voice, my power, is not simply to disperse my locality within the wider coordinates of an ultimate planetary context. That would merely absolve me of responsibility in the name of an abstract and generic globalism, permitting my inheritance to continue uninterrupted in the vagaries of a new configuration. There is something altogether more precise and more urgent involved. For in the horror of the unhomely pulses the dread for the dispersal of Western humankind: the dread of a rationality confronted with what exceeds and slips its grasp" (Iain Chambers, *Culture After Humanism*, p. 196).

We live in what has been called, for several decades now, New Times – an apparent shift in sensibilities from the chronological and linear, to the spatial, the scalar, and the glocal; a mutation in political debates from matters of truth to matters of concern; a leap from the textual to the virtual, from the auditory to the visual; contracted and reduced temporalities of communication that enable expansion of horizons, everything at once more easy and more difficult, from the sturdy foundations of certitude over who we are to irreconcilable planes of rhizomatic temperament and polycentricity – coordinates lost, disorientation ensues, a new moral compass is sought.

That at least is the spin so frequently given to and as New Times. Such world-diagnosis requires its own coordinates, though: An appeal to a before and after, a here and a there, a this and a that which structure the observabilities often left unproblematized amid current logics of perception. Under the label globalization, the humanities and social sciences have been forced to revise their thinking to find new ways to speak about the changed circumstances around us and to reorient conceptually in an apparent "world without frontiers". Appeals to the rhetoric of globalization are reflected in shifts in our basic understanding of belonging, in the purposes attributed to education, and projections of the future. Significant shifts have already taken place in the notion of the self and/or subjectivity and in the traditional framework of compulsory education, the nation-state. These shifts, in turn, affect educational policy, school reform and leadership, doctoral programs, and classroom populations. In contemporary educational research, such shifts are only marginally, but increasingly, being recognized (Anderson-Levitt, 2003; Burbules/Torres, 2000; Rizvi/Lingard, 2000; Stromquist/Monkman, 2000; Suárez-Oroczo/Qin-Hilliard, 2004).

This chapter in honor of Prof. Dr. Gerold Scholz's lifetime contribution to studies of childhood, education, and culture offers in that vein a timely philosophical probing of repetitively appearing issues that a field called curriculum studies and an associated area called transnational curriculum inquiry now confront and work through in facing such sensibilities about globalization. For Iain Chambers, such sensibilities are not tamed or resolved by splitting the analytical register simply between global and local. This is especially problematic if global is taken to mean the dispersal of an already-dominant or privileged version of the local within wider coordinates that ensure the continuation of forms of representation and frames of reference that are familiar, privileged and/or over-exposed. This chapter thus takes up the problem posed by Chambers, reapproaching a rationality confronted with what exceeds and slips its grasp, rethinking and rephrasing what education might be in the absence of a map.

Each issue raised, which I refrain from calling a theme, can be understood as a direct interrogation of the one preceding it, meaning that the confident assertions in each section will be destabilized by that which follows, interrupting the smooth flow of climactic sequencing for a more turbulent ocean and seasick kind of experience. The aim, then, is not to develop a rhetorical unity or deepen a common core. Given that, I suspect that such a text might be experienced as wandering and wafting, as drowning even, or as having an associative quality, especially in fields and subfields where interdisciplinarity is not familiar or accepted. This can be especially the case in parts B and C where the lines of flight, the continual seepage, seem not to meet up in a final or definitive reterritorialization – a deliberate strategy, an open wound *sans* pain – where the bleeding is not necessarily posited as loss. In Part B, the chapter engages four key issues in contemporary literature that highlight the complexities, limits, and problems of assuming the solidity of the nation-state as a priori sovereign of education and that brings into question the universal applicability of the idea of curriculum and of a coherent, conscious, unified, and discrete self with a single life as curriculum's target. In Part C, the coagulation and emptying of a notion of "the West" inspires another set of adventures that do not deliver the traveling reader safely to a new port of call nor provide a band aid for any cuts experienced *en route*.

The issues engaged below could be initially taken to represent an extension of what Peter Wagner (1994) describes as "the second crisis of modernity" (1960s onwards) in which tensions between liberty and discipline become more broadly exposed and where the very fabric and nature of a democracy is rewritten. Yet, the issues examined here are not always so entirely new, not necessarily the offspring of democratic institutions, and are tied in the analysis to a broader and often-pre-existing philosophical debate. The springboards for those debates are journalistic accounts of PISA (Programme for International Student Assessment), which operate as both vehicle and effect of such issues.

The issues raised, then, can be thought of as currents that cut across efforts to nationalize educational discourse and to attribute a singular and propertied orientation to selves, invention, ideas, and institutional practices. I want to be clear, though, that my aim here is neither to denigrate national identification nor to celebrate it. Furthermore, the questioning is not an automatic or by default elevation of extreme individualism or substitute or proxy regionalisms. Rather, the examples release us toward new horizons for reconsideration of praxis, largely because the familiar frameworks, shores, and discourses called upon in education no longer operate as sufficient explanatory devices or docks. This historicization, delimitation, and deepening, will offer I hope new opportunities for the reconsideration of education and ethics in the twenty-first century.

1. Provincializing "Curriculum"

Before elaborating such issues I want to highlight some idiosyncracies of the terms *class* and *curriculum* as they reappeared in continental languages of Europe in the sixteenth century, as they became institutionally linked terms, and were then appropriated into English. I also want to place some suggestive markers, then, around transnational curriculum inquiry *as tasks* that are undertaken rather than reducing such tasks a priori to the concern for quiddity, that is, to the question of "What is?", of definition of a discrete subfield.

Class

"The division of pupils into classes was to constitute one of the principal pedagogic innovations in the entire history of education" (Mir, 1968, *Aux Sources de la Pédagogie des Jésuitesı*, quoted in Hamilton).

Traveling through metropolitan areas of "the world" today, one would be hard-pressed to find a public school that did not have separate rooms with separate groups of pupils within them. This normalization of school structure, or naturalization even, does not announce very loudly the specificity and provincialism of its history. As Mir noted in 1968 and as David Hamilton draws out, this pedagogical and institutional arrangement was an arbitrary invention in regard to problems of the distribution of authority and administration that arose with the Reformation and Counter-reformation, an invention that has clearly endured, giving the appearance of ahistoricity.

Hamilton (2009) argues that the organizational innovation to put pupils into groups by advancement in age and complexity of content occurs as part of the relocation of authority and new strategies of social control. The structuration of teaching into classes of pupils occurs noticeably, without it being named as such, in both the University of Paris and in the schools of the Brethren of the Common Life in the sixteenth century. In medieval forms, school had two meanings, referring to both a chamber of instruction and the group of pupils within it. The advent of charitable houses, such as the house of Sorbonne, for students who could not typically afford fees and who could now board to study at the University of Paris redefined what a school was i.e., something built around separate units of day students and boarding students. This innovation was followed by the acceptance in such charitable houses of fee-paying students, which was followed by a break down of residential schooling under the belief that they were becoming hotbeds of anti-royalist and anti-state sentiments. Surveillance and regulation of day pupils then took on new forms, in terms of monitoring student attendance and of inspecting student progress through the material presented, neither of which was a strict part of the medieval expectation.

By the second decade of the sixteenth century the divisions of pupils into distinct and stabilized groups was considered both an administrative and pedagogic innovation to the extent that it led scholars such as Goulet and Erasmus to adopt a new language of schooling. The word class, redeployed from Quintilian's earlier usage, emerged not as a substitute for school but as reference to subdivisions within it. This carried the connotations of a Renaissance belief that learning in general and municipal schooling in particular would be more efficiently promoted through smaller pedagogic units. Thus, Hamilton postulates that the response to a fifteenth century crisis of administration and government evinced new patterns of organization and control, Renaissance educators extended these arguments to a closer pedagogic supervision of students, and the word *class* became readily adapted to these new circumstances. Significantly, the word class carried the belief that every learning had its time and place.

Curriculum

"It is hardly possible to exaggerate the importance of this innovation [the very idea of a 'curriculum'] in the history of education" (Rashdall, 1936, *The Universities of Europe in the Middle Ages,* quoted in Hamilton).

Hamilton (2009) notes that relative to the term class there has been a dearth of research on the origins of the term curriculum. The re-emergence of the term curriculum was a response to the problem of internal articulation of classes – how could the different factions of a school be fitted together and managed as a whole, and why was it presumed that they needed to be? As Pinar, Slattery, Reynolds and Taubman (1995) note, curriculum derives from the Latin *currerre*, meaning a race course or track. Significantly, we are to understand this track not as linear but as circular, where the ending meets back up with the beginning, the emphasis on the journey. Hamilton notes its re-emergence at the University of Leiden in 1582 and the University of Glasgow in 1633, the connection between them being that both were established for the training of Calvinist ministers. At first mention in these contexts, curriculum referred to the entire multiyear course followed by a student, not to any shorter pedagogic unit – one would complete the curriculum of one's studies, for example.

This confirmed the idea that the different elements of an educational course were to be treated as all of a piece, embodying both *disciplina* (a sense of structural coherence) and *ordo* (a sense of structural sequencing). Post-Renaissance, then, curriculum means a course characterized by structural wholeness and sequential completeness – a curriculum should not only be followed, it should be finished. Hamilton points out, for instance, that whereas the sequence, length and completeness of medieval courses had been relatively open to negotiation e. g., at the University of Bologna, the redeployment of curriculum brought a greater sense of control of teaching and learning. In the sixteenth century debates, it was *ordo* that was emphasized more than *disciplina*, and a crucial connection seems to have been the linking of ideas about order with a change in meaning of the term *method*.

Methodus had denoted in the medieval era procedures of investigation or analysis. It did not convey a sense of providing guidelines that could be rapidly assimilated, easily applied, templated and lifted out. Method existed as a leisurely intellectual art, not a purposive science of technique. Hamilton (2009) demonstrates how via Renaissance dialecticians, however, method was redefined. The very nature of dialectics changed to make it easier for students to extract and apply the "truths" embedded in the writings and speeches of great thinkers. Accordingly, techniques were reduced to a form that could be easily communicated. This reformulation of dialectic in the direction of concise sequencing and ease of communication gave method its new linearity. It becomes fully realized in the work of Peter Ramus who highlighted the intellectual generalizability and pedagogical relevance of the dialectical method, claiming that it was appropriate not merely to the philosophical arts, but to "every matter which we wish to teach easily and clearly".

This brought an unprecedented orderliness to teaching and the connection between *order*, *efficiency*, and *improvement* became fundamental to late-sixteenth and early-seventeenth century school reform. Reformed schooling became the means by which human beings might be brought to natural perfection. Method becomes connected to curriculum via Calvinism and through the work of Sturm and Melanchthon, Ramus' ideas spread to parts of what is now called Germany, to those areas that Walter Ong argues were most tinged by Calvinism, and into Calvinist sections of the Netherlands. The difference that Hamilton analysis presents is that whereas Ong offers no account for this coming together, Hamilton hypothesizes that a mutual attraction between Ramism and Calvinism lay in the general need for well-ordered social organization, a rule of life as the essence of Calvinism, in which as Calvin put it, "the body of the church, to cohere well, must be bound together by discipline as by sinews".

Hamilton (2009) argues further that in Calvinist educational proposals the Ramist idea of method with its overtones of orderliness could fulfill the same position of centrality as discipline already held within Calvinist social practice. What happens to secure this link is unclear, however. Calvinists had previously used the terms *stadium* and *cursus* to refer to things such as a life course. The reappearance of the term *vitae curriculum* in Calvinist communities may have facilitated the deployment of the single term "curriculum" in universities, but this remains speculative. Either way, it is in Leiden and Glasgow that the term curriculum reemerges in university records in the midst of sorting out conflict over civic versus presbytery control of the university.

Hamilton (2009) concludes that first, the cumulative effect of these institutional and intellectual rearrangements was that learning and teaching, for good or for ill, became more amenable to external scrutiny and control; Second, that this occurred as education became available to a wider section of the population; And third, that this expectation for education was linked to a series of Protestant decrees which asserted that all children regardless of rank or gender should be evangelized through the medium of schooling. Together, the two waves of pedagogic reform that were responses to fifteenth and sixteenth century crises of authority – the introduction of subdivisions within a school and the allied closer surveillance of pupils on the one hand, and, the refinement of pedagogic content and method on the other – enabled the adoption of the terms class and curriculum and their repetitive linking. This linking has occurred to the point that today, in English language teacher education, for instance, it becomes difficult to see such terms as having a history at all, let alone how arbitrary and provincial the recasting of medieval schooling was around the concerns of the Reformation and Counter-reformation, and how transformative the invention of modern, compulsory schooling has been. On the basis of such an historicization and retrieval, one can rightly ask do we organize curriculum and classes or does this history organize us?

Transnational Curriculum Inquiry as Tasks

The subfield of the discipline of education where such historical retrievals and questions are most likely to be posed is today called curriculum studies, a term coined in the 1970s in the USA out of a post-Civil Rights movement that led to reconceptualizing the nature and purposes of schooling. Curriculum studies has been generally and implicitly done within the framework of nation-states, spreading to Anglophone-dominant locales especially such as Australia, Canada, New Zealand, and the UK in the 1980s and '90s. As a subfield it has elevated the idea of curriculum as a course of study to a site of analysis, indicating the non-neutrality of what is selected to be passed on to children – which knowledge, whose knowledge, why? – paying formal attention to the politics of knowledge from the 1970s onwards. The revised understanding of curriculum as a central and intellectual meeting point of broader trends, systems, and policies with the microphysics of teacher-child interaction was based in part on the belief that if what was taught or not taught did not matter, people would not fight over it, try to prescribe it, or monitor it. The subfield devolved roughly three domains: *curriculum planning* which is reference to more culturally nuanced and contextualized approaches rather than technicist or administrative notions; *curriculum theory* which often examines the conditions of truth-production, of how the line between truth and falsity is drawn, including the politics of what is taught under the rubric of specific disciplines such as mathematics, science, literacy, etc; and *curriculum history* which investigates often from the vantage point of present problems how some things came to be and others fell away, what has endured and what ruptures or historical accidents and jolts might have contributed to present circumstances. Presently, curriculum studies is positioned and debated as the "cultural studies" of education and it is possible to take-for-granted that the overt (formal or written content), hidden (incidental or implied learning) and null (what could have been taught but was not) curricula of compulsory schooling are legitimate sites of enquiry. In addition, contemporary analyses also exceed a concern strictly for compulsory schooling and move beyond education-based research, focusing on less visible, more marginalized, or relatively unlegislated domains and sites of inquiry.

My point is not to replicate histories of curriculum studies that are already available, nor to recommend uncritical emulation of whatever comes out of the US, nor to replay twentieth century debates over the specificity of British sociology of knowledge traditions, American reconceptualist movements, Russian socialist frameworks, German Bildung-didaktik traditions, etc, but to suggest that transnational curriculum inquiry as a task, as something perhaps inclusive of yet beyond curriculum studies as a subfield, has very broad concerns that currently confront a series of questions and ethical considerations that arise in the act of investigation where apparent borders are transgressed. This includes the refusal of centralization and second-order normativity in the definition of terms, the different versions of what trans- or international could possibly signify, whether one considers "knowledge" reducible to "place", and the dilemma of naming-as-presencing (e. g., the saying and unsaying of what Beck (2000) calls "container theories" of nation, culture, traditions, populational categories, self, etc). As such, attention to that which often exceeds and slips our grasp ultimately raises the question of the authority of Occidentalism, the play of logocentrism, and the practical implications of aporia encountered in everyday educational work.

Aporia, the modern Greek plural form of the singular *aporos*, refers literally to a difficulty, to that which stops us in our tracks, an irresolvable contradiction or tension that cannot be smoothly passed over. Aporia are encountered immediately in the undertaking of transnational curriculum inquiry, for the linguistic heritage and etymology of "curriculum" is delimited, as noted above, and the difficulty of translation raises the issue of specificity, of both the historico-anthropological parameters of schooling's forced project at the compulsory or legislative level, and, the earlier conditions of production regarding curriculum's uptake as a solution to the locus of authority and composition of subjectivity at the university level.

2. Limits, Possibilities, and Vestiges of "Occidental" Thought?

"OECD's latest PISA survey of the knowledge and skills of 15-year-olds shows that some countries have seen significant improvements in student performance since 2000. Korea further increased its strong reading performance between 2000 and 2006 by 31 score points, the equivalent of almost a school year, mainly by raising the proportion of top-performers. Poland increased its reading performance by 29 score points over the same period. Mexico and Greece saw significant improvements in mathematics performance between 2003 and 2006. However, across the OECD area as a whole learning outcomes have generally remained flat, while expenditure on education in OECD countries rose by an average of 39% between 1995 and 2004" (OECD, 2008, p. 1).

The issue of *specificity* and the philosophical heritages entailed, the epistemological dilemma embodied in claims to the *importance* of specificity, and the version/s of *authority* embedded in how and where lines are drawn around *what counts* as the specific, is not easily glossed. It brings to the fore the question of classificatory regimes and how "knowledge" has been made for cutting. In PISA (Programme for International Student Assessment), which is not the only, but probably the most well-known international evaluation process, the lines that are drawn are largely based on nationalized groupings. To that end, one wallows in a productively messy place when Greece, Korea, Mexico, and Poland, for example in the above quote, are deployed as singular and self-contained locales, are understood implicitly as holding differential relation to the so-called West, and announced as discrete almost personified actors and individualized performers. In such reports, national sovereignty is naturalized, commonsensically invoked, and normalized as the only frame of reference, simply dropped into the description as though understood, incontestable, and sensible. What leverage, then, could "transnational" curriculum inquiry bring to such a contemporary narration and situation, to the problem of borders and of cutting, and what possibilities might be foreclosed?

A. Comparison as a Principle of Knowledge-production

One key assumption that transnational curriculum inquiry as a task runs up against is that comparing two entities tells us something rather than nothing. What remains obscured in that belief is that faith in comparability actually had to be forged, especially across the nineteenth century and first of all in astronomy. Entification is different from essentialization. It refers to the process of the coming-into-being of a thing, the conditions of possibility for its thingness. It is passé to now note that post-Kantian debates over the coming-into-being of a thing as a thing that could be named and compared at all were intense and never-settled, lodged, for example, within the persistent return in phenomemology and the philosophy of consciousness to such questions as does mind map the world or does world map the mind?

These battles over the order of things in so-called Occidental traditions point to different classificatory regimes that make the generalizability of the term curriculum suspect and demonstrate in a different but complementary way from Hamilton's historicization how delimited, provincial, and arbitrary the link between curriculum, knowledge, authority, method and belief in the perfection of human beings is.[i]

In regard to such arbitrariness, scholars such as Foucault have already delineated the coming-into-being of a variety of classificatory regimes in terms of Renaissance, classical, and modern epistemes. Foucault (1966/1973) argues that in a Renaissance episteme, the principle of knowing (in terms of divination) was resemblance, in the classical age following, knowledge-production (in terms of Enlightenment protosciences) was achieved via the separation of words from things and their arrangement in orderly tables, and in a modern episteme it was the search for historical origins that formed the basis of the organization of knowledge within separated disciplines. Aware of the circularity of bringing dividing practices to an analysis of dividing practices, Foucault posits that it is not until *this* can be more fully separated from *that* that

---

i   Subject-object distantiation is only one version of this belief and disciplining, hence it is not the sole focus here.

there is such a "thing" as "knowledge" at all, including knowledge of or attributed to the Being of "the West" which he stages and contests in the book's opening pages.

This begins to matter when one turns within a modern episteme to history-as-origin for understanding success or otherwise in surveys such as PISA. The success of students in Finland on such evaluation instruments is well-known and lauded. If accounting for this success in historical terms, where would one say Finnish history begins?: With the first mention by Tacitus of a northern peoples called the Fenns?; At that moment in the year 1155 when administrators from Sweden decided to formalize the connection?; Would "it" then be called Sweden, or Sweden-Finland, colony, or principate, etc?; Is history to be viewed culturally or can it only be told around the presence of a formal state?; If culturally, does Finnish history begin with Mikhail Agricola's medieval writing of oral Finnish into Latin grammar?; How does one locate the cultural border in periods before the formation of a standing army, what of Karelia, of the Sami, and of Viipuri after the formation of a standing army?; If it's a statist history, does the narrative begin with the autonomy granted as a Grand Duchy of Russia in the early 1800s?; With Independence in 1917?; And so forth.

Such basic historiographical questions are not resolved by purification processes and they alert us to the arbitrariness of how lines are drawn around very emotional senses of contemporary belonging. They point to the hybridity that was already in place in order for something to be considered distinctive as a way of life, culture, state, category, adjective or noun and demonstrate what Homi Bhabha (1990) has called the play of the performative and the pedagogical that inheres often in the shift from state to nation-state.

Bhabha argues that the *pedagogical* are the narratives we like to tell ourselves about how the nation came to be, for examples what is taught to schoolchildren – the history textbooks, social studies content, citizenship education, and classroom assignments, etc., that narrate how the nation was founded. The *performative* are the narratives that puncture this apparent unity from the beginning, the narratives of minorities, migrants, and more that disallow the closure of the circle right at its point of inception. Bhabha argues that as performative narratives puncture the pedagogical ones, the pedagogical absorbs the performative into new narratives of the nation's formation, creating new marginalities in the process that in turn puncture again and force the rewriting of how a nation came into being.

This is a sticky issue that points also to the limits of language insofar as language is granted the status, post-Saussure, of a system – there is no way in English, in Finnish, or in German that I know of to move beyond the grammatical difficulties. If one labels something as, for example, German didaktik, Finnish education, or American pragmatism, and so forth then the essentialization acts to miss the messy and numberless beginnings that have been brought to the solidification of the Me. For Foucault, the act of analysis was not dedicated to this solidification but rather to refusing what we are told we are, to a dissociation of the Me, which does not permit us to qualify what is Greek or English and suggests instead dense networks that are difficult to unravel.

"*Herkunft* is the equivalent of stock or descent; it is the ancient affiliation to a group, sustained by the bonds of blood, tradition, or social status. The analysis of *Herkunft* often involves a consideration of race or social type. But the traits it attempts to identify are not the exclusive generic characteristics of an individual, a sentiment, or an idea, which permit us to qualify them as 'Greek' or 'English'; rather, it seeks the subtle, singular, and subindividual marks that might possibly intersect in them to form a network that is difficult to unravel … Where the soul pretends unification or the Me fabricates a coherent identity, the genealogist sets out to study the beginning—numberless beginnings, whose faint traces and hints of colour are readily seen by a historical eye. The analysis of descent permits dissociation of the Me, its recognition and displacement as an empty synthesis, in liberating a profusion of lost events" (Foucault, 1971/2000, p. 374).[ii]

Both Juergen Schriewer (2006) and Jonathon Culler (2000) have identified important changes in analytical strategies of late-nineteenth century social sciences: a shift in analytical emphasis from identifying entities or things in terms of origin and essence to the primacy of relations, a change in what comparative thinking could actually mean, a move from thinking comparatively in terms of contrasting mutually exclusive, quasi-autarkic entities into comparative thinking via analogies, relations, and functions – a significant shift then in the very conceptualization of reality.

This brings us back to the packaging evident in PISA categories and the common description of globalization as dual-edged, as both a porous and nationalistic event. PISA and many globalization studies are a vestige of this non-total substitution in the conceptualization of reality that shifts from the search for origin and essence to the primacy of relations, structure, and function. PISA reports straddle these versions of comparative thinking, disallowing dissociation of the Me by their very analytical

---

ii   This and all following PISA passages retrieved from http://www.oecd.org/document/22/0,3343,en_2649_34487_39713238_1_1_1_1,00.html

struts, seeking the essence of different nationalized versions of schooling via their structure and their functions while tying all versions ultimately to one final form of representation. The linearity of method that relies on *ordo*, on sequenced sinews and on *disciplina*, on prescriptive techniques that are easily communicated and lifted out, reappear in the comparative strategies. These strategies presume knowledge lies in the measurement of deviation from a norm, and that difference can only be difference in relation to the state already existing at the center or in the old. In the end, then, what might comparing two entities tell us beyond surface observability of sameness/difference and/or that a silent norm operates as the stabilizer?

B. Onto-theo-philosophical Strategies of Grouping and the Bounding of Ethics

"In Australia, Canada, Finland, Japan and New Zealand, at least one in seven students reached the top two levels of scientific literacy. In Greece, Italy, Mexico, Portugal, Spain and Turkey, by contrast, the proportion was lower than one in 20" (OECD, 2008, p. 1).[iii]

Analyzing the changing meaning of comparative thinking and historicizing comparison as a principle of knowledge-production tells us little about why such pursuits would actually matter. It is here that we have to dig deeper for the sources of those shifts in the conceptualization of reality, arriving in particular at that moment when West is asserted as different from the rest, when, for instance, religion, science, and philosophy became separate pursuits and disciplines and when madness and reason move into an oppositional position in regard to truth-production. What is often missed, however, in that acknowledgment of what Derrida (1968) calls onto-theo-philosophy, the interpenetration of the ontological, theological, and philosophical heritages that have now been referred to as Occidentalism, is how Science, Nation, and West emerged as contemporaneous and interlinked concepts in the nineteenth century. Efforts to conjoin globalization studies, postcolonial studies, and science and medicine studies, such as the work of Warwick Anderson, Itty Abraham, and Roy MacLeod have elaborated this intersection, underscoring how an alliance between realism, rationality, and colonialism shaped developmentalized views of the world.

---

iii   The human unconscious was literally referred to as Africa, as a dark continent and as an unknown, in nineteenth century debates over mind. I read Bynum's analysis as playing on and reversing these prejudices.

For Anderson, though, the question is no longer so much who owns or invented what but more urgently how things such as science travel:

"The postcolonial study of science and technology suggests a means of writing a 'history of the present', of coming to terms with the turbulence and uncertainty of contemporary global flows of knowledge and practice. As Stacy Leigh Pigg puts it, 'we now need to find out more about how science and technology travel, not whether they belong to one culture or another'" (Anderson, 2002, p. 644).

For Itty Abraham, however, we can only name places as nations or identify cultures as discrete because of the invention of sciences.

"Modernity, nation, and later, state all pass through and are interpellated in the institutions and cultures of modern western science. However, colonial and later postcolonial science was always a contradictory formation. Though science presents itself as universal knowledge, it is never able to do so unambiguously in a location distant from its putative origins in Western Europe. Science's conjoint history with colonial and imperial power implies a constant representation of its condition in order to pass as universal knowledge in the colony" (Abraham, 2006, p. 211).

Taking a different tack Thongchai Winichukal, argues that we only have modernity, nation, state, *and science* because we have been persuaded to believe in something else – particular notions of time and space that have enabled historians to take for granted what a state is:

"One of the major questions yet haunting the historians of early Southeast Asia concerns the formation of states. To be more specific, how one can talk about a state's formation without taking for granted what a state is – the criteria usually prescribed by social scientists, not by Southeast Asian peoples themselves" (Winichakul, 1994, p. 14).

This a priori certainty seems to inhere in state theories wherever they travel:

"An orthodox king-and-battle history assumes a static old-fashioned definition of the Thai nation-state and applies it to the past. An alternative history proposes dynamism and process but only according to certain scholastic criteria found outside the history it describes. Indeed, scholars have tried throughout the history of European nation-states to determine the true and natural constitution of a nation, that is, the truth of the identity of it. The entire history of a nation presumes the existence of such an entity or presupposes a definite qualification of it, as if its identity were already given" (Winichakul, 1994, p. 14).

Whereas Benedicte Anderson (1991) points to the new temporal consciousness that helps to formulate the sense of a shared community in historical lineage, (as distinct from previous imagined communities), that is, how the new sense of homogeneous, linear time shaped the imagined community of the nation-state, Winichakul focuses on another technology – the *geo-body*, describing the operations of technology of territoriality which created nationhood spatially. For Winichakul, the displacement of indigenous spatial concepts by modern geographical ones *produced* social institutions and practices that *created* nationhood. Whereas belief in linear time provided the connective sinews, the form of sequencing that permitted nation-states to appear homogeneous and unified, that is uniting diverse populations around the same sense of time, with different special days marking the calendar for each group, the geo-body, the technology of territoriality and mapping, allowed another form of sequencing to take hold. Modern geographical spatial concepts produced the idea that we are all a part of the same whole, just differently located on the map. The geo-body helped to produce the social institutions and practices that created nationhood in a similar way, then, that the reemergence of the term class as a subdivision of pupils helped produce the idea of the modern school. The absence of the concept of physical boundaries in "premodern Siam" has been especially undertheorized or misplaced:

"No study has been done on the relationships – either the transformation or shift or confrontation – between the premodern geographical discourse and the modern one. The absence of definite boundaries of the premodern realm of Siam is not taken seriously, as if it were due to some practical or technical reason" (Winichakul, 1994, p. 18).

Most studies of premodern Thai concepts of space indicate that maps were not always conceived as travel aids but as ways of representing relations between sacred entities tied to Buddhist doxology. Such studies tend to focus on the Buddhist cosmography known as the *Traiphum* cosmography. Traiphum, literally meaning three worlds, was an important doctrinal tradition within Theravada Buddhism. The best-known text of this tradition is *Traiphum Phra Ruang*, believed to be the major treatise of the Sukhotahi kingdom in the upper Chao Phraya valley in the thirteenth century. There are thirty-one levels in the three worlds in which the human level is simply one and in this map, beings are classified by merit and designated to live in particular levels according to their store of merit. The store of merit can be accumulated or diminished by one's deeds and account for one's next birth. By this logic, one's present existence is the outcome of the previous one. While the surviving texts give concrete descriptions of the three worlds and especially the human one, as well as movements of the sun, moon, and seasonal changes, space is conceptualized in the *Traiphum* as a qualitative manifestation of existence, merit, and the relation between sacred entities.

Winichakul's analysis is dedicated, then, to the question "what dramatic effects ensue when people stop imagining space in terms of orderly relations of sacred entities and start conceiving it with a whole new set of signs and rules?" (Winichakul, 1994, p. 36). As for the variety of premodern maps, modern geography for Winichakul is not objective but it has real effects and is a kind of mediator. Earth and modern maps are not given objects, just out there. Rather modern geography is just one kind of knowledge, a conceptual abstraction of a supposedly objective reality, a systematic set of signs, a discourse. In analyzing premodern and modern discourses of space and detecting those moments when the new and the old collided issues of "specificity" in provincial form, in terms of measurement, accuracy, and empiricism, for instance, arise.

"Premodern maps had no interest in the accuracy of measurements and required no scientific, empirical methods. A map merely illustrated the fact or truth that had been known already, either cosmography, moral teaching, or a traveling route. A modern map, on the contrary, dismisses the imaginary and sacred approaches to the profane world. It constitutes the new way of perceiving space and provides new methods of imagining space which prevent the 'unreal' imagination and allow only legitimate space to survive after the decoding process" (Winichakul, 1994, p. 55).

As Winichakul notes, though, the human world of the *Traiphum* has been treated as if it were the native's view of the planet earth, a distorted or primitive one, contaminated by false belief or lack of knowledge. It is doubtful, however, whether the symbolic representation was in fact designed to represent the planet earth. The fact that depictions of earth are varied e. g., square and flat and round, *does not indicate the development of local knowledge of the earth or the lack of it*. More probably, it suggests that the materiality of the human world can be imagined in more than one way, whereas the spiritual meaning of the three worlds must be obeyed. Under this view, the spiritual dimension is the "reality" of the *Traiphum* space, and the most important knowledge needed to be transmitted correctly.

Moreover, there were other indigenous conceptions of space, at least four, including the concept of a profane, material earth in which small localities or military routes via rivers were depicted. If one concedes that a map does not have to be a representation of the earth's surface, but can depict other relations, it is easier to understand that different representations were developed for different purposes. Maps of the earth's surface for travel purposes, as opposed to cosmographic ones, drew upon traditions from what is now called China for mapping coastal areas that had developed from the early Christian era and in which land was always depicted either at the top or bottom of the page. These traditions gave way to techniques of mapping familiar in what is now Europe through the influence of the Jesuits in the sixteenth and seventeenth centuries.

Different maps with different ideas about spaces thus co-existed and the crucial point here is that this suggests that there was not simply one way to represent the world *but rather that there was more than one world, more than one imaginal domain.*

"There were several discourses on space existing in the field of premodern geographical knowledge. Each of them operated in a certain domain of human affairs and everyday life....there were terrains of knowledge within which particular conceptions operated; beyond their limits, other kinds of knowledge came into force. The knowledge of certain villages and towns might have been operating at the local levels. The space of the Strategic Map or the Coastal Map might have had an effect on commanders of troops and Chinese merchants. Yet such knowledge might have been called into operation only in a military exercise, in administrative works, or for maritime trade. But when people thought or talked about Siam, the kingdom of Vientiane, or China, another kind of spatial conception might have come to mind. And when they thought or talked about the earth or the world they live in, the picture of the *Traiphum* might have preoccupied their minds. Like many other concepts in human life today and yesterday, shifts from one kind of knowledge to another or from one domain of spatial conception to another are not uncommon" (Winichakul, 1994, p. 33).

The imaginability of a nation in terms of linear time and a modern geographical map involves a number of changes, then, beyond vocabulary – in concepts/practices concerning the domain and limits of a country. The most important precondition, however, is the conception/practice of boundary lines, which distinguish one unit of sovereign space from another. Being represented by this code meant entering a new kind of earth space, which had another set of rules and conventions, another mode of relations. If a map is more than a recording or reflecting medium, then as Winichakul rightly points out the transformation may be more complex than anyone might expect.

Just like the re-emergence of the term *curriculum*, where the new practice of sequencing educational experiences to be all-of-a-piece required boundary lines between groups of students called classes, so too did boundary lines create the units for sequencing national territoriality as though all were part of the same whole. In the case of modern mapmaking, though, drawing lines was also the encoding of desire, the building of nations and ethnicities as political entities whose boundaries define identity and who must reproduce within.

"Boundary lines are indispensable for a map of a nation to exist – or to put it another way, a map of a nation presupposes the existence of boundary lines. Logically, this inevitably means that boundary lines must exist before a map, since a medium simply records and refers to an existing reality. But in this case, the reality was a reversal of that logic. It is the concept of a nation in the modern geographical sense that requires the necessity of having boundary lines clearly demarcated. A map may not just function as a medium; it could well be the creator of the supposed reality...The boundary of a nation works in two ways at the same time. On the one hand, it sets a clear-cut limit on a sovereign unit; on the other, it imposes a sharp division between at least two units of space....Consequently, many conceptions and practices of interstate relations must be changed to conform with the new geography of a country. The indigenous concepts must be displaced" (Winichakul, 1994, p. 56).

While such analyses may seem outside the purview of educational research today, I suggest that the collision of mapping techniques in South East Asia is instructive in at least two ways that are relevant here. First, in premodern techniques that Winichakul revisits, the object was not to understand one's self as a smaller unit within a wider whole that constituted the background for one's present location. Second, the importance of the shift into a global plane of reference is that the spatial reality that the modern map purports to present is never directly experienced in its totality – it is impossible to do so, no one can be "the earth" – so the modern map is an indispensable mediator in perceiving and conceptualizing such macrospace as though it is a totality, a function that none of the premodern maps ever performed. This dramatically transforms the meaning and the strategies that one can give to "Being" or to "relationships", for instance, as well as introduces new strategies of representation that become naturalized and whose naturalness is made unfamiliar via other strategies:

"The isolation of a peace of the earth's surface from the entire globe might be compared to the isolation of the earth from the whole galaxy in our minds today. In other words, the classification of a local geography and the whole globe as separate categories in the indigenous knowledge about space is comparable to the separate classification in modern science today of geography and astronomy or astrophysics" (Winichakul, 1994, p. 31).

On Winichakul accounts, then, it would not be enough to ask when does Germany become Germany or when does Finland become Finland or where do the borders fall in which period when inquiring into the origins of performance in PISA. Such questions remain within a Newtonian physics and modern conception of geography that presumes what should be explained – that is, the revolution into linear time, the assumption that space is three dimensional, the presumption that there is only one world totality, and that Being can only be defined by understanding the self as one small part of macrospace.

Such critiques as Anderson, Abraham and Winichakul's can sometimes be met, however, with cries about the loss of agency, loss of the human, loss of reason even, which suggests a third borders/belonging/beyond issue that transnational curriculum inquiry now confronts.

C. Return of the Centered, Humanist, Rational Subject and Critiques of Such an Enlightenment-inspired Subject.

"Based on tests carried out among 400,000 students in 57 countries in 2006, the latest PISA survey focuses particularly on students' abilities in comprehending and tackling scientific problems" (OECD, 2008, p. 1).

One way in which onto-theo-philosophical strategies of grouping and the bounding of ethics is achieved within the conflation of Science, Nation, and West is via the subtle elevation not just of the map as a mediating and creating technology, but through the elevation of concepts of ability. The focus on abilities in PISA and their link to national belonging might be rethought when one considers how a system often suppresses that upon which it most relies.

Modern geographical mapmaking, such as that approached by Winichakul, presumes a sighted observer and that the pathway to knowledge and knowing thyself is thus via a visual portal within an ocularcentric culture. But for a series of scholars such as Owen Wrigley, Lennard Davis, and Douglas Baynton there is another state upon which the solidity attributed to the nation-state and the self most relies and that is a state called deafness.

"Colonialism is usually depicted as a cultural hangover incurred while squandering the bounty gained from heroic voyages of discovery and the attendant exploitation of native populations. As with Western domination of other foreign 'discoveries', the relation of Hearing to Deaf cultures has primarily been that of a pastoral colonialism so long naturalized as to have faded into the consensual 'normal'. Thus the dominance and oppression are more complex than a simple exploitation narrative of natives versus colonialists might suggest. This economy structured by recognitions makes visible, in critically new ways, a more complex relationship with practices of exclusion and inclusion" (Wrigley, 1996, p. 7).

Wrigley argues that the role of deafness in the constitution of what a nation-state is, what a vernacular is, and what an ability is has been forgotten. To that end, he argues that deafness is more epistemological than auditory.

"The perception of Whiteness, so long naturalized in Western political theory as to mark the only race that rarely needs to be named, is not unlike the recognition of Hearing as a social category that is not all-inclusive, that is other than simply 'normal'. Such recognition comes slowly and remains at a high cost to those named as Other-than-Hearing. The names assigned to the Other-than-Hearing include ‚mute', 'deaf-mute', 'hearing impaired', a range of other politically correct euphemisms, and the one that is preferred by most of those who identify themselves as such: 'Deaf'" (Wrigley, 1996, p. 4).

Deaf Awareness and Deaf Culturalist movements have further exposed what nation-state formation relies upon, especially through pointing to the possibility for Deaf Nationalism which eschews the standard characteristics of nationhood practiced around the geo-body and technology of territoriality. In a chapter titled "Deafness is a Big Country..." Wrigley ponders

"But, clearly, deafness is not a country ... or is it? Deafness is democratic in its occurrence. Membership, or 'citizenship', cuts across all boundaries of class, gender, or race. Contrary to how the average individual defines deafness—that is, as an audiological impairment—Deaf people define themselves culturally and linguistically. The global Deaf population is currently about fifteen million— on par with a modest-sized nation. Yet it is a ‚country' without a ‚place' of its own. It is a citizenry without a geographical origin....Without claim to a specific place, and without the juridical and policing agencies by which we know nations in the late twentieth century, deafness is not a recognized nation. In keeping with the medical model of the body inherited from the nineteenth century, deafness is commonly viewed as merely a 'condition'. But the claim of a distinct 'ethnic' identity that has accompanied the resurgence of Deaf Awareness in the past two decades forces a reassessment of this and other identities excluded from the equation of the 'normal'...Deaf people – their experiences and representations as 'the deaf' – represent a peculiar intersection of issues that resonate in terrains seemingly far removed" (Wrigley, 1996, pp. 13-14).

Lennard Davis (1997) argues that Europe discovered deafness in the eighteenth century and that prior to it there was little mention of the Deaf as a single populational group. With the invention of the printing press children who were previously considered bound for hell because they could not hear the word of God, received a promotion – reading the Bible now secured their tenuous inclusion in the categories human and redemption.

At the turn of the twentieth century, the tense battles over whether children labeled Deaf and mute were to be taught Sign language (manualism) or to lip read and pronounce (oralism) is indicative of the blank space that many nation-state policies positioned such children to be. If *which* nation could not be marked in voice and accent, then how were such children to be forced to identify with the nation and how would they be recognized as belonging to which group?

The historical banning of Sign language and promotion of oralism is today taken as a violation of human rights but it is only recently that UNESCO and the Modern Languages Association has affirmed Sign as a language and as the first language of a Deaf child. Together, Deaf Awareness, Deaf Nationalist, and Deaf Culturalist movements indicate the limits of old version of national sovereignty in surveys such as PISA. Who is included in the testing and who not tells us who is thought to really constitute national public space.

That is, the problematization, prescriptions, and tensions already available in wider philosophical debates over "the subject" reappear in somewhat watered down form in comparative educational evaluations such as PISA. They raise the issue of what/who can occupy the location of test-taker and of theory-builder as Gayatri Spivak (2000) puts it, and what/who becomes the Utopic site for a new alliance of normativities that seem not so new after all. Spivak reminds us that hidden in the folds of the unproblematized humanist human is a figure whom she refers to as "raw man", a "European" template (she suspends the term), who requires the textual labor of particular "native informant(s)" as unreason to lend solidity to *the* subject thought capable of claiming their rights, *speaking* in the name of place, advancing their cause, demonstrating their deliberative rationality, or now, branding their country.

One can rightly ask, then, in calls to recenter the subject, or to maintain humanism's appeal to an essentialized human nature, or in calls to elevate the rational and deliberative speaker of the social contract and political philosophies, just what other kinds of Others are playing in the dark of such fabulations. The specificity of Deaf Awareness, Deaf Culturalist, and Deaf Nationalist movements index, then, a series of broader philosophical questions approached by Jean-Luc Nancy and Jacques Derrida over the nature of community, ones engaged also from a different direction by Wrigley. Is "community" necessary? Is "community" always proximate? Does "community" produce new forms of colonialisms within?

"The projected or ‚lived' universalism being claimed by Deaf activists is an attempt to constitute imaginal memories. Such universalism draws on the experience of many deaf people who, in their deafness, find a commonality that, in this frame, transcends other distinctions of race, ethnicity, or nationality. Yet…new claims of homogeneity produce endogenous colonialisms, as well" (Wrigley, 1996, p. 7).

Nancy and Derrida offer adjacent challenges to the bond that ties cultural domination to community identification and claims of scientific rationality. To that end, they provide an interesting way to engage with debates over whether the spread of such things as spoken vernaculars, compulsory education, inclusive schooling, or back to basics movements can be considered global, transnational, imperialist, or something else altogether.

Deconstructive cosmopolitanism entails for Derrida (1993, 1998, 2006) neither a thoroughgoing critique of the nation-state nor an unreserved celebration of transnationalism. Highlighting the uneven flow of forces in which violence is conducted in the name of national security Derrida's play on cosmopolitanism finally discloses aporia that traverse the state when it is constructed as both sovereign interiority and as part of *mondialization*. This does not seek to determine yet another set of rules for inventing the future, but works to explore aporia that arrive in the structural aperture between the constituted and the unconditional, "between order and its beyond".

For Nancy (2007), on the other hand, world-forming and creation happen at the moment of a withdrawal rather than a penetration into an unknowable beyond. The withdrawal is that of "God", an enabling of the world without another world exterior to it. The this-worldliness of globality, both finite and absolute, which Nancy does not mourn so much as describe the conditions of possibility for, results in a world that destroys itself as its own object. Globality becomes the quest for the perfectly transparent, for a mastery without remainder. Here it is neither a matter, Nancy clarifies, of hyperbole, fear, or anxiety or something catastrophic, nor of a hypothesis for reflection. Rather for Nancy it is a fact, indeed *the* fact, from which reflection originates: "The fact that the world is destroying itself is not a hypothesis: it is in a sense a fact from which any thinking of the world follows." The being-world of the world is thus rendered possible paradoxically when "God" is withdrawn from the scene and the world becomes a closed system for analysis.

The intensification of internal comparisons results in part from an objectification and from a bounding where the world is attributed a self with no outside. Both approaches alert educators to the perpetual responsibility of rethinking truth claims made in the name of community. Under an immanentist view, proximity is elevated and naturalized, as are presumptions of shared characteristics. This idea of community has become central to much educational and political philosophical thought. For Nancy, immanentist notions of community do not, as their proponents assume, extend political thought by revealing the source of collective organization but instead *circumscribe* or cut off reflection on the political by attributing to it a restricted and essential foundation. For Derrida, offering an alternative to the unsustainable opposition between national particularity and a generalized internationalism allows the nation-state to be rethought as a space that is always in excess of itself. Pointing out that community is no longer conceivable as an interior autology and that groups can no longer be defined wholly according to territorial attachments does not necessarily mean a wholesale rejection of national identification but instead a possibility to speak differently about what constitutes the political and a theory, a depriveleging of the proximate, of the violence of frontiered borders, of the narcissism and prejudice that have been so central to the idea of community, and its dependence on the non-rational for claiming its rationalized grouping.

Whether the subject is centered, decentered, humanist or posthumanist, however, still seems a debate trapped within the same kind of logocentrism that requires that we make a phenomenon admit its truth in order to know it. This suggests, and the specific term *suggests* is important here, a fourth issue that the reapproaching of education, globalization, and world-forming now confronts.

D. Causality: How Processes of Attribution are Forged and What Kinds of "Legitimation through Procedure" Operate in Social Criticism

"At a time when scientific and technological know-how is helping to drive growth in advanced economies, the results of PISA 2006 reveal wide variations in skills levels. Student attitudes to science will be crucial to countries' economic potential in tomorrow's world, and PISA 2006 gives a detailed picture of how well students around the world are prepared for the challenges of a knowledge society" (OECD, 2008, p. 1).

The cry goes up: "If we can't rely on the foundationalism of the nation, of the distinctly human self, on reason, and on rationality won't there be chaos? What would happen if all our analytical objects were to leak? How could we control things, identify origins, and if not origins, then cause? How could anything be addressed, things changed for the better, diseases treated, or disaster prevented? After all, when you get on a plane, don't you want it to land where you think it's going to land?" The point is not that whatever passes as science and as scientific studies of ability is "bad" but rather that perhaps what passes as science has not been open to all the questions that could be posed by the human heart as Frederick Myer, central figure in the Cambridge University Society for Psychical Research put it in the nineteenth century. For Chertok and Stengers (1989/1992) psychoanalysis confronts this realization perhaps more than any other discipline and precisely because it fails: "The greatness of psychoanalysis resides, we believe, in the fact that its failure forces us to pose the problem of 'reason' itself, and more precisely, the problem of the model of rationality guiding modern sciences". Chertok and Stengers (1989/1992) note that what initially helped to separate the theoretico-experimental sciences from the ethico-redemptive ones was different versions of rationality. Moreover, different versions of those sciences formed in different places. In their comparison of the meanings of science and causality in France relative to the US, for instance, they argue that incommensurable practices of psychoanalysis formed across the Atlantic, with some techniques banished in France that were normalized in the US. This was but part of a wider disciplinary movement, separation, and approach to knowledge-formation. The hard sciences, for instance, staked their claim to fame on narratives built around purification:

"Theoretico-experimental sciences are distinguished by the practice of making their version of 'reason' depend on the power to 'give reasons' for or to explain phenomena. This version of reason thus presumes the power of predicting outcomes, of controlling in order to replicate, or purifying to insure the implication of a theory – the power, in sum, to make a phenomenon 'admit' its truth" (Chertok/Stengers, 1989/1992, p. xvi).

The truth being admitted sometimes remains elusive, however. The one phenomenon that has helped shape both the theoretico-experimental and ethico-redemptive sciences and that still baffles them is called animal magnetism or hypnosis: "the critique of scientific reason to which the failure of psychoanalysis leads us...has as its correlate the problem of hypnosis." William Stone, Superintendent of New York Public Schools, had to face a similar but different series of baffling aporia in 1837 when theorizing how a person appears to travel without leaving the chair, such as when Miss Loraina Brackett was hypnotized in Massachusetts in front of him, only to describe the contents of his home in New York city to which she had never been – the paintings on his wall, the books on his desk, the furniture in his living room, the walking cane leaning near the entrance.

"The inference from your letter is, that I have suddenly become a convert to Animal Magnetism, to the whole extent claimed and practiced by Frederick Anthony Mesmer (*sic*), the founder of the art, and contended for by Wolfart and Kluge, and the other German and French enthusiasts, who have written in explanation and support of the system. This is an error. I am not a positive believer in the system, because I know not what to believe; and yet, I am free to confess, that I have recently beheld phenomena, under circumstances where collusion, deception, fraud, and imposture, were alike out of the question, if not impossible, which have brought me from the position of a positive skeptic to a dead pause. From the evidence of my own senses, I have been compelled if not to relinquish, at least very essentially to modify, my disbelief; and I can no longer deny, although I cannot explain, the extraordinary phenomena produced by the exertion of the mental energy of one person upon the mind of another, while in a state of what is termed magnetic slumber" (Stone, 1837, p. 5).

Stone's confusion prefigures the separation of sciences and their search for a singular logic to explain unseen dynamics and to which Chertok and Stengers point from across the Atlantic over 150 years later. Such a quest today also preoccupies transnational and comparative literature. Cause-effect patterns that seek origins and audit trails maintain the practice of trying to make a phenomenon admit its truth, with the giving of reasons for presence/absence paramount. The general tendency in such literature harkens back at least to Platonism – if something moves it must have a cause – inflected in new ways via the metaphysics of presence, the philosophy of consciousness (what Luhmann (1995) posits as the "stopgap measure" of the invention of the subject/environment scission and the concept of the future), and the refiguration of a visible/invisible line in regard to truth-production that empiricism's popularity has provided.

However, whereas the so-called hard sciences sought causality by purification to a single variable, the soft sciences have always been troubled by intersubjectivity, the idea that the infant's relation to its caretaker is already muddied by suggestibility, thereby making pure attributions to isolated individuals impossible (Chertok/Stengers, 1989/1992).

"suggestion puts 'truth' in question, that is, it problematizes the possibility of constructing a theory on the basis of experiment or experience. Suggestion is impure; it is the uncontrollable par excellence....the question of suggestion always arises when 'heart' and 'reason' are no longer conceived as being in opposition, when 'heart' is no longer considered an obstacle to the legitimate power of (theoretico-experimental) reason" (Chertok/Stengers, 1989/1992, pp. xvi–xvii).

This generates a terrain in which proclamations of rational conquest alternate with admissions of defeat, a terrain now known as the social or human sciences, where in unmarked gestures one encounters shifts between appeals to mechanical causation (that is, appeal to linked moving parts) and chemical causation (that is, appeals to things that bubble up or are alchemical) for explaining current affairs.

"Animal magnetism is inseparable from the project of constituting a science. Similarly, hypnosis, which succeeded magnetism, activated a relation *purified* of any belief in a supernatural causality; it had as its goal to explain what previously had appeared supernatural in terms of scientific knowledge, to discover the scientific truth beyond trances, ecstasies, possession, thaumaturgical prodigies, etc. Nevertheless, both hypnosis and magnetism have had troubled relation with scientific reason. The practical invention of the hypnotic relation, which endeavors to submit 'heart' to a rational reading, has had the effect of providing a privileged terrain where 'heart' and scientific reason confront each other, a terrain where proclamations of rational conquest alternate with admissions of defeat" (Chertok/Stengers, 1989/1992, p. x.).

Such new accounts of causality often pivot on the desire for a solid medium or carrier, especially in sociology and policy studies. For example, the secret to Finnish success in PISA is sought now by all manner of visitors who are looking for a "material" explanation and its audit trail that must be evident in "classroom practices". When the visible carrier being sought proves elusive, then the usual descriptors arise: Finland as mysterious, magical, weird, etc. The elevation of the material and the practical arise, however, on the back of centuries of debate over the locus of authority and conditions of proof, which suggest a final turn to some conclusions that broaden our understanding of contemporary phenomena beyond the microphysics of the classroom and into the very organization/redefinition of authority in the worlds we both inhabit and create.

3. Conclusions in the Absence of a Map

"The survey identified considerable interest among students in some scientific issues. Most, for example, were aware of environmental issues such as forest clearing and greenhouse gases. However, they were generally pessimistic about the future, with fewer than one in six believing that problems such as air pollution and nuclear waste disposal would improve over the next 20 years. Those who performed better in science showed greater awareness of environmental issues but were also more pessimistic" (OECD, 2008, p. 1).

It is quite legitimate on the basis of the wandering journey above to wonder how such enormous social issues such as environmental degradation or educational funding could be addressed: "How is it possible to consider the world a moral community when there is so much disagreement about the nature of morality?" The competing claims of "a Clash of Civilizations" on the one hand, and a groundless moral relativism on the other, can make such a project seem impossible. I suggest here, instead, that it is not just the nature of morality that ought to be questioned but also the conception of world as embodying already-differentiated versions of the moral, more than one imaginal domain: the scission rendered between mysticism and science, nonhuman and human, private and public, time and space, national belonging and its internal and external Others, and rationality and irrationality have been disunified parts of a provincial post-Reformation tendency to assert and project what constitutes the West and the West as the World, as supposedly all-knowing in the face of *différance*, in the face of "awareness" of the loss of absolutist forms of authority. The point is not that such a unified center actually exists, that there is for sure a "West", an a priori that can be pointed to, lauded or displaced, but rather that there have been aggressive *claims* to there being a West, that these claims have had genuine effects, and especially in regard to the arbitration of knowledge- and truth-production that have acted to delimit what Deleuze (1990) calls ways of Being. In light of challenges to such claims, renewed efforts to resecure an apparent centrality are underway, efforts to find new pathways of persuasion, consensus and dissensus. I turn now here to some of these renewed efforts and pathways currently being sought to outline some tentative and suggestive concluding remarks.

A. Western World-forming as Derivative of the Quest for an Apollonian Eye

"The dream of human flight sufficiently high to offer a global perspective is an enduring theme of Stoic philosophy, in which seeing attains the dual sense of sight (*noein*) as an empirical check against speculation, an assurance of truth in the descriptions of the earth, and of vision, the capacity for poetic grasp beyond mundane or earthbound daily life, for a truer, imaginative knowledge. This is the implication of the whole-earth literature from Cicero, Lucan, Seneca, which offers its male heroes their destiny in synoptic vision. Their *telos* combines an imperialistic urge to subdue the contingencies of the global surface with an ironic recognition of personal insignificance set against the scale of the globe and cosmos" (Cosgrove, 2001, p. 53).

The projection of Occident or West as the World, or as template for how World should be depicted, is highly problematic at several levels. Denis Cosgrove reminds us that the shifting format that the desire for a view above other views has taken is not innocuous or innocent. Cosgrove unravels the links between the whole earth literature that preceded modern geography, the changing art of mapping, the invention of aerial flight, and the structures of subjectivity and regionalization that have now become available.

The view above other views is the propensity to paint a bigger picture that disciplines and orders other pictures within it. Cosgrove characterizes such a move as Apollonian, as "male-centered", "Eurocentric", and "transcendent" in its qualities, permitting the conflation of "West" with World, sphere, eye, desire for breast, and with globe, globalism, and globalization. Like the technology of the map, the claim to all-knowingness cannot be underestimated for its transformative effects in the social sciences. In William James' disciplining of Tolstoi in the late-nineteenth century publication *Talks to Teachers on Psychology: and to Students on some of Life's Ideals*, one of the most reprinted texts for the first three decades of the twentieth century, we see the crystallization of that moment in which West and Orient are asserted as the central plane of reference for any comparison (the emergence of "the North"?) and how West is elevated as more aware of the true nature of "reality".

"Tolstoi's philosophy, deeply enlightening though it certainly is, remains a false abstraction. It savors too much of that Oriental pessimism and nihilism of his, which declares the whole phenomenal world and its facts and their distinctions to be a cunning fraud. A mere fraud is just what our Western common sense will never believe the phenomenal world to be. It admits fully that the inner joys and virtues are the essential part of life's business, but it is sure some positive part is also played by the adjuncts of the show. If it is idiotic in romanticism to recognize the heroic only when I see it labelled [sic] and dressed-up in books, it is really just as idiotic to see it only in the dirty boots and sweaty shirt of some one in the fields. It is with us really under every disguise…But, instinctively, we make a combination of two things in judging the total significance of a human being. We feel it be some sort of a product (if such a product could be calculated) of his inner virtue and his outer place, – neither singly taken, but both conjoined. If the outer differences had no meaning for life, why indeed should all this immense variety of them exist? They must be significant elements of the world as well" (James, 1899/1915, p. 284).

But what is at stake in this delimitation of the West as West and the reformulation of an Apollonian eye in the *new* millennium? Growing up in Australia, there was no confidence in this thing called West, you weren't really part of it, you were considered Second World, a bit backward, and the West was more about what someone else over there in the northern hemisphere was really trying to put onto you to get you to buy their products and accept their way of life as both normal and superior. But what transnational curriculum inquiry confronts today is much broader than West/rest debates; such tasks emanate from already disunified planes and plateaus confronting, for instance, a series of associations where West is already considered irrelevant, backward, and nineteenth century, where West is not the focus, where any conversion of the nomenclature from "West" into "North" won't resuscitate it, and where the tasks of transnational curriculum inquiry thus wallow amid unique and irreconcilable axes for analysis in a post-American and post-European "world".

For Cosgrove, what is at stake, then, is the question of authority, an authority in its so-called Western forms that has only becomes recognizable by being hopelessly bound to exercising and legitimating force over social and natural worlds that seem subordinate or are made so. This is of course not the only way to recognize or organize authorization but for Cosgrove it now passes under the name globalism, establishing both the field of discourse and the manner of resistance to it.

"Today, the globe continues to sustain richly varied and powerful imaginative associations. Globalization – economic, geopolitical, technological, and cultural – is widely recognized as a distinguishing feature of life at the second millennium, actualizing the Apollonian view across a networked, virtual surface. Resistance from the solid ground of earth, characteristically located at the spatial and social limits of Apollo's conventional purview, proclaims limitations of its male-centered Eurocentrism, a globalism hopelessly bound to exercising and legitimating authority over subordinate social and natural worlds. The criticism is well founded, both historically and morally. But the issue is by no means simple. The Apollonian perspective prompts ethical questions about individual and social life on the globe's surface that have disturbed as often as they have reassured a comfortable Western patriarchy" (Cosgrove, 2001, p. 3).

The effort to refigure an Apollonian eye has had two antithetical outcomes in Cosgrove's view, then, the effects of which are not completely deterministic: one outcome of trying to refigure an Apollonian eye is that it reassures a comfortable Western and Christian patriarchy and another is that it just as often disturbs it. This is, in a sense, to be expected from a motion that attempts to see diversity only in relation to deviation from a norm.

"The Apollonian gaze, which pulls diverse life on earth into a vision of unity, is individualized, a divine and mastering view from a single perspective. That view is at once empowering and visionary, implying ascent from the terrestrial sphere into the zones of planets and stars. The theme of ascent connects the earth to cosmographic spheres, so that rising above the earth in flight is an enduring element of global thought and imagination. Belief in the ascent of the soul – that the destiny of human life is transcendence to a heaven above the earth's surface – connects to the metaphysics of harmony embraced by the *somnium*. Alternatively, the Apollonian gaze seizes divine authority for itself, radiating power across the global surface from a sacred center, locating and projecting human authority imperially toward the ends of the earth. In the narratives of Christ as God-man, refracted through the heritage of Greece and Rome, these two strands have been braided together into a universalizing teleology of Western Christianity" (Cosgrove, 2001, p. xi).

For Sells, however, the narrative and the West are not reducible to Christianity or to patriarchy, but rather attention should be turned to the interplay of Abrahamic traditions in particular. For Sells, the West is

"the legacy of the encounter of Semitic prophetic traditions with the Graeco-Roman cultural world. These traditions shared both a highly developed Ptolemaic symbolic cosmology and a central assertion of one, transcendent principle of reality. Rather than focusing upon the textual borrowings of one tradition from another, it seems more profitable to see these traditions as competing within a partially shared intellectual and symbolic world, defining themselves in conversation with one another and against one another" (Sells, 1994, pp. 4-5).

For Park, however, there is something beyond projections of Occidental thought, Abrahamic traditions, and secularized belief in the coherent, unified and discrete self of Western individualism. The philosophical debates that are staged or assumed as central to Europe or the mid-East are not those that are staged or assumed as central to Asia. In *Buddhisms and Deconstruction*, for instance, Park offers a provocative and what would be counter-intuitive series of associations for many Western educational theories: a precise understanding of the nature of self, mind, ego or consciousness is not the key to an understanding of existence, essence, or identity, or *vice versa*; truths are not simply those things that exist they way they appear; and perception is not dependent upon induction into discursive regularities that make appearance possible. In a scenario where an understanding of existence is not dependent on Knowing Thyself or an inward turn, Park points to other possibilities for just Being.

In offering an alternative to Western versions of causality which he calls *dependent co-arising* Park argues that such a notion leads us to the *theory of no-self*, which is not a theory that no self exists at all. Dependent co-arising and appeal to no-self constitute two comprehensive theoretical bases of Buddhist philosophy for Park, which at the meta-level he does not disaggregate or parse into different schools. Dependent co-arising resembles a concept of causation except that it takes place at multidimensional levels. Being is always already the result of simultaneous happenings of different elements that come together to construct what is called a "self". Being in the world is thought seriously impaired by one's determination or desire to grasp something permanent. In an attempt to demonstrate the impossibility of affirming any enduring entity in one's being, human being is analyzed in terms of five aggregates of matter, feeling, perception, mental formations, and consciousness, none of which can independently exist or represent an entity. Together they lead to a concept of no-self which Park argues is commonly misunderstood as opposite of a theory of self.

No-self theory is the middle path traveled between affirmation and negation of an existing self, which prevents our seeing self as discrete but maintains its relevance precisely because of the ambiguity. This is because Buddhist traditions are keenly aware of the problem entailed in dualism. No-self theory is not a notion of lack of self for lack presupposes the existence of self. The difference in this case is that the theory of enduring self affirms, whereas the theory of no-self – if it is understood as lack of self – negates the existence of self. In both cases, self should exist.

That is, to misunderstand no-self as lack of self presumes dualism where A and not A are opposites. However A and not A are not binary opposites as dualistic thinking assumes but fall into the same category in that both presuppose the existence of A. The misunderstanding of the theory of no-self can have two opposite outcomes: either one is bound to the confusion of reality and phenomenon, or, one is emancipated from the traditional concept of self. Misunderstanding, then, is a significant pedagogical device.

The illusory nature of self is not simply reducible to Asian, Eastern, or specifically Buddhist philosophies, however, the labeling of such discourses, both as philosophies and as unified doxology being problematic and contested, as labels generally are in contemporary scholarship.

Arguing in support of no-self theories across a variety of discourses, Simon Glynn posits that existential phenomenology, poststructuralism, and Buddhist epistemology converge around the view of a single, discrete self as illusory, with differential consequence within each:

"The ego is traditionally held to be synonymous with individual identity and autonomy, while the mind, which is closely associated therewith, is widely held to be a necessary basis of cognition and volition, and the responsibility following therefrom. However, Buddhist epistemology, Existential Phenomenology and Poststructuralism all hold the notion of an independently subsisting self-identical subject to be an illusion. This not only raises problems for our understanding of cognition (for if such a self is an illusion who does the perceiving and who is deluded), and volition (who initiates acts), but also therefore for the notion of responsibility (for in the absence of an independently subsisting subject there appears to be no autonomous agent), while for Buddhism it also raises an additional problem for the doctrine of reincarnation (for in the absence of such a self it is unclear who is supposed to be responsible for failing to overcome desires and attachments, and concomitantly gets reincarnated)" (Glynn, 2006, p. 197).

Whereas in phenomenology this questioning of the self raises further questions about cognition and who is doing the perceiving, in Buddhist epistemology it raises questions about reincarnation – who or what is it that is supposed to be born again? In so-called poststructuralism, critiques of the discrete self led to several other questions or responses that emanated especially from challenging the nature/culture binary – one response was called *archaeology*, an effort to step outside metaphysics in philosophy; another was a peculiar kind of *reflexivity*, how social sciences keep using the tools that we also criticize.

Derrida (1978) elaborates these consequences without naming their outcome "poststructuralism". That is, at least two forms of problematization come from interrogating the nature/culture opposition, the realization of which makes language bear within itself the necessity of its own critique. Once such a nature/culture opposition makes itself felt, a systematic questioning of its history that is neither philological nor philosophical arises as a first possible action. This is archaeology – to deconstitute the founding concepts of the entire history of philosophy. Derrida sees that as both the most daring beginning of a step outside philosophy and the most difficult for it is "much more difficult to conceive outside philosophy than is generally imagined by those who think they made it long ago with cavalier ease, and who in general are swallowed up in metaphysics in the entire body of discourse which they claim to have disengaged it from" (Derrida, 1978, p. 284).

The second possible action is to conserve old concepts – such as the subject, self, other, language, discourse, world – while here and there denouncing their limits. There is a willingness to abandon them as well as to exploit their efficacy, they are used to destroy the old machinery to which they belong and of which they are themselves pieces. "This" Derrida argues "is how the language of the social sciences criticizes itself", to preserve as an instrument something whose truth value is criticized.

Or a third response, as exemplified in Mitchell, simply entails drawing attention to how social sciences have overlooked "the mixed way things happen".

"Overlooking the mixed way things happen, indeed producing the effect of neatly separate realms of reason and the real world, ideas and their objects, the human and the nonhuman, was how power was coming to work in ... the twentieth century in general. Social sciences, by relating particular events to a universal reason and by treating human agency as given, mimics this form of power. The normal methods of analysis end up reproducing this kind of power, taken in by the effects it generates. In fact, social science helps to format a world resolved into this binary order, and thus to constitute and solidify the experience of agency and expertise. In much of social science this is quite deliberate. It tries to acquire the kind of intellectual mastery of social processes that dams seem to offer over rivers, artificial nitrates over sugarcane production, or DTT over arthropods. It is less important whether one understands how things work, more important how effective are the immediate results. But more careful forms of historical or cultural analysis can do the same thing in less obvious ways, by leaving technics unexamined, or talking about the "social construction" of things that are clearly more than social" (Mitchell, 2002, p. 52).

For Bynum, however, both East and West are projections and emanate from an "elsewhere" that is rarely named or acknowledged. In *The African Unconscious* Bynum (1999) argues that the roots of modern Western psychology lie in a group of philosophies referred to as personalism which were in circulation in different forms before the continent was named as Africa, in which subject and object are mutually interpenetrable, and where it is possible to communicate with ancestors four generations past and one generation into the future. For Bynum, the roots of ancient Eastern mysticism (which he delimits to China, India, and Japan) lie in personalism as well – Eastern philosophies draw their key content, such as belief in a universal energy flow like chi or kundalini from personalism. This suggests a dualist positioning of Africa as the "unconscious" inhabiting the projection/naming of West and East, and West and East as now unconscious of Africa.[iv] Bynum's analysis can be suggestively extrapolated to understanding the desire for se-

---

[iv] The human unconscious was literally referred to as Africa, as a dark continent and as an unknown, in nineteenth century debates over mind. I read Bynum's analysis as playing on and reversing these prejudices.

quencing in a modern episteme, for identifying invisible links, unseen influences, or audit trails between apparent parts indebted to monistic conceptions of a universal fluid or grid that provides the "conceptual structure" that makes transmogrification of forms, travel, and interpenetration of things a possibility.

What happens, then, when "West" is critiqued from "within" and "without?" For Cosgrove, efforts to recuperate or legitimate West-as-arbiter can take several forms and these forms I think we can see implicitly in PISA's emergence and structure. One form is the shifting but enduring focus on the self and continuous delimitation of what constitutes the human/nonhuman line: "Closely linked to the Apollonian vision and its universal claims is the shifting discourse of the self and human distinction" (Cosgrove, 2001, p. xi). Another is reassertion of realism through ocularcentrism, the kind of strategies that enable counting and statistics to operate commonsensically as proof: "The victory of ocular vision over other forms of knowledge parallels the history of modern colonialism, and the processes are not unconnected" (Cosgrove, 2001, p. 16). A third is to bury the notion of West or Western within conceptions of globe that are already incorporative of "West's" centering: "both 'West' and 'Western' are themselves historically made and altered constructs, shaping and differentiating an already signified globe" (Cosgrove, 2001, p. x). In their intersection, such strategies act to re-ground figures that were threatening to withdraw behind a veil under the weight of other ways of forming a silence/saying relation – re-grounding the geo-body as the big picture or frame of reference and resecuring materialist representations of a profane earth, reasserting the individuated self with a single life as the universal category of Being and with the human as the most important actant, and reaffirming the open but closed eye of that self and its penchant for numbers as the only portals to truth-production.

B. PISA as an Instance of an Apollonian Eye and Effort to Resuscitate the West

Such recuperative strategies and possibilities become conveyed through different spatial representations indebted to onto-theo-philosophy and modern geographical techniques and embedded in new programs such as PISA. As noted above, Cosgrove points to how both *ascent* and *dispersal* become two possibilities that crystallize in new versions of an Apollonian eye. The two trajectories can be linked, disjoined, or contemporaneous. The theme of *ascent* connects the earth to cosmographic spheres, so that rising above the earth in flight is an enduring element of thought and imagination referred to as global. Belief in the ascent of the soul – that the destiny of human life is transcendence to a heaven above the earth's surface – connects to the metaphysics of harmony embraced by the *somnium*. This might be understood as the (well-intended) transcendent position of the expert, who rather than residing in an other-worldly location of a God, steers and shapes the analysis of "diverse" subjects-as-objects in the this-world toward a unity without announcing the provincialism of his or her own position – "knowledge" as free-floating, ejected from body, seeing without being seen.

The theme of *dispersal* refers to a different strategy in which the Apollonian gaze seizes divine authority for itself, radiating power across the "global" surface from a sacred center, locating and projecting human authority imperially toward the ends of the earth. This is embodied in notions of simulacra and of distribution, whether of goods and services or of justice – the effort to make the ends of the earth more like home, but with a nice exotic twist, a just-noticeable-difference in Fechner's terms, enough to titillate and to arouse but not to disturb the radiation and its point of emanation. We might, without stretching it, delicately reapproach PISA, then, as implicitly trading on both these forms of spatiality: in the first case data is pinned to a universalized framework of the nation-state that transcends any effort to the contrary, to be represented by another means ("there is nothing beyond the nation") – the ascent is prefigured as both complete and stultifying, with experts delineating the problem and the solution; and in the latter, the radial action occurs through the effort to recruit more and more participants and to disseminate the results, drawing correlations between educational structures and examination outcomes that makes each national location into a variation of the same ("there is nothing but differences between nations"). To that end, such forms of representation and such movements are not unique to PISA and locate it rather as one of the many social projects of modernity/nationalism.

C. *PISA as One of the Social Projects of Modernity/Nationalism*

It is fruitful to understand PISA as one of the social projects of modernity/nationalism in which dispersal across the presumed macrospace of earth and the desire to transcend co-habitate in the notion of performativity and instrumentality, in the reduction, that is, of education's purposes to the Gross Domestic Product. As the offspring of the OECD PISA is dedicated to discerning whether increased federal expenditure on education can be linked to an increase in the GDP. If it cannot be correlated either generally or in specific cases, then there is always the possibility to argue that educational institutions such as public schools should not be funded at current levels and so forth. The swing between general and particular levels, between sameness and difference, is one of the arts of distribution that disciplinary societies have embedded in institutional life, which positions distribution largely now as statistical, assuming that distribution is the a priori nature of a thing, and as that which can be identified via the discovery or fabrication of a norm. Compulsory schools, hospitals, standing armies, nuclear families, asylums, and so forth emerged and were massified with the breakdown of old versions of absolutist authority, among other things. The "distribution" of authority away from sovereign conceptions, the distribution of goods and services, the distribution of Life across a span as managed by new institutions rewrote the coordinates of Being. A logocentric impulse became embedded in these moments and new coordinates – like a bad doctor "moderns" create the conditions that we then diagnose, assume the outcome as the tool, and think that all analysis must begin and end, courtesy of Descartes, with thought, however defined. In a more sociological vein, Delanty and O'Mahoney (2002) argue that such projects were constituted through four key dynamics – state-formation, democratization, capitalism, and rationalization of culture – all of which contain the logic of differentiation and integration within them and which account for the recalcitrance of nationalism as both a mobilizing and institutional force of modernity.

The crystallization of these four vectors appears across three levels that Delanty and O'Mahoney identify: *in specific historical trajectories* (what we might see, for example, as the themes of ascent and dispersal contained within the trajectory of the Apollonian eye and modern geographical mapping); *in the traveling ideals of the cultural projects* of modernity/nation-building (for example, the elevation of spoken vernaculars, reformed religion, and denigration of deafness); and *in institutional formations and dynamics* (such as making schooling compulsory and organizing curriculum and classes in order to resecure belonging and control). As one of the social projects of modernity, however, PISA sits in the twenty-first century alongside some interesting redefinitions of what constitutes a democracy and the very nature of distribution of authority within fragile social contracts. It is to these contemporaneous events and their implicit implications that I now turn for the final leg of this journey.

D. Transnational Curriculum Inquiry, Democracy, and the Zone of Anomie

"the state of exception appears as a threshold of indeterminacy between democracy and absolutism" (Agamben, 2005, p. 3).

"if exception makes rule possible, what then happens when exception and rule become undecidable?" (Agamben, 2005, p. 58).

The preceding has alerted us to what possibilities and leverage transnational curriculum inquiry offers to reapproaching and rephrasing issues and ethics associated with education, globalization, and world-forming in the twenty-first century, but what of what might be foreclosed? If we really value one of these inventions of modernity/nationalism, that one called democratization, then we are presently in a productive moment to re-examine what constitutes a democracy, authority, a political act, an issue, and a legitimate form of educational inquiry and to do so for a moment by taking our eyes off the allure of PISA and examining some other events contemporaneous with it and that engage the question of authority at the federal and constitutional levels rather than simply the disciplinary, the academic, or the classroom level.

Agamben argues that populations in the West (left undefined, but with most reference to Italy, Germany, France, the UK, and USA in the analysis) have failed to notice how democracy is being rewritten – attention has been turned elsewhere. Across the nineteenth and twentieth centuries especially a unique kind of totalitarianism arose out of democratic traditions and this occurred and is occurring through invoking a state of exception.

"The subsequent history of the state of siege is the history of its gradual emancipation from the wartime situation to which it was originally bound in order to be used as an extraordinary police measure to cope with internal sedition and disorder, thus changing from a real, or military state of siege to a fictitious, or political one. In any case, it is important not to forget that the modern state of exception is a creation of the democratic revolutionary tradition and not the absolutist one. Although the paradigm is, on the one hand (in the state of siege) the extension of the military authority's wartime powers into the civil sphere, and on the other a suspension of the constitution..., in time the two models end up merging into a single juridical phenomenon that we call the *state of exception*" (Agamben, 2005, p. 5).

But why does this matter? For Agamben, if exceptional measures are the result of a crisis, then who or what gets to decide what qualifies as a crisis? Would for example environmental degradation qualify? Or is it rather that such a form of democracy, which depends periodically and covertly on totalitarian tactics is pushing us into tighter and tighter governance by laws which have no legal form and yet which end up with the power to define what is human, what is Being, what is living, and what a crisis or reality?

"it is difficult even to arrive at a definition of the term [state of exception] given its position at the limit between politics and law. The question of borders becomes all the more urgent: if exceptional measures are the result of a period of political crisis and, as such, must be understood on political and not juridico-constitutional grounds, then they find themselves in the paradoxical position of being juridical measures that cannot be understood in legal terms, and the state of exception appears as the legal form of what cannot have legal form. On the other hand, if the law employs the exception – that is the suspension of law itself – as its original means of referring to and encompassing life, then a theory of the state of exception is the preliminary condition for any definition of the relation that binds and, at the same time, abandons the living being to law" (Agamben, 2005, p. 8).

The state of exception phenomenon sometimes remain prisoner in a vicious circle in which the emergency measures that proponents seek to justify in the name of defending the democratic constitution are the same ones that lead to its ruin. The question of borders and sequencing, of abandoning and binding the living Being to law become urgent not just in regard to the redistribution and thus recomposition of authority, its very practice, but also in regard to the effects on more "philosophical" or ontological possibilities and conceptualizations. The strategies deployed toward absolutism in contemporary democracy have a counterpart, a mate in a sense, that focuses less on the spectacular forms of violence and revolution and are aimed instead at making the definition of Being absolute, in this case trying to confine, capture or understand Being only in relation to *logos* which I suggest here is now inconceivable without appeal to a conception of mind and particular versions of rationality. This is not simply about nationalism-as-territory and war but battles over but what pure Being could mean.

"This struggle for anomie seems to be decisive for Western politics as 'the battle of giants concerning being' that defines Western metaphysics. Here, pure violence as the extreme political object, as the 'thing' of politics, is the counterpart to pure being, to pure existence as the ultimate metaphysical stakes; the strategy of the exception, which must ensure the relation between anomic violence and law, is the counterpart to the onto-theo-logical strategy aimed at capturing pure being in the meshes of the *logos*" (Agamben, 2005, p. 59).

For Agamben, a real battle is brewing not simply between political parties but over the very nature of Being in Western metaphysics. In efforts to capture Being in the meshes of the *logos*, to reduce Being for example to mental measurement, to tests, numbers and evaluations, to PISA surveys or scientific quantities, a different kind of violence arises which creates some new experiences like PISA-shock or PISA-envy while diverting attention from others, such as the performative and instrumental way Being is redefined, corralled, ordered, disciplined and confined. This raises indirectly the specter of the new eugenics ("neugenics") in which Being is redefined as purely performative and contributory. It also suggests how an efficiency, order, and improvement discourse is both related to and far beyond a sixteenth century Calvinist-Ramist nexus for gaining access to other-worldly salvation through the natural perfection of human beings studying at a university.

The point of laying out how important the state of exception has been to Western democracies is for Agamben in part an effort to "ceaselessly try to interrupt the working of the machine that is leading the West toward global civil war" (Agamben,2005, p. 79). He is not arguing that everything Western and democratic is bad but rather that a global civil war would be. If that preventive effort is one reason why critiques from within and without the West have been mounted, then the ambiguity and/or fogginess which transnational curriculum inquiry as a task operates with and forges may be seen as a productive one, affirming of the responsibility inherent to engaging with new situations and intimately aware of how ambiguity is sometimes exploited as the excuse for a more absolutist or totalitarian response.

My point in raising this is not to imply that a conspiratorial or aggressive campaign is in place, somehow set up against idealist humanist notions of the subject. Nor is it to proffer in place of such contemporaneous phenomena a new totality in the guise of honoring humanity's expansive spirituality, abyss-like possibilities, and different versions of difference. Rather, I think it simply draws attention to the contemporary contraction of sites in which "democracy" can be recognized or practiced at all relative to previous "distributive" logics, how this is in part due to the recuperation of modernist efforts to think in terms of perspective and to attempt a fixing from a single locus as a source of authority, generating in some cases fear of and exploitation of "ambiguity" in order to assert absolutist or totalitarian responses to "the Clash of Civilizations". In the process, *production* (e. g. markets, economies, GDP) and *reproduction* (e. g., of a population, canon, values, lifestyles) become central intellectual and institutional tropes. Such tropes inhabit positions of conservatism and of radicalism, holding up two sides of the same coin that distributive logics generate – hope and fear.

From the re-emergence of curriculum and class and the new linearity in method, to the advent of world maps, to an understanding of "pure being" as captured in the meshes of the *logos* it should now be apparent how inadequate it is to account for contemporary phenomena in education simply through appeal to nation-state and self as naturalized frames of reference, and just as evident what some of the challenges and aporia are that arise as a rationality is confronted with what exceeds and slips its grasp. The contemporary issues and ethical considerations that transnational curriculum inquiry faces leaves us with at least two requirements – we must and do act, and, that compulsion to action can never rest as a simple moral exhortation as though the term action is agreed upon, agentive, and universal in its location, visibility, or effects, as though it comes only after a thought, conscious, premeditated, willed, and planned. We have at this moment then a heavy responsibility and a different kind of crisis, not just of the "West", of modernity, or of exceptionality, but of what the imperative to make a phenomenon admit its truth has left "us" with, an interesting paradox caught between *différance* and the absolute. That is: Can "we" navigate the new nature of education and democracy without a map in "New Times" and yet still preserve and have an "earth" left on which to argue over what it means to live, to inquire, to authorize, to Be, or to act politically?

References

Abraham, I. (2006). The contradictory spaces of postcolonial techno-science. Economic and Political Weekly, pp. 210-217.
Agamben, G. (2003/2005). State of exception (K. Attell, Trans.). Chicago: University of Chicago Press.
Anderson, W. (2002). Postcolonial technoscience. Social Studies of Science, 32, 643-658.
Anderson, B. (1991). Imagined communities: Reflections on the origins and spread of nationalism. London: Verso.
Anderson-Levitt, K. (Ed.). (2003). Local meanings, global schooling: Anthropology and world culture theory. New York: PalgraveMacmillan.
Beck, U. (2000) What is globalization? Cambridge, UK: Polity Press.
Bhabha, H. K. (1990). DissemiNation: Time, narrative, and margins of the modern nation. In H. K. Bhabha (Ed.), Nation and narration (pp. 291-322). New York: Routledge.
Burbules, N./Torres, C. (Eds.). (2000). Globalization and education: Critical perspectives. New York: Routledge.
Bynum, E. B. (1999). The African unconscious: Roots of ancient mysticism and modern psychology. New York: Teachers College Press.
Chambers, I. (2001). Culture after humanism: History, culture, subjectivity. London: Routledge.
Chertok, L./Stengers, I. (1989/1992). A critique of psychoanalytic reason: Hypnosis as a scientific problem from Lavoisier to Lacan. Stanford, CA: Stanford University Press.

Cosgrove, D. (2001). Apollo's eye: A cartographic genealogy of the earth in the Western imagination. Baltimore, MD: Johns Hopkins University Press.
Culler, J. (1986/1988) Ferdinand de Saussure, Ithaca: Cornell University Press.
Davis, L. (1997). Universalizing marginality: How Europe became deaf in the Eighteenth century. In P. Longmore/L. Umansky (Eds.), The disability studies reader (pp. 110-127). New York: Routledge.
Delanty, G./O'Mahony, P. (2002). Nationalism and social theory. Thousand Oaks, CA: Sage.
Deleuze, G. (1990). The logic of sense (M. L. w. C. Stivale, Trans.). New York: Columbia University Press.
Derrida, J. (2006). The politics of friendship (radical thinkers). London: Verso.
Derrida, J. (1998). Monolingualism of the other: Or, the prosthesis of origin (cultural memory in the present) (P. Mensah, Trans.). Stanford, CA: Stanford University Press.
Derrida, J. A. (1993). Aporias (T. Dutoit, Trans.). In W. Hamacher/D. E. Wellbery (Eds.), Meridian: Crossing aesthetics. Stanford, CA: Stanford University Press.
Derrida, J. (1978). Structure, sign, and play in the discourse of the human sciences (A. Bass, Trans.). In Writing and difference (pp. 278-294). London: Routledge and Kegan Paul.
Derrida, J. (1968/1982). La différance. In J. Derrida (Ed.) (translated with additional notes by Alan Bass), Margins of Philosophy (pp. 1-28). Chicago, IL: University of Chicago Press.
Foucault, M. (1978/2000). Nietzsche, genealogy, history. In J. D. Faubion (Ed.), Essential works of Foucault, 1954-1984: Power (Vol. III) (pp. 369-391). New York: The New Press.
Foucault, M. (1966/1973). The order of things: An archaeology of the human sciences. New York: Vintage Books.
Glynn, S. (2006). Sartre, phenomenology, and the Buddhist no-self theory. In J. Y. Park (Ed.), Buddhisms and deconstructions (pp. 197-210). Lanham: Rowman/Littlefield Publishers, Inc.
Hamilton, D. (2009). On the origins of the educational terms class and curriculum. In B. Baker (Ed), New curriculum history. Rotterdam: Sense.
James, W. (1899/1915). Talks to teachers on psychology: And to students on some of life's ideals. New York: H. Holt.
Luhmann, N. (1995). Social systems. Stanford: Stanford University Press.
Mitchell, T. (2002). Rule of experts: Egypt, techno-politics, and modernity. Berkeley: University of California Press.
Nancy, J.-L. (2007). The creation of the world or globalization. Albany, NY: State University of New York Press.
OECD. (2008). OECD's PISA survey shows some countries making significant gains in learning outcomes [Electronic Version] from http://www.oecd.org/document/22/0,3343,en_2649_34487_39713238_1_1_1_1,00.html.

Pinar, W. F., Reynolds, W. M., Slattery, P./Taubman, P. (1995). Understanding curriculum. In J. Kincheloe/S. Steinberg (Eds.), Counterpoints. New York: Peter Lang.

Rizvi, F./Lingard, B. (2000, Fall). Globalization and education: Complexities and contingencies. Educational Theory, 50(4), 419-426.

Schriewer, J. (2006). Comparative social science: Characteristic problems and changing problem solutions. Comparative Education, 42(3), 299-336.

Sells, M. (1994). The mystical languages of unsaying. Chicago: University of Chicago Press.

Spivak, G. C. (2000). A critique of postcolonial reason: Toward a history of the vanishing present. Cambridge, MA: Harvard University Press.

Stone, W. L. (1837). Letter to Doctor A. Brigham on animal magnetism, being an account of a remarkable interview between the author and Miss Loraina Brackett while in a state of somnambulism. New York: George Dearborn/Co.

Stromquist, N./Monkman, K. (Eds.). (2000). Globalization and education: Integration and contestation across cultures. Lanham: Rowman and Littlefield.

Suarez-Oroco, M./Qin-Hilliard, D. B. (2004). Globalization, culture, and education in the new millennium. Berkeley: University of California Press.

Wagner, P. (1994). A sociology of modernity: liberty and discipline. London: Routledge.

Winichakul, T. (1994). Siam mapped: A history of the geo-body of a nation. Honolulu: University of Hawaii Press.

Wrigley, O. (1996). The politics of deafness. Washington, DC: Gallaudet University Press.

Heike Deckert-Peaceman

Der Brauch der Zuckertüte als Medium und Praktik

Schulanfang kulturtheoretisch betrachtet

Zu Beginn des Schuljahres 2009/2010 wurden 734 350 Kinder in Deutschland eingeschult (Statistisches Bundesamt: Pressmitteilung Nr. 446 vom 24.11. 2009). Diese Kinder haben damit eine Erfahrung gemacht, die sie mit vielen Generationen und Kulturen teilen. Obgleich weltweit immer noch geschätzte 100 Millionen Kinder vom regelmäßigen Schulbesuch ausgeschlossen sind (http://www.hrw.org/de/news/2005/09/12/un-weltgipfel-schulbesuchs-rate-vom-millenniumsziel-weit-entfernt, 20.8.2010), gilt Schulbildung als zentrale Erfahrung der Kindheit auf der gesamten Welt und bestimmt wesentlich unser Verständnis von dieser Lebensphase. Dazu schreibt Ivan Illich schon 1971:

„Die Schule klassifiziert Menschen nach ihrem Lebensalter. Diese Einteilung beruht auf drei Voraussetzungen, die nicht in Frage gestellt werden. Kinder gehören in die Schule. Kinder lernen in der Schule. Nur in der Schule kann man die Kinder etwas lehren." (Illich 2003, 5. Auflage, 49)

Damals hatte sich die Auffassung von Schulbesuch als soziale Errungenschaft und Garant für politischen und ökonomischen Fortschritt weitgehend durchgesetzt, trotz der Kritik der Entschulungsbefürworter. Diese sahen in der Schulpflicht eine Durchsetzung kapitalistischer Gesellschaftsstrukturen mit entfremdetem Leben und darüber hinaus die Verbreitung von westlichen Machtansprüchen in Entwicklungsländern (vgl. Illich 2003). Heutzutage steht ein von allen zentralen nationalen und internationalen Organisationen getragener Konsens über Notwendigkeit und Nutzen von Schulpflicht einer Minderheit gegenüber, die diese Annahmen kritisch reflektiert, beispielsweise aus professions- (Oevermann 1996) und kindheitstheoretischer (Qvertrup 2000) Sicht.

Trotz erheblicher struktureller und finanzieller Unterschiede scheinen sich viele Elemente des formalen Lernens in der Schule, so wie sie sich in Europa historisch herausgebildet haben, z. B. das Lernen in Klassen und nach einem Curriculum (vgl. Baker in diesem Band) sowie die Zensurengebung, weltweit durchgesetzt zu haben. Auch der Schulbeginn scheint auf den ersten Blick ähnlich. Seit Durchsetzung der Schulpflicht werden Kinder im Schnitt mit sechs Jahren eingeschult. In der Regel ist das ihre erste Begegnung mit dem Altersklassenprinzip. Als Kohorte vollziehen sie alle am selben Tag den Übergang zum Schulkind.

Nach Parsons suggeriert der Schulanfang eine punktuelle Gleichheit der Anfänger durch Homogenisierung, um darauf aufbauend neue Differenzen umso wirkungsvoller herstellen zu können (vgl. Parsons 1959). Anders als seit Beginn der Weimarer Republik intendiert und juristisch gefasst, weisen Studien immer wieder nach, dass diese Differenzherstellung nicht nach dem Leistungsprinzip erfolgt, sondern gesellschaftliche Ungleichheiten widerspiegelt, wenn nicht sogar verstärkt. Schule hat als „the great equalizer" versagt (Zigler/Styfco 2004). Sie diskriminiert darüber hinaus aktiv als Institution bestimmte Gruppen und Milieus (Gomolla/Radtke 2001).[1] Ohne Illichs Kritik in allen Aspekten nachzuvollziehen, ist sein Ansatz der Entmythologisierung von Schule immer wieder aktuell und erkenntnisfördernd.

„Ihre Zugkraft als Ursprung und Hort eines sozialen Mythos gewinnt die Schule in erster Linie dadurch, daß sie ,Bildung' als rituelles Spiel eines stufenweisen Aufrückens in einer hierarchischen Ordnung inszeniert. Die Einführung in dieses Spielritual ist daher viel wichtiger als die Frage, was und wie gelehrt wird." (Illich 2003, 71)

Diesem Gedanken folgend möchte ich meinen Blick auf den Beginn dieser Einführung das Spielritual richten. Dabei ist für mich der erste Schultag Teil dieser rituellen Inszenierung von Bildung durch die Institution und steht nicht als Ritual für sich.

Irritation

Beschäftigt man sich mit den Praktiken des Schulanfangs, das heißt mit der Frage, wie der Übergang zum formalen Lernen konkret gestaltet und vollzogen wird, begegnet man zunächst einer Irritation: Bei aller Ähnlichkeit der Institution Schule in einer globalisierten Bildungswelt[2] unterscheiden sich die Praktiken je nach Land und Kultur erheblich, wie sich schon an der zentralen Frage nach dem Einschulungsalter zeigen lässt. So liegt es beispielsweise in Neuseeland und Australien weiterhin bei 6 Jahren, jedoch hat sich längst eine andere Alltagspraktik eingebür-

---

1 Dem gegenüber stehen wesentliche Leistungen des Schulsystems in der Kompetenzvermittlung und in der Erziehung zum mündigen Bürger, die hier jedoch nicht näher ausgeführt werden sollen.
2 Zum Einfluss von Weltorganisationen auf nationale Bildungssysteme, s. beispielsweise Diskussion über OECD

gert. In Neuseeland kommt jedes Kind individuell an seinem 5. Geburtstag in die Schule. In Australien gibt es ein weites Spektrum an Einschulungspraktiken (von 4-6, zum Teil individuell, in verschiedene Einrichtungen), das auch je nach Bundesstaat differiert. Diese Tendenz zur Deregulierung ist jedoch weltweit zu beobachten und seit der Flexibilisierung der Stichtagsregelung längst in Deutschland angekommen.

Hinzu kommt, dass sich Elementar- und Primarbereich in vielen Ländern strukturell angleichen. Somit ist der tatsächliche Wechsel in die Schule auch inhaltlich weniger einschneidend. Wer schon im Kindergarten lesen lernt, wird der Schule weniger Bedeutung hinsichtlich des Schriftspracherwerbs zumessen. Das gilt für alle Akteure des Übergangs. Konsequenterweise entfallen dann bestimmte Vorbereitungspraktiken, wie sie aus Deutschland bekannt sind.[3] Ein Lied „Hurra, ich bin ein Schulkind, [...], weil ich lesen lerne." stimmt in anderen Ländern nicht mehr ungebrochen mit dem Alltag überein. Diese Entwicklungen stehen auf den ersten Blick im Gegensatz zu dem weltweit hohen Stellenwert des Übergangs in Forschung und Politik (vgl. dazu zusammenfassend Griebel/Niesel 2004). Sie sind möglicherweise schon Ergebnis dieser Studien. Im Anschluss an Illich könnte jedoch diese Aufwertung über wissenschaftliche Untersuchungen Teil der Mythologisierung von Schule sein.

Vorbereitungs- und Einschulungspraktiken der verschiedenen Länder in Erfahrung zu bringen, muss sich oft auf eigene oder fremde Erfahrungsberichte beschränken, weil diese noch kaum systematisch erforscht sind.[4] Es lassen sich folgende Tendenzen feststellen:

- Es gibt vorwiegend kollektive Schulanfänge, nur in Neuseeland und Australien (South Australia) wird flächendeckend individuell eingeschult.
- In manchen Ländern erhält der Übergang nahezu keine Aufmerksamkeit. Kind oder Kindergruppe wechseln in einen anderen Raum im Gebäude, z. B. in den Niederlanden. In vielen Ländern hat der erste Schultag im Vergleich zu Deutschland eine geringe Bedeutung. Entsprechendes gilt für die Vorbereitungspraktiken. Es gibt zum Teil keine Schuleingangsfeier, sondern die Erstklässler erleben einen ers-

---

3 Bei meiner Recherche nach Bilderbüchern, die den Schulbeginn thematisieren, bin ich in Australien und Neuseeland wenig fündig geworden. Nach Auskunft von Carmen Dalli (University of Wellington) seien diese durch die Neugestaltung des Elementar- und Primarbereichs nicht mehr nötig und lange nicht mehr in Gebrauch.
4 In einem Seminar bin ich 2007 mit Studierenden dieser Fragestellung nachgegangen. Zu vielen Ländern ließen sich nur über Interviews Informationen beschaffen, weil die Praktiken nicht schriftlich beschrieben sind.

ten Schultag wie alle anderen Klassenstufen auch, z. B. in den USA (vgl. Rademacher 2009).
- In manchen Ländern wird eher der Abschied aus dem Kindergarten zelebriert, der z.T. mit einer Art Prüfung abgeschlossen wird. In Korea werden die Kinder manchmal wie zur Promotionsfeier „verkleidet", damit sie in Zukunft alle akademischen Prüfungen gut bestehen.
(http://osnabrueck.files.wordpress.com/2008/02/bildungswesen.jpg, 22.2.2011)
- In vielen Ländern wird der Schulanfang mit nationaler und zum Teil mit militärischer Symbolik gefeiert und aufgeladen (vgl. Quyang 2010). Die Kinder werden somit rituell in die Nation aufgenommen.
- In Russland und teilweise in den ehemaligen GUS-Staaten erhalten nicht die Kinder, sondern die Lehrer zum Schulanfang ein Geschenk, nämlich einen Blumenstrauß.
- In vielen Ländern erhalten die Kinder keine oder kaum Geschenke.

Vor diesem Hintergrund betrachtet ist der deutsche Schulanfang ein besonderes, nahezu einmaliges Ereignis. Er hat inzwischen „Eventcharakter", ist ein großes Familienfest. Der Gabentisch von Schulanfängern übertrifft teilweise den am Geburtstag oder zu Weihnachten.[5]

Rademacher arbeitet in ihrer vergleichenden Studie wesentliche Charakteristika des deutschen Schulanfangs aus professionstheoretischer Perspektive heraus. Der erste Schultag in Deutschland und in den USA wird in seiner konkreten Gestaltung empirisch untersucht, die immanente Sinnlogik der Reden von Schulleitern analysiert und die verschiedenen Befunde werden miteinander verglichen. Dabei geht sie grundsätzlich von einer strukturellen Gleichheit von Schule in einer globalisierten und universalisierten Welt aus. Demnach sind Unterschiede in den Einführungsszenen in die gleiche Institution als berufskulturelle Differenzen deutbar (vgl. Rademacher 2009, 13), die eng mit nationalen kulturellen Codes verknüpft sind.

Einschulungsfeiern sind immer wieder Gegenstand wissenschaftlicher Analysen (vgl. beispielsweise Wellendorf 1974; Zirfas 2004). Wulf untersucht Bildungsprozesse in der Schule aus ritualtheoretischer Perspektive. Demnach bilden Rituale zentrale Rahmungen von Erziehungs- und Bildungsbemühungen. Bildung ist nach diesem Verständnis nicht ausschließlich ein individueller Akt, sondern ist in soziale Strukturen und rituelle Arrangements eingebettet, die Gemeinschaften konstituie-

---

5 Damit wird jedoch eine Entwicklung beschrieben, die erst seit einigen Jahrzehnten in diesem Maße in Deutschland stattfindet. Frühere Generationen verfügen über andere Erfahrungen.

ren.

„Mit Hilfe des rituellen Arrangements ‚Einschulungsfeier' inszeniert die Schule nicht nur ein Übergangsritual; sie inszeniert sich auch als ‚schulische Familie' und überschreitet damit Anlass und Funktion des Einschulungsrituals. In dieser Veranstaltung entsteht eine durch Vielschichtigkeit und Multidimensionalität gekennzeichnete Aufführung von Gemeinschaft, für deren Verständnis nicht nur kognitive Subjekt-Objekt-Beziehungen, sondern auch ästhetische und ludische Dimensionen eine wichtige Rolle spielen. Damit verbunden ist eine Selbstdeutung der Schule und eine Darstellung ihrer Beziehungen zum sozialen und politischen Umfeld." (Wulf 2004, 10)

Rademacher zeigt in ihrer vergleichenden Studie ein auf vielen Ebenen gegensätzliches Bild. Während es sich in Deutschland von der Rahmung her um eine klare Zäsur handelt, durch die nun der „Ernst des Lebens" beginnt und die herausgehoben aus dem Schulalltag mit einer besonderen Feier vollzogen wird, handelt es sich in den USA um einen „authentischen" ersten Schultag ohne Feier, den die Erstklässler mit den anderen Klassenstufen teilen. Dadurch, dass sie in der Regel schon den „kindergarten", die Vorschule an der Grundschule, besucht haben, ist es tatsächlich ein fließender Übergang. Bei genauerer Untersuchung zeigt jedoch das pädagogische Handeln ein umgekehrtes Bild. Rademacher schreibt:

„In Deutschland versucht das pädagogische Handeln die Zäsur zurückzunehmen, während in den USA die institutionellen Prinzipien vom ersten Schultag ohne Einschränkung gelten." (Rademacher 2009, 99)

Der erste Schultag wird also in den USA nicht als persönliches Kinderfest gefeiert, sondern als administrative Einweisung in schulische Abläufe vollzogen. Ingesamt verweist das Datenmaterial aus den USA auf eine in sich konsistente, aber affirmativ und bürokratisch-rational gerichtete Handlungslogik, während sich in Deutschland eine höchst widersprüchliche kritisch-distanzierte Berufskultur findet (vgl. Rademacher 2009). Besonderes Kennzeichen ist die ambivalente Darstellung von Schule, die permanent Widersprüche erzeugt.

„.... eine formal in Anspruch genommene Positivität und Bedeutsamkeit des Schulischen und eine materiale Dementierung dieser Behauptung durch die Deutung des Schulischen als negativ, bedrohlich und marginal. Nicht zuletzt deshalb, weil die Vertreter der Institution Schule versuchen, den ersten Schultag als für die Subjekte bedeutsame Zäsur zu begehen und damit die Perspektive der eingeschulten Subjekte einzunehmen, geraten das Schulische und die institutionellen Belange aus dem Blick." (Rademacher 2009, 100f.)

Wesentlich zu diesen Widersprüchen tragen Trostgesten bei, wenn beispielsweise betont wird, dass der „Ernst des Lebens" doch nicht so schlimm sei und Schule ja auch Spaß machen würde (s. dazu auch Combe/Helsper 1994). Scholz kommentiert die Schulfeier einer freien Schule 1986 wie folgt:

„Am ersten Schultag der neuen Schule wurde den Schulanfängern von den Lehrern ein Kasperle-Stück vorgeführt. Seine wesentliche Botschaft hieß: Dies ist eine Schule, die Spaß macht. Davon, d. h. von der Rahmung der Anfangssituation, hat sich die Schule nie wieder erholt." (Scholz 2006, 229)

Für Scholz ist diese Konstruktion von Schule als eine Institution, die Spaß macht, ein Zeichen der Unsicherheit von Erwachsenen, die aus drei Gründen zum Problem wird:

- Die Institution kann das nicht einlösen, weil ihr Zweck ein anderer ist.
- Sie steht im Gegensatz zu den Erwartungen der Kinder, die sich auf den „Ernst des Lebens" und auf Pflichterfüllung auch gegen eigene Bedürfnisse einstellen.
- Sie wird als „Scheinlösung" erkannt (vgl. Scholz 2006, 246).

Weitergehend als Rademacher sieht Scholz die Ursache für diese Ambivalenz und den unsicheren Umgang mit der Institution in dem Verhältnis von Schule und Kultur. Er plädiert für eine „Tabuforschung", die die unhinterfragten kulturellen Repräsentationen durch Schule untersucht, beispielsweise die Verinnerlichung des Begabungsbegriffs in Deutschland. Für ihn ist Schule ein Ritual, das sich vor allem performativ legitimiert und unhinterfragte Selbstverständlichkeiten an die nachfolgende Generation weitergibt (vgl. Scholz 2006, 242).

Ein Beispiel für eine solche performative Legitimation, in der sich die ambivalente Botschaft der Erwachsenen über die Schule verdichtet, ist der Brauch der Schultüte, die bei Rademacher nur u. a. erwähnt wird, obwohl es sich um einen weltweit einmaligen Brauch handelt[6]. Sie schreibt:

„Vielleicht hält jener Brauch sich gerade deshalb, weil er die Widersprüchlichkeit in der Deutung des Schulanfangs reproduziert, die sich als ein Grundelement in den verschiedenen Gestaltungsmerkmalen der Einschulungsfeier findet – jene Ambivalenz aus Trost und Bedrohung." (Rademacher 2009, 58)

Mehr als die Schuleingangsfeier kann meiner Ansicht nach dieser Brauch Hinweise auf die Kultur geben, die in Schule präsentiert und von ihr repräsentiert wird, weil die professionstheoretische Sicht überschrit-

---

6   Einmalig in der Welt ist der Brauch der Schultüte, ursprünglich Zuckertüte genannt, der schon 200 Jahre zurückgeht und sich nur auf Deutschland und Gebiete mit deutschstämmiger Bevölkerung bezieht (in Polen, Tschechien und Rumänien) sowie in Teilen Österreichs seit einigen Jahrzehnten praktiziert wird.

ten wird. Er ist nicht nur Teil von Schulkultur, sondern findet sich in Familie, Kindergarten, Öffentlichkeit sowie Konsum- und Medienwelt. Die Schultüte ist als zeichenhaftes Symbol für die Initiation zum Schulkind in das kollektive Gedächtnis im deutschen Kulturraum eingeschrieben. Gleichzeitig verdichten sich hier kulturelle Bilder von Schule.

Die Zuckertüte – Artefakt und Medium

Der Brauch der Zuckertüte beginnt in protestantischen Regionen (Sachsen, Thüringen) und verbreitet sich über die Städte im Laufe des 20. Jahrhunderts über ganz Deutschland, zuletzt im ländlichen katholischen Raum. Der Brauch, Süßigkeiten (Schulbrezel) zum Schulanfang zu verschenken, ist älter und war auch in katholischen Gegenden bekannt. Die Zuckertüte erinnert an die mit Süßigkeiten gefüllte „Storchentüte", die Kinder bei Geburt eines Geschwisterkindes bekamen.

Die Praxis der Gabe ist unterschiedlich. So wurde die Zuckertüte auch nicht immer direkt von den Eltern verschenkt, sondern sie hing an einem Zuckertütenbaum im Lehrerhaus und wurde von den Kindern am ersten Schultag „gepflückt", wie ein Kinderbuchklassiker illustriert.

1928 erschienen beschreibt Albert Sixtus, der als Autor der „Häschenschule" bekannt wurde, diese Variante des Brauchs in Versen und erklärt sie magisch. Demnach bringt der Knecht Ruprecht die „große Wunderzwiebel, aus der der Zuckertütenbaum im Frühjahr erwächst und rechtzeitig zum Schulbeginn reife Früchte trägt". Die Verbindung von Schulanfang und Weihnachtsgeschichte ist bemerkenswert. Schmidt vergleicht die Einführung der Schultüte in Österreich in der NS-Zeit und insbesondere nach dem 2. Weltkrieg mit dem Aufkommen von Christkind, Weihnachtsmännern und Osterhasen, das heißt einer für Kinder gestalteten Erlebniswelt von zunehmend kommerziellem Charakter (vgl. Schmidt 1966, 262). Allerdings handelt es sich im Gegensatz zu Weihnachtsmännern und Osterhasen hierbei um eine Figur aus der schwarzen Pädagogik, die dem „bösen Kind" mit Gewalt Moral lehrt[7]. Implizit wird so die Botschaft vermittelt, die ein Titelbild der Grundschulzeit viele Jahrzehnte später auf den Punkt bringt. Es zeigt eine liegende Schultüte und damit deren Inhalt. Den Süßigkeiten beigemischt sind Benimmregeln im Imperativ: Sei artig, aufmerksam, fleißig! Bei dem Bild des Knecht Ruprecht bleibend, könnte man in den Zuckertüten eine

---

7   Im Text ist zwar vom alten guten Ruprecht die Rede, wobei sich dieser nicht von seiner eigentlichen Bedeutung trennen lässt. Der dargestellte Ruprecht erscheint wie ein reformpädagogisches Kleid einer immer noch „schwarzen" Pädagogik

„unsichtbare Rute" vermuten, die den Schulanfang der Kinder begleitet und ihr Verhalten reguliert.

Zentrale Funktion im Bilderbuch haben die fleißigen Zwerge, die unermüdlich für das Gedeihen des Zuckertütenbaums und damit für einen gelungen Schulanfang sorgen. („Aber gern für gute Kinder plagt sich jeder Zwerg." Sixtus o.J., o.S.) Damit wird wiederum dem kindlichen Leser eine bestimmte Erwartung an Schulanfänger übermittelt. Die Zwerge sind einerseits selbstlose Helfer für „gute Kinder", andererseits stehen sie für die Schulanfänger selbst, die ja als Zwerge in die Schule eintreten und sich ähnlich fleißig engagieren sollten. Ferner wirken die Zwerge als homogenes Kollektiv, in dem Individualität eine untergeordnete Rolle spielt – ein Prozess, der den Schulanfang charakterisiert.

Das Sinnbild der Zuckertüten, die am Baum reifen, spiegelt den Übergang zum Schulkind wider. Es verdichtet sich hier schon in den 1920er Jahren eine Vorstellung, die zu dieser Zeit entwickelt wurde, aber insbesondere seit der Nachkriegszeit als Reifekonzept maßgeblich den Schulanfang in Deutschland prägt (vgl. Kammermeyer 2001, 253ff).[8] Am Ende strömen Eltern und Kinder mit den Schultüten aus dem modernen Schulgebäude der Großstadt. Die ehemals an das dörfliche Lehrerhaus mit Garten gebundene Geschichte hat den Sprung in die Moderne einer vollständigen Beschulung in den kasernenartigen Schulgebäuden der Jahrhundertwende vollzogen. Diese wird jedoch weiterhin als Märchen mit mystischem Akzent verpackt, denn die Zwerge beobachten frohgemut die letzte Szene hinter den Büschen versteckt. („Weil sie anderen Freude machten, darum sind sie froh." Sixtus o.J., o.S.) Somit bleibt der Übergang zum Schulkind geheimnisvoll, nicht von äußeren Faktoren beeinflusst. In die moderne Schulwelt darf nur hineintreten, wer den Reifeprozess durchlaufen hat, an dem heimlich mystische Figuren arbeiten und der sich so einem rationalen und nachvollziehbaren Zugriff verweigert. Letztlich verbinden sich am Schulfang Reife- und der Begabungsmythos. Wer „reif" genug ist, wird sich in der Schule artig verhalten und die an ihn gestellten Aufgaben fleißig lösen, eben wie die Zwerge. Wer begabt genug ist, wird zudem ein guter Schüler und hat Chancen auf eine höhere Schulbildung. Damit gibt es am Schulanfang keine Gemeinschaft von Gleichen, die sich fortan durch ihre Lernleistung unterscheiden, wie Rademacher in ihrer Studie pointiert im Vergleich zu den USA herausarbeitet. Das pädagogische Handeln, das sich verdichtet am 1. Schultag in seiner die Institution konterkarierenden

---

8   Trotz der wissenschaftlichen Widerlegung des Reifungskonzepts seit den 1960er Jahren hält es sich hartnäckig im kollektiven Gedächtnis, wie die Alltagssprache und aktuelle Projekte, z. B. „Schulreifes Kind" in Baden-Württemberg, zeigen.

Wirkung zeigt, betont nicht die Gleichheit der Schüler, sondern ihre Differenz. Dadurch steht das Lehrerhandeln vor der paradoxen Aufgabe, Ungleiche noch ungleicher zu machen (vgl. Rademacher 2009, 244).

Die Schultüte ist ein Spiegel politischer und gesellschaftlicher Trends, heutzutage von der Konsum- und Medienwelt beeinflusst. Beispielsweise kam es in der Zeit des Nationalsozialismus zu einer Standardisierung auf eine bestimmte Größe, um die Gleichheit im Volk zu suggerieren. Heutzutage finden sich auf ihr viele Figuren und Symbole aus der populären Kinderkultur wieder, angeleitet durch entsprechende Bastelratgeber. Aber auch die Motive haben immer wieder eine politische Dimension: In der Kaiserzeit schmückte das Bild des Kaisers viele Schultüten. Für die NS-Zeit gibt es Beispiele für die Dekoration mit Hakenkreuz. Die Schultüte selbst ist in der aktuellen Konsum- und Medienwelt zum Symbol für Schulanfang und Schule geworden. Das Motiv findet sich mannigfaltig. Beispielsweise wirbt ein Vitaminpräparat mit der Packung in Form einer Schultüte in Apotheken für das Produkt. Suggeriert wird, dass die Gabe des Präparats eine erfolgreiche Schulkarriere garantiert.

Artefakt und Ritual waren immer schon Ausdruck von Herstellung sozialer Differenz. Arme Familien konnten sich entweder keine oder nur sehr bescheidene Schultüten leisten. Mit der Schultüte und ihrem Inhalt begegneten die Schulanfänger am 1. Schultag unmittelbar gesellschaftlichen Differenzen. Schon 1900 wurde an diesem Brauch deshalb Kritik geübt.

„"...daß es an der Zeit sei, den Zuckertüten-Unfug aufzuheben, durch den die ABC-Schützen als das erste im Schulleben den Unterschied zwischen Arm und Reich kennenlernten." (Coburger Zeitung vom 29. April 1900, zitiert in Handschuh 1991, 147).

An der Schultüte kann man wiederholt ablesen, in welcher Art und Weise der Staat mit gesellschaftlichen Ungleichheiten am Schulanfang umgeht. 1992 wurde juristisch geklärt (Bezahlt die Sozialhilfe die Schultüte?), dass eine Schultüte zum notwendigen Lebensunterhalt eines Kindes gehört, das eingeschult wird (FAZ 20.8.1995, 17). Diese Situation hat sich wohl seit der Reform der Sozialhilfe gewandelt. Pünktlich zum Schulanfang 2007 machten die Gewerkschaften mit der Überschrift „Ein Hartz für Kinder" auf die prekäre Situation aufmerksam, in der sich Familien befinden, die Hartz IV-Empfänger sind. Denn die Regelsätze der staatlichen Zuwendungen reichen bei weitem nicht für die Schulausstattung und das Essen (beispielsweise bei Teilnahme an Ganztagsschule) aus. Davon betroffen sind nach Schätzungen 1,9 Millionen Kinder, das heißt nahezu ein Fünftel aller Schüler, insbesondere bei der Grundausstattung am Schulfang. Wurde die Schultüte als Teil der Grundbedürfnisse von Schulanfängern zu Zeiten des alten Sozialhilferechts vom Staat finanziert, obliegt es heutzutage den individuellen Strategien von Hartz IV-Empfängern, ihre Kinder nicht dem Ausschluss aus einer kulturellen Praktik auszusetzen. Denn, wer keine Schultüte oder nicht die richtige Schultüte hat, gehört nicht wirklich dazu.

Schultüte als Medium für Vergemeinschaftsprozesse

Rademacher analysiert die am Schulanfang stattfindenden Vergemeinschaftsprozesse in Deutschland. Sie vollziehen sich vor dem Hintergrund einer in sich widersprüchlichen deutschen Kultur, „...aus der Gegensätzlichkeit von Tradition und Moderne, Gemeinschaft und Gesellschaft, Innerlichkeit ... und äußere Welte hervorgehen..." (Rademacher 2009, 270). Diese Analyse Rademachers findet sich im dem schon erwähnten Bilderbuch. Gerade das letzte Bild mit moderner Schule und den Zwergen illustriert den genannten Widerspruch. Ihre Studie zeigt, dass bei der Schulfeier ein pädagogisch motivierter vergemeinschafteter Gegenentwurf zu den gesellschaftlich-institutionellen Prinzipien stattfindet. Jedoch misslingt auch dieser bzw. die Vergemeinschaftung richtet sich nicht an alle Anwesenden, sondern vollzieht sich nach dem Prinzip der Ähnlichkeit von Gruppen und damit nach einer vormodernen Form von Vergemeinschaftung (vgl. Rademacher 2009, 270).

Betrachtet man die zentralen Merkmale des deutschen Schulanfang im Vergleich zu dem amerikanischen, die Orientierung an der Persönlichkeit des Schülern, Betonung der Differenz von Schülern und Vergemeinschaftung nach dem Ähnlichkeitsprinzip, dann wird deutlich, dass Ausschlussprozesse genuiner Teil der Institution Schule in Deutschland sind. Diese vollziehen sich vor allem implizit und werden mit der Persönlichkeit des Schülers in Verbindung gebracht (fleißig, begabt, motiviert). Im Zuge der internationalen Vergleichsstudien wird seit Jahren immer wieder festgestellt, dass in Deutschland der Schulerfolg und die soziale Herkunft überdurchschnittlich korrelieren. Insbesondere bei Übergangsentscheidungen spielt dieser Zusammenhang eine große Rolle. Bei gleichem Leistungsvermögen erhalten Schüler von den Grundschulen unterschiedliche Schullaufbahnempfehlungen, eng verknüpft mit deren Herkunft. Dieser Prozess beginnt meiner Ansicht nach jedoch nicht in Klasse 4, sondern schon vor Beginn der Schule. Damit gehe ich über Rademacher hinaus, die nachweist, dass Differenzherstellung und Ausschlussprozesse schon mit der Schuleingangsfeier angelegt sind.

Über Subjektivierungsprozesse entzieht sich das deutsche Bildungswesen seiner gesellschaftlichen Aufgabe, allen gleiche Bildungsprozesse zu eröffnen. Durch Orientierung an Homogenität, jedoch nicht als Leistungshomogenität, wie suggeriert wird, sondern über Ähnlichkeit in Kultur, Milieu, etc. ist die Differenzherstellung besonders wirkungsvoll. Wer versagt, ist als Individuum verantwortlich. Der Brauch der Schultüte steht exemplarisch hierfür, wie drei empirische Beispiele verdeutlichen:

1. Beispiel:

Eine Schulhofszene kurz vor der Einschulungsfeier transportiert ohne Worte, das über die Schultüte Zugehörigkeit zur schulischen Gemeinschaft hergestellt wird.[9]

„Für die mehrheitlich aus dem armen Migrantenmilieu stammenden Familien scheint der Artefakt und das damit verbundene Ritual in vielen Fällen ein Fremdkörper. Die Eltern treten auf den Schulhof und halten dabei die Tüte in Distanz zum eigenen Körper und mit sichtlichem Befremden. Die Tüten werden zwischen den Kindern und den Eltern anscheinend ratlos hin und her gegeben. Die Körperhaltung von Kindern und Eltern demonstriert ein Unverständnis hinsichtlich der Bedeutung der Schultüte. Man spielt ein Spiel mit, dessen Regeln man nicht kennt bzw. nicht versteht. Durch die tatsächliche Schultüte in den Händen gehört man zwar dazu. Das Kind wird, wie alle anderen Kinder in Deutschland, in derselben Art und Weise in die Schulgemeinschaft aufgenommen. Es kann aber keine wirkliche Mitgliedschaft entstehen, weil der performative Charakter und der dahinter liegende kulturelle Sinn nicht geteilt werden können. Dieser Zustand der partiellen Mitgliedschaft von Migrantenkindern und ihren Familien in der schulischen Gemeinschaft ist sowohl Spiegel als auch Ausdruck ihres Status' in der Gesellschaft. Die Szene ist ein Beispiel für die Schule als Aushandlungsort kultureller Hegenomie."

2. Beispiel:

„Am ersten Schultag war schon klar, wer die Außenseiter waren. Die Russlanddeutschen, die im Gegensatz zu uns anderen, alle keine selbstgebastelte Schultüte hatten."[10]

Schultüten stellen Gemeinschaften her, in denen die Mitglieder bestimmte Symbole und Kennzeichen (Farben, Modethemen, Kultfiguren) teilen. Allerdings bezieht sich diese Gemeinschaftsbildung nicht ausschließlich auf das Produkt. Entscheidend ist die Herstellung von Schultüten, die nahezu kultische Züge hat. Die Mehrheitskultur der Erwach-

---

9   Unveröffentlichtes Datenmaterial aus einer Studie zur Ganztagsschule aus der Perspektive von Kindern, hier Auszug aus Filminterpretation (vgl. Deckert-Peaceman).
10 Fallgeschichte einer Studentin 2006 im Rahmen eines Seminars zum Thema.

senen in Deutschland, Eltern wie Erzieherinnen, teilt die Auffassung, dass eine von Erwachsenen gebastelte Schultüte viel bedeutsamer und besser für den Schulanfänger und den Schulanfang sei, als eine gekaufte. Wird diese Auffassung beispielsweise von Migranteneltern nicht geteilt, springen die Erzieherinnen an Stelle der Eltern ein und basteln für die „armen" Kinder. Seltener basteln die Kinder ihre eigene Schultüte. Dieses gilt nicht unbedingt für die Kinderperspektive. Es gibt Beispiele dafür, dass Kinder gerade die gekauften Schultüten attraktiver finden als die von den Eltern im Kindergarten gebastelten. Allerdings werden Abweichungen von dieser Norm auch von den Kindern als mangelnde Zugehörigkeit wahrgenommen. Verläuft sie entlang ethnischer oder klassenkultureller Kennzeichen, wird auch diese Szene zum Exempel für die Schule als Aushandlungsort kultureller Hegenomie. Die Wirkung dieser Praktik verdichtet und verstärkt sich, wenn zu dem Vergleich von Schultüten am Schultag und dem Basteln im Kindergarten weitere Praktiken kommen, die das Artefakt Schultüte mit noch mehr Bedeutung aufladen.

3. Beispiel:

In einer Kindertagesstätte wird kurz vor der Sommerpause ein Schultütenfest[11] mit allen Altersgruppen gefeiert. Hauptpersonen sind die zukünftigen Schulkinder, denen die gebastelte Schultüte mit einer Reihe von Instruktionen überreicht wird.[12] Alle Kinder sitzen in einem Stuhlkreis. Neben der Ansprache der Erzieherin werden Lieder zum Schulanfang gesungen und gespielt. Im Anschluss an den Kreis findet ein selbstinszeniertes Kaspertheaterstück statt, in dem der Kaspar ein Schulkind ist. Inhalt des Stücks ist eine Wiederholung der Instruktionen aus dem Kreis.

Die Erzieherin klärt die mehrheitlich russischstämmigen Kinder mit dem Überreichen der Schultüten über den Brauch der Schultüte und den ersten Schultag auf. Dabei formuliert sie klare Verhaltensregeln, betont durch mehrfache Wiederholungen und Gesten.

---

11 Das Feiern von Schultütenfesten scheint sich in den Kindergärten der DDR entwickelt und nach der Wiedervereinigung verbreitet zu haben (vgl. Schwab 2010, unveröffentlichte Staatsexamensarbeit).
12 Studie zur Schulvorbereitung im Kindergarten, Deckert-Peaceman 2006, unveröffentlicht.

Auszug aus Transkript:

Erzieherin hält eine Schultüte hoch: „Das ist eine Schultüte. Da ist eine Tafel drauf, ein Stift, mit dem man schreiben kann, und ein Schwamm, mit dem man abwischen kann. Und hört mal (schüttelt die Tüte). Ist die leer?"

Alle Kinder: „Nein."
Erzieherin: „Da haben wir Geschenke rein getan, Überraschungen. Und heute dürfen die Kinder, die in die Schule kommen, ihre Tüte mit nach Hause nehmen. Aber passt gut auf (droht mit Finger), aufmachen darf man die Tüte noch nicht. Wer weiß, wann darf man diese Tüte aufmachen?"

Kinder melden sich.

Erzieherin: „Paul, sag es allen laut."
Paul: „Am Morgen, wenn man in die Schule kommt."
Erzieherin: „Am ersten Schultag. Gleich morgens beim Aufstehen? (fragt Paul, keine Antwort) Nein, man nimmt die Tüte mit in die Schule (fordert Aufmerksamkeit) und dann geht man in die Klasse... und wenn man zu Hause ist, darf man die Tüte aufmachen. ..."

Es folgen weitere Instruktionen zum Umgang mit der Tüte, dem Aufbewahrungsort, etc. Die Szene wirkt nahezu wie eine Parodie einer Schulstunde. Sie und das darauf folgende Kasperltheaterstück üben, häufig mittels „Lehrerfinger", in traditionelle schulische Handlungsmuster ein: Melden, Fragetechniken, Aufpass- und Anrederegeln,

Höhepunkt des Festes ist das Überreichen der Schultüten, die dann aber wieder beiseite gelegt werden. Jede einzelne Tüte wird im Kreis gezeigt, von der Erzieherin beschrieben und mit „Oh, wie schön!" kommentiert – mit einer Ausnahme.

Erzieherin: „... Und jetzt haben wir ein mords-schwere. Oh, ist die schwer (imitiert Gewicht)
Kind: „Pauls."
Erzieherin: „Die gehört dem Paul. Seine Mama hat ihm eine gekauft. Deshalb sieht die so aus. (überreicht Tüte) Kannst du die überhaupt tragen? ..."

Der Verstoß von Pauls Mutter gegen die Norm wird Paul und den anderen Kindern in diesem Moment unmissverständlich als falsch vermittelt. Pauls Tüte kann deshalb nur schwer und nicht schön sein. Sie könnte ihm sogar zu schwer werden. Das heißt, sie könnte eher zur Belastung von Paul führen. Klar ist, dass Paul zwar Schulkind ist, aber nur bedingt zu der Gemeinschaft der anderen dazugehört. Pauls Mitgliedschaft zur Schulgemeinschaft wird dadurch fragil. Vermittelt wird auch, dass nur derjenige eine vollwertige Mitgliedschaft in der Schule erhält, der sich ihren Normen anpasst, sich der schulischen Ordnung unterwirft. Dazu gehört auch die Mutter.

Pauls Mutter scheint sich, aus welchen Gründen auch immer, dem Erwartungsdruck, eine Schultüte für ihr Kind zu basteln, zu entziehen. Dieses Verhalten stößt auf kollektive Ablehnung durch die Erzieherinnen.[13] Schwab weist in ihrer Untersuchung in sechs Kindergärten nach, dass das Basteln von Schultüten zu über 90% praktiziert wird und dass es neben den Erzieherinnen ausschließlich von Müttern ausgeführt wird. Ähnlich zur Hausaufgabenpraktik, bei der die deutsche Grundschule wesentlich auf die Mitarbeit von Müttern zählt und die von Enders-Dragässer (1981) als „Mütterdressur" bezeichnet wird, könnte man das Schultütenbasteln als symbolhaften Beginn einer Selbststeuerung im Anschluss an das Konzept der Gouvernementalität verstehen. Die Schule delegiert den schulischen Erfolg von Kindern an die Kinder selbst und an ihre Mütter. Nicht die Schule ist dafür verantwortlich, ob das Kind in ihr erfolgreich lernt (und die Gymnasialempfehlung erhält), sondern vor allem die Mutter. Da sie als Mutter scheitert, wenn ihr Kind in der Schule scheitert, wird das „rituelle Spiel eines stufenweisen Aufrückens in einer hierarchischen Ordnung" als Bildung akzeptiert, verinnerlicht und praktiziert. Dazu trägt der magische Glaube an die Wirkungsmacht der Schultüte bei. Denn rational betrachtet, beginnt weltweit die überwältigende Mehrheit von Kindern die Schule ohne Schultüte und ohne Bastelarbeit von Müttern, ohne dass die Schulleistung davon beeinträchtigt wird, wie die internationalen Vergleichsstudien immer wieder belegen.

Sich dieser spezifisch deutschen Mythologisierung von Schule zu entziehen und die unhinterfragten kulturellen Repräsentationen durch die Institution zu erforschen, also der Forderung von Gerold Scholz einer Tabuforschung nachzukommen, kann aus meiner Perspektive vor allem durch einen kulturtheoretischen Ansatz gelingen. Es bedarf einer konsequenten Verfremdung der eigenen Kultur und ihrer Praktiken, die häufig nur über den kulturellen Vergleich möglich wird. Allerdings meine ich damit nicht die aktuellen internationalen Vergleichsstudien, die wie Baker deutlich macht, nur sehr bedingt zu einer Erkenntnis über

---

13 Die Protokolle der Teilnehmende Beobachtung dokumentieren die Auseinandersetzung zwischen den Erzieherinnen und Pauls Mutter über diese Frage. Die Tatsache, dass sich die Mutter nicht von ihrem Plan abhalten ließ, wurde im Kindergarten höchst negativ aufgenommen.

kulturelle Fragen aufklären, weil ihnen letztlich kein kulturtheoretisches Verständnis zugrundeliegt. Ich möchte mich Gerold Scholz anschließen, der einen ethnologischen Zugang zur Erziehungs- und Bildungskultur fordert (Scholz 2006). Ethnologisch meint, über die in der Ethnographie verbreitetete Untersuchung von Situationen hinauszugehen. Im Anschluss an Giroux, der fordert, Curriculum als Kultur zu erforschen, heißt das: „...the role of schools, curriculum, developement, and pedagogy itself must be examined within a context that reveals their developement historically as well as to the larger order." (Giroux 1981, 119) Die ausdifferenzierte Theoriebildung der Ethnologie kann, vor allem mit postkolonialen Ansätzen (s. auch Baker in diesem Band) wesentlich dazu beitragen, über Schule als rituelles Spiel aufzuklären. Damit verbunden ist im Sinne Ivan Illichs auch die grundsätzliche Frage, ob und wie Schule dem Wohl der nachfolgenden Generation dient.

Literatur

Combe, A./Helsper., W. (Hrsg.) (1996): Pädagogische Professionalität. Untersuchungen zum Typus pädagogischen Handelns. Frankfurt
Dahlberg, G./Moss, P. (2005): Ethics and Politics in Early Childhood Education. London und New York
Deckert-Peaceman, H. (2005): Starting School in Germany. The Relationship between Education and Social Inequality. In: AARE Conference 2005, University of Western Sydney, Parrametta (Online-Publication)
Deckert-Peaceman, H. (2006): "Big kids go to Big School."Changing transitions from Early Childhood to School. Some methodological considerations towards an international comparison. AARE Conference 2006 University of South Australia, Adelaide (Online-Publication)
Diskowski. D./Hammes-Di Bernardo, E. (2004): Lernkulturen und Bildungsstandards. Kindergarten und Schule zwischen Vielfalt und Verbindlichkeit. Hohengehren
Dockett, S./Perry, B. (2002): Who's Ready for What? Young Children Starting School. In: Contemporary Issues in Early Childhood, Volume 3, No. 1, 67-89
Dockett, S./Perry, B. (2005): 'You Need to Know How to Play Safe'. Children's experiences of starting school. In: Contemporary Issues in Early Childhood, Volume 6, No. 1, 4-18
Enders Dragässer, U. (1981): Die Mütterdressur. Eine Untersuchung zur schulischen Sozialisation der Mütter und ihren Folgen am Beispiel der Hausaufgaben. Basel
Fertig, M./Kluve, J. (2005): The Effect of Age at School Entry on Educational Attainment in Germany. IZA DP No. 1507 (ftp://repec.iza.org/RePEc/Discussionpaper/dp1507.pdf, 10.10.2005)

Fthenakis, W. E./Oberhuemer, P. (Hrsg.) (2004): Frühpädagogik international. Bildungsqualität im Blickpunkt. Wiesbaden
Giroux, H. A. (1988): Schooling and the Struggle for Public Life. Critical Pedagogy in the Modern Age. Minnesota
Gomolla, M./Radtke, F.-O. (2002): Institutionelle Diskriminierung. Die Herstellung ethnischer Differenz in der Schule. Opladen
Griebel, W./Niesel, R. (2004): Transitionen. Fähigkeit von Kindern in Tageseinrichtungen fördern, Veränderungen erfolgreich zu bewältigen. Weinheim und Basel
Handschuh, G. (1991): „Mit langen Zuckertüten, schön und buntgezackt." Der Brauch des Zuckertütenbaumes zur Schuleinführung und seine Wiederbelebung im Coburger Land. In: Schönere Heimat 80, 142-152
Illich, I. (2003, 5. Aufl.): Entschulung der Gesellschaft. Eine Streitschrift. München
James, A./Prout, A. (Hrsg.) (1997^2): Constructing and Reconstructing Childhood:
Contemporary Issues in the Sociological Study of Childhood. London
James, A./Prout, A. (1997^2): Re-presenting Childhood. Time and Transition in the Study of Childhood. In: James/Prout, 230-250
Kammermeyer, G. (2001): Schulfähigkeit und Schuleingangsdiagnostik. In: Einsiedler, Wolfgang u. a. (Hrsg.): Handbuch Grundschulpädagogik und Grundschuldidaktik. Bad Heilbrunn, 253-263
Lee, V. E./Burkham, D. T. (2002): Inequality at the starting gate. Social background differences in achievement as children begin school. Washington D.C.
Lego Learning Institute (2003): Preparing for School, Preparing for Life. Results from a survey conducted among parents in Germany, UK, and USA. (www.lego.com/education/download/PreparingforSchool.pdf, 10.10.2005).
Lewit, E. M./Schuurmann Baker, L. (1995): School Readiness. In: The Future of Children. Critical Issues for Children and Youth. Vol 5, No. 2, 128-139
Nittel, D. (2001): Kindliches Erleben und heimlicher Lehrplan des Schuleintritts. In: Behnken, I./Zinnecker, J. (Hrsg.): Kinder, Kindheit, Lebensgeschichte. Ein Handbuch. Seelze-Velber, 444-457
Parsons, T. (1959): The school class as a social system: Some of its functions in the American society. In: Harvard Educational Review. Volume 29, No. 4, 297-318
Prengel, A. (1999): Vielfalt durch gute Ordnung im Anfangsunterricht. Opladen
Petriwskyj, A./Thorpe, K./Taylor, C. (2005): Trends in construction of transition to school in three western regions 1990–2004. In: International Journal of Early Years Education. Vol. 13, No. 1, 55-69
Oberhuemer, P. (2004): Übergang in die Pflichtschule. Reformstrategien in Europa. In: Diskowski/Hammes-Di Bernardo, 152-164
Oevermann, U. (1996): Theoretische Skizze einer revidierten Theorie professionalierten Handelns. In: Combe/Helsper, 70-182
Ouyang, S. (2010): Einschulungsfeiern in China und Deutschland. Exemplarische Bildinterpretation mit der dokumentarischen Methode. Berlin

Qvertrup, J. (2000): Kolonialisiert und verkannt. In: Hengst/H./Zeiher, H.: Die Arbeit der Kinder. Weinheim und München, 43-46
Rademacher, S. (2009): Der erste Schultag. Pädagogische Berufskulturen im deutsch-amerikanischen Vergleich. Wiesbaden
Robin, A. (2000): Culture and Pedagogy. International Comparisons in Primary Education. Oxford 2000
Schmidt, L. (1966): Die Zuckertüte zum Schulbeginn. Zur Einbürgerung eines Brauches in Wien. In: ders.: Volksglaube und Volksbrauch Berlin, 260-274
Schneider, I. K. (1996): Einschulungserlebnisse im 20. Jahrhundert. Studie im Rahmen pädagogischer Biographieforschung. Weinheim
Scholz, G. (2006): Was ist eigentlich ein Schüler? Pädagogische Ansätze für eine ethnologische Bildungsforschung. In: Andresen, S./Diehm, I. (Hrsg.): Kinder, Kindheiten, Konstruktionen. Erziehungswissenschaftliche Perspektiven und sozialpädagogische Verortungen. Wiesbaden, 229-247
Schwab, A. (2010): Der Übergang vom Kindergarten in die Grundschule. Untersuchung zu Schulanfangsritualen am Beispiel der Schultüte. Ludwigsburg (unveröffentlichte Staatsexamensarbeit)
Siraj-Blatchford, I. (2004): Soziale Gerechtigkeit und Lernen in der frühen Kindheit. In: Fthenakis/Oberhuemer, 57-70
Sixtus, A. (o.J.): Der Zuckertütenbaum. Esslingen
Stipek, D. J. (2003): School Entry Age. In: Tremblay RE, Barr RG, Peters RdeV (Hrsg.) Encyclopedia on Early Childhood Development [online]. Montreal, Quebec: Centre of Excellence for Early Childhood Development; 1-5 (www.excellence-earlychildhood.ca, 10.10.2005)
Teese, R. (2000): Academic Success and Social Power. Examinations and Inequality. Melbourne
Wellendorf, F. (1974): Schulische Sozialisation und Identität. Zur Sozialpsychologie der Schule als Institution. Weinheim/Basel
Wulf, Ch. u. a. (Hrsg.) (2004): Bildung im Ritual. Schule, Familie, Jugend, Medien. Wiesbaden
Wulf, Ch. (2004): Einleitung: Bildung in schulischen, religiösen und jugendkulturellen Ritualen. In: Wulf u. a., 7-19
Yon, D. A. (2000) : Elusive Culture. Schooling, Race, and Identity in Global Times. New York
Zigler, E./Styfco, S. (Hrsg.) (2004): The Head Start Debates. Baltimore, London. Sydney
Zirfas, J. (2004): Die Inszenierung einer schulischen Familie. Zur Einschulungsfeier einer reformpädagogischen Grundschule: In: Wulf u. a., 23-67

Heike de Boer

„Motivierte Lehrer kooperieren auch nebenbei" – Schulentwicklung und Effizienz

Frau Dohm: Ja, aber genau das ist eben auch der Punkt. Die Angst, die Stofffülle, da kommt eine Vergleichsarbeit und die funktioniert nicht [Hr. Mann: klar] [Hr. Gengl: Ja] und ich frag mich, krieg ich das alles hin? Nee, das macht mir Druck, das macht unglaublich Druck.

So, die Äußerung einer Lehrerin im Rahmen eines Gesprächs mit zwei Kollegen und einer Kollegin. Die vier Lehrpersonen planen hier gemeinsam ihre zukünftige Kooperation im Rahmen des Mathematikunterrichts, Klasse acht. Sie gehören zu circa 40 Lehrpersonen aus ganz Baden Württemberg, die sich in schulbezogenen Gruppen für ein Forschungsprojekt zum Thema Lehrerkooperation und Entwicklung von Selbstregulationsstrategien bereit erklärten. Der Inhalt des hier von einer Lehrerin Geäußerten steht für viele weitere Äußerungen, die bereits am ersten gemeinsamen Projekttag deutlich machten, dass alle zum Mathematikunterricht dargestellten inhaltlichen Impulse an der Frage gemessen wurden, ob sie kompatibel mit dem frisch verabschiedeten Bildungsplan und dem Inhalt der Landes – Vergleichsarbeiten in Klasse acht waren. Die Sorge in der kooperativen Lerngemeinschaft von KollegInnen mit neuen und aufwändigen mathematischen Methoden Problemlöseaufgaben zu entwickeln und gleichzeitig zu wenig Vorbereitungszeit für die anstehenden Vergleichsarbeiten zu haben, ist hier symptomatisch für den Projektprozess und für die Auswirkungen einer zunehmend output- und leistungsorientierten Bildungspolitik.

Scholz konstatiert in seinen Überlegungen zur „Cultural anthropology" als einer Rahmentheorie für eine Ethnographie der Schule und des Unterrichts" (2004, 521), dass der Schul- und Unterrichtsentwicklungsdiskurs von Metaphern bestimmt werde, die aus dem Bereich der Ökonomie stammen und mit den Begriffen „Leistung, Wettbewerb, Leistungskontrolle, Effizienz und Effizienzkontrolle" zentralen Erwartungen Ausdruck verleihen. Baker (in diesem Band, 25) spricht von „comparison as a priniple of knowledge-production" in einem globalen Kontext. Die Ökonomisierung von Schule und Unterricht ließe sich in diesem

Zusammenhang – so Scholz – als eine Re-Nationalisierung interpretieren (2004, 222), denn der gegenwärtige Bildungsdiskurs werde von Fragen der Leistungs- und Wettbewerbsfähigkeit der deutschen Nation im Vergleich mit anderen Nationen gekennzeichnet. Das Kriterium der Wettbewerbsfähigkeit wird zum Zentrum des nationalen Bildungsinteresses, die Frage nach den Ursachen guten oder schlechten Abschneidens nachgeordnet. Baker beobachtet im Rahmen der internationalen Vergleichsstudien Normalisierungsprozesse und zugleich nationalstaatliche Grenzziehungen, die ein auf Kausalität und Linearität ausgerichtetes Bildungsverständnis sichtbar machen. Sie spricht in ihren Reflexionen vom „Transnational Curriculum Inquiry as Tasks" (in diesem Band).

Eine zentrale schulpolitische Veränderung, die in diesem Kontext in den letzten Jahren auf nationaler Ebene vorgenommen wurde, ist die Einführung von Vergleichsarbeiten, mit denen das Erreichen curricular festgelegter Bildungsstandards überprüft wird und die in der oben zitierten Äußerung einer Lehrerin angesprochen werden. Scholz beschreibt die Problematik dieses Prozesses als eine einerseits moderne Variante der „Ausschöpfung von Begabungsreserven" und andererseits als Zuspitzung eines um sich greifenden Bildungswettbewerbs – der allerdings Bedingungen ausblende (Scholz, 2005, 69). Erfolg oder Misserfolg erschienen zwar als Leistung des Einzelnen, würden aber immer auch daran gemessen, wie hoch der Nützlichkeitswert des Erworbenen sei; ausgeblendet würde jedoch, dass „der für die eigene Arbeit und Leistung erzielbare Preis von einer Reihe von Faktoren abhängig ist, die weder der Einzelne, noch das Gespann von Lehrer und Schüler beeinflussen" könne (ebd.). Die Paradoxie bestehe darin, dass der Preis für die eigene Leistung in einer sich entwickelnden globalisierten d. h. miteinander vernetzten Welt, immer stärker von Bedingungen abhänge, die der Einzelne nicht übersehen und nicht beeinflussen könne und sich gleichzeitig eine Ideologie durchsetze, nach der die Leistung von diesen Rahmenbedingungen unabhängig ist (ebd.).

Baker beschreibt diesen Prozess in Anlehnung an die PISA – Studie folgendermaßen:

„PISA reports straddle these versions of comparative thinking, disallowing dissociation of the Me by their very analytical struts, seeking the essence of different nationalized versions of schooling via their structure and their functions while trying all versions ultimately to one final form representation. The linearty of method that relies in ordo, on sequenced sinews and on disciplinia, on prescriptive techniques that are easily communicated and lifted out, reappear in the comparative strategies. These strategies presume knowledge lies in the measurement of deviation from a norm, and that difference can only be difference in relation to the state already existing at the center or in the old. In the end, then, what might comparing two entities tell us beyond surface observability of sameness/difference and/or that a silent norm operates as the stabilizer?" (in diesem Band, 31)

Die eingangs zitierte Äußerung macht in diesem Sinne die Überlagerung des schulischen Unterrichtsentwicklungsprozesses, im Rahmen einer mathematikdidaktischen Kooperation von LehrerInnen, von outputorientierten Steuerungs- oder Wettbewerbseinflüssen erkennbar. Mit der Perspektive von Scholz und Baker lässt sich „Schule halten" als Ausdruck einer in einer Kultur existierenden Praxis begreifen, in diesem Fall die Praxis des Vergleichs und des Wettbewerbs – Schule präsentiert und repräsentiert zugleich die sie umgebende Kultur. Kultur verstanden „als Prozess in dem fortlaufend von den Beteiligten ausgehandelt wird, wer, was wo und mit wem zusammen und auf welche Weise tun, denken, fühlen darf" (ebd. 523). Im Folgenden wird die Verknüpfung einer Mikroperspektive auf das situative Geschehen in einem Kooperationsgespräch zwischen zwei Lehrenden mit einer Makroperspektive des aktuellen bildungspolitischen Diskurses vorgenommen. Es wird danach gefragt, wie die Beteiligten in ihrem Kooperationsprozess die Aufgabe des „Schule Haltens" konstruieren, wie sie ihre Schulkultur verstehen und inwiefern sich in diesem Verständnis bildungspolitische Diskurse abbilden.

Schulentwicklung und Kooperation

Im Orientierungsrahmen zur Schulqualität für allgemeinbildende Schulen in Baden Württemberg heißt es:

„Schulische Aufgaben werden durch eine verstärkte Zusammenarbeit aller Beteiligten leichter bewältigt. Regelmäßige und projektbezogene Zusammenarbeit im Kollegium beziehungsweise Teilkollegium oder mit dem nicht lehrenden Personal eröffnet außerdem weitere Entwicklungsmöglichkeiten für die Schule und für den Unterricht. Wesentlich ist dabei die Verlässlichkeit der Kooperation." (Orientierungsrahmen Schulqualität BaWü 2007, 16)

Der Orientierungsrahmen BAWÜ sieht Formen der Zusammenarbeit in Fach-, Jahrgangs und Klassen- sowie interdisziplinären Zusammenhängen vor, in denen eine Weiterentwicklung von Schule und Unterricht stattfinden soll. Kooperation ist hier Bestandteil schulischer Partizipation im Sinne der Mitsprache und Beteiligung an schulischen Entwicklungsprozessen durch die kollegiale Zusammenarbeit in unterschiedlichen Kooperationszusammenhängen. Der schulischen Praxis- und Kooperationsgemeinschaft als Ort des schulinternen Professionalisierungsprozesses werden enorme Leistungen zugeschrieben, die als normative Bestimmungskriterien zunächst einleuchtend klingen. Denn: Der kommunikative und kooperative Austausch in Praxisgemeinschaften führe, so zum reflektierenden Dialog über Unterrichtserfahrungen und damit zur De-Privatisierung der Unterrichtspraxis. Der Austausch produziere wichtiges Erfahrungswissen und führe zur Entwicklung gemeinsamer, handlungsleitender Ziele, die den Fokus des Unterrichtens stärker auf das Lernen als auf das Lehren richteten und zur Weiterentwicklung von Schule und Unterricht führen (Bonsen/Rolff 2006, 179).

Empirische Studien zeigen allerdings auf, dass Kooperation, obwohl als probates Mittel der Professionalisierung angepriesen, nur selten in der beschriebenen Form in der Praxis zu beobachten ist. Gläsl u. a. (2007) konnte mit einer Lehrerbefragung im Rahmen ihres Kooperationsprojektes „Chemie im Kontext" herausarbeiten, dass Kooperation als kollegialer Austausch breit akzeptiert wird, die gemeinsame Planung von Zielen und Inhalten nur selten zu finden sei. Einerseits macht die Schulentwicklungsforschung erkennbar, dass für erfolgreiche und profilierte Schulen die Zusammenarbeit von LehrerInnen in Fach-, Jahrgangs, Projekt- oder Schulleitungsteams grundlegend ist und die Arbeit erfolgreicher Schulen kennzeichnet.

Andererseits machen Untersuchungen zur Kooperation in fachdidaktischen Zusammenhängen sowie im Kontext der Ganztagsschulforschung sichtbar, dass es ambivalente Einstellungen in der Lehrerschaft zur Kooperation gibt und sich die Implementierung kooperativer Strukturen zögerlich zeigt und reflexive Prozesse nur vereinzelt zu beobachten seien (vgl. Reh 2008, 2009). Kolbe und Reh konstatieren (2008, 802): Ungeklärt sei die Frage, „ Unter welchen Konstellationen und mit welchen Merkmalen organisatorischer, sachlicher und interaktionsbezogener Art Lehrkräfte tatsächlich kooperieren".

Kooperation im Mathematikunterricht:
Das Fallbeispiel Frielenhausen

Im Folgenden wird ein Gespräch zwischen zwei Lehrpersonen vorgestellt und analysiert. Die LehrerInnen gehören ebenfalls zu dem eingangs zitierten Projektzusammenhang, an dem 13 Schulen mit jeweils 2-4 personenstarken Lerngemeinschaften waren beteiligt.

Zwei im Rahmen des genannten Projektes geplante Impulsveranstaltungen und eine Bilanztagung sahen ein Angebot von methodisch-inhaltlichen Inputs sowie anschließenden Phasen der Besprechung und des Austauschs in den einzelnen Schulteams vor. Jede Veranstaltung war zweigeteilt: Vormittags wurde ein mathematisch ausgerichteter Impuls (Methoden problemorientierten Mathematikunterrichts) angeboten, mit einer anschließenden Aufgabe für eine Gruppenarbeitsphase. Nachmittags erhielten die schulischen Arbeitsgruppen Aufgaben zur Planung und Gestaltung ihres Kooperationsprozesses.

Der hier nun folgende Gesprächssauschnitt[1] wurde ausgewählt, da die Schule der beiden Kollegen laut ihres Schulprogramms als besonders innovativ gilt und ein schuleigenes Leitbild zur Qualitätssicherung von Unterricht entwickelt hat. Sie gehört zu den ersten Schulen Deutschlands, die sich freiwillig einer sogenannten TÜV Zertifizierung ausgesetzt haben und eine Auszeichnung für offizielles schulisches Qualitätsmanagement erhielten. Unter anderem zeichnet sich das Schulprogramm durch die feste Etablierung von drei Projektwochen im Jahr aus. Im Gespräch wurde allerdings eine enorme Diskrepanz zwischen der Außendarstellung der Schule und der inhaltlich-methodischen und reflexiven Zusammenarbeit der beiden Kollegen sichtbar.

Der nun folgende Gesprächsausschnitt stellt eine Sequenz dar, in der die beiden Kollegen den Auftrag im Rahmen der Impulsveranstaltung bearbeiten, ihren Teamarbeitsprozess zu reflektieren.

Fr. Demmer: Weiter gehts. Teil zwei. (--) Ja, aber diese normalen Projekte und Zeug die (Steppwoche), des plagt mich jetzt z. B. grad arg, dass ich diese beschissene Sportveranstaltung noch machen muss mit dem- weiß grad gar nicht wann.
Hr. Michel: Ha so, ha ja klar.
Fr. Demmer: Und also da sind meine Prioritäten einfach echt anders. Dann fällt des hier unten durch.
Hr. Michel: Haja klar. Und vom motivierten Lehrer wird praktisch verlangt, dass er trotzdem weiter des motivierter (?) noch nebenher macht.
Fr. Demmer: Ja.
Hr. Michel: Ich sags mal ganz ehrlich, ich bin sehr unmotiviert mittlerweile durch den ganzen Schrott. (-) (da) also (-) echt da echt, brutal.
Fr. Demmer: Ja.

---

1   Um nachvollziehen zu können, wie die auf der Projektveranstaltung angebotenen inhaltlichen und methodischen Aspekte im schulinternen Kooperations- und Reflexionsgespräch verarbeitet werden, wurden die Reflexionsphasen per Audioaufnahmen aufgezeichnet, transkribiert und ausgewertet. Die Analyse der Gespräche erfolgte in mehreren Schritten. Nach einer inhaltlichen Inventarisierung aller Gespräche wurden in einem anschließenden Schritt mit Hilfe des computergestützten Verfahrens "MAXQDA" die Gesprächstranskripte kodiert und hinsichtlich sich wiederholender und relevant wirkender Themen analysiert. In einem zweiten Schritt werden durch das thematische Kodieren sichtbar gewordene, bedeutende Gesprächssequenzen gesprächsanalytisch untersucht.

Hr. Michel:	Da weist ja echt nicht mehr (--) du musst irgendwo Zeit streiche [Fr. D.: Mmh.]. (3 Sek.)
Fr. Demmer:	Ja (und) muss vor allem (wirklich) schönen guten Unterricht (?). Im Prinzip macht n Drittel des Kollegium des (also). Der Rest sitzt da und macht und bohrt in der Nase und des Drittel des macht des (-) kann vielleicht irgendwann kein guten Unterricht mehr machen, weil die Zeit natürlich net da is. Und des find ich schon echt. (-)

Frau Demmer und Herr Michel sind sich darin einig, dass sie zu wenig Zeit haben. Im Plenum berichteten sie, dass an ihrer Schule drei verpflichtende Projektwochen im Schuljahr stattfänden und ihnen damit ein gewisser Arbeitsdruck entstehen würde. Gepaart mit der Aufgabe, Diagnose und Vergleichsarbeiten schreiben sowie zum ersten Mal eine Projektprüfung in den Klassen 10 durchführen zu müssen, skizzieren sie ihre schulische Situation als besonders problematisch. In diesem Gespräch wird nun diese Thematik fortgesetzt, indem Frau Demmer begründet, dass die Projektwoche in Konkurrenz zur mathedidaktischen Fortbildung trete und erstere Vorrang hätte. Michel greift Demmers Aussage auf und ironisiert sie gewissermaßen, indem er formuliert, dass motivierten Lehrern abverlangt wird, nebenher weiter zu arbeiten. „Des", damit meint er die fachdidaktische Impulsveranstaltung und die zu entwickelnde Kooperation, müsse man motiviert nebenher machen. Motivierte Lehrer, so kann man Michels Aussage überspitzen, entwickeln Kooperation, auch ohne Zeit. Frau Demmer bestätigt ihn. Michel konstruiert eine nicht näher bestimmte Größe, die diese Arbeit verlangt. Er macht deutlich, dass ihm diese Situation die Motivation nimmt und bezeichnet die zusätzlichen pädagogischen Aufgaben „als ganzen Schrott"; offen bleibt, ob die Fortbildungsveranstaltung auch dazu zählt. Auch hier bestätigt Demmer und macht weiter darauf aufmerksam, dass die zusätzlichen Projekte dazu führten, dass der alltägliche, mit ihren Worten „schöne, gute Unterricht" gefährdet wird, da nicht mehr genügend Zeit bliebe. Ohnehin sieht sie nur ein Drittel des Kollegiums am Prozess der Veränderungen beteiligt, „der Rest bohrt in der Nase". Demmer macht sichtbar, dass letztendlich die KollegInnen, die engagiert sind, doppelt bestraft sind. Sie machen sich mehr Arbeit und haben weniger Zeit für ihre Unterrichtsvorbereitung.

| Fr. Demmer: | Ich mein, das heißt ja alles. Das, das, das (--) Projektwoche da fehlt die Zeit. Ferien fehlt die Zeit. Alles Zeit(en) n Zeitproblem. (5 Sek.) Oder die vielseitige Belastung halt. Könnten wir es anders nennen. |

Hr. Michel: Also ich würde, ich würde sagen, alles (-) alles außer unterrichtlich (--) oder? (--) Das ist was, ich hab gestern mit dem Georg drüber geredet, alles außer unterrichtlich. Alles was du nachher hörst, außerhalb des Unterrichts, Klassenlehrerjobs (-), TÜV (--) des was wir grad alles aufgezählt [Fr. D.: Ja.] haben. (4 Sek.)( ) Zeug in dieser fachinternen Müll da (--) ( ) ganze (--) Ganze Sache wolle die abspreche. (--)
Fr. Demmer: Ja. (---) Ja.m. (9 Sek.)
Hr. Michel: ( ) dass die Arbeit ( ).
Fr. Demmer: Wer leidet am meisten darunter? (-) Schüler, Qualität des Unterrichts. (4 Sek.)
Hr. Michel: Und ( ) um die Schüler richtig kümmern können [Fr. D.: Mmh.] und unser Unterricht.
Fr. Demmer: Ja, des is des Unbefriedigende eigentlich ( ), dass wir gern irgendwas anderes mal machen würde und (dann)

Im weiteren Gespräch wird das Thema Zeit immer wieder aufgegriffen. Mit ihrer generalisierend wirkenden Aussage, setzt Frau Demmer Projektwoche und Ferien gleich und suggeriert, beides halte gleichermaßen vom Unterrichten ab und überall fehle Zeit. Kollege Michel traduziert Demmers Aussage und fasst zusammen, dass alles wichtiger sei als Unterricht. Klassenlehrerjobs, TÜV, auch die fachinternen Inhalte, er spricht von „fachinternen Müll", müssen abgesprochen werden. Auch Michel generalisiert und stellt die Klassenlehrerarbeiten auf eine Stufe mit dem Zertifizierungsverfahren durch den TÜV Süd. Auch die fachinternen Absprachen werden als Müll und damit als überflüssig deklariert. Demmer bestätigt ihn und fragt rhetorisch, wer am meisten darunter leide – sie verweist auf die Schüler. Michel paraphrasiert, dass sein Ziel, sich um die Schüler und den Unterricht richtig kümmern zu können, nicht umsetzbar sei. Demmer bestätigt und stellt fest, dass sie gerne mal was anderes machen würde. Sie bricht den Satz ab und suggeriert, wie im bereits vorangegangenen Gespräch, dass dafür doch die Zeit fehle.

Fr. Demmer: Ist die Frage, ob die Schüler was davon haben, ob man des dann auch wirklich sagen kann, weil auf der andern Seite leiden sie, (find ich) leiden sie auch ein bisschen drunter, dass wir dann vielleicht im Nachhinein irgendwo schneller sein müssen oder (-) des (-) verpasste (-) die fehlenden Stunden aufholen müssen (--) Des hat für sie ja eigentlich schon auch n Pferdefuß. (---) Also ob sie wirklich was davon haben weiß ich nicht. (--) Ich meine ich kann dir drei Kollegen sagen, die was davon haben. Wenn, die mir ins

	Ohr quatschen. (--) Die haben was davon. (-) Aber sonst. (--) ist es ein Zirkusprojekt.
Hr. Michel:	(Der) Ruf der Schule.
Fr. Demmer:	Ja. (---) Ja, Bild nach außen.

Erkennbar wird erneut, dass Demmer und Michel zweifeln, dass in der Schule bestehende zusätzliche Projekte den Schülern zu Gute kommen. Mit der Ironisierung „Zirkusprojekt" weist Demmer darauf hin, dass es vor allem um die Außendarstellung und öffentliche Wahrnehmung geht. Michel bestätigt ihre Aussage und weist auf den Ruf der Schule hin.

Konstruktionen im Gespräch

Demmer und Michel konstruieren ein gemeinsames ‚wir', das kollektiv unter der immens zugenommenen zusätzlichen pädagogischen Arbeit in der Schule leidet. Geteilt wird die Einschätzung, dass im Schulalltag die Arbeitsbelastung zugenommen habe und zugleich die Ressource ‚Zeit' immer knapper werde. In ihrer Argumentation teilen sie auch die Feststellung, dass die Zusatzprojekte von „gutem Unterricht" abhalten und dazu führen, dass nicht nur sie selbst, sondern auch die Schüler unter der fehlenden Zeit leiden. Ersichtlich wird nicht, was unter gutem Unterricht verstanden wird. Der Eindruck entsteht, dass pädagogische Projekte nicht der Verbesserung des Unterrichts dienen, sondern vor allem Ressourcen für den Alltagsunterricht abziehen. Die Pflichtprojekte verhindern ihre Motivation und bewirken einen Rückzug aus den freiwilligen Projekten, so die Argumentation der beiden. Hier wird ein Gegensatz zwischen alltäglichem ‚guten Unterricht' und den pädagogischen Zusatzarbeiten konstruiert. Die beschriebenen neuen Aufgaben führen nicht zu Unterrichtverbesserung, sondern zu Qualitätseinbußen, da Zeit verloren gehe. Auch die Klassenlehreraufgaben werden hier eingeordnet. Erkennbar wird, dass die von der Moderation formulierte Aufgabe, den Umgang mit möglichen Konflikten in der Kooperationsarbeit zu reflektieren, zu einer Sammlung und Aufzählung aller zusätzlich verordneten Aufgaben führt. Diese im Zuge outputorientierter Steuerung für Schulen verordneten Maßnahmen werden hier vor allem als enorme Zusatzbelastung empfunden, die auf Kosten der Alltagsressourcen gehen. Auch die von der Schulleitung initiierte freiwillige TÜV Zertifizierung fällt in diese Rubrik und überlagert den gemeinsamen Prozess der Reflexion ihrer Kooperationsarbeit.

Die von Demmer und Michel manchmal umgangssprachlich formulierten Metaphern, wie „fachinterner Müll" oder der „ganze Schrott" suggerieren nicht nur ein gehöriges Maß an Überdruss, Ärger und Belastung, sondern gleichsam die Vorstellung, dass das Mikrofon, quasi als stiller Zuhörer die unaushaltbare Situation aufnimmt und für Veränderungen sorgt. Hier entsteht die paradoxe Situation, dass die zur Verbesserung der Unterrichtsqualität etablierten Projektwochen als Zeitfaktor gerechnet werden, der den Schülern zum Lernen fehlt und zur Qualitätsverschlechterung führt und nicht in ihrer Partizipationsdimension für Schüler gesehen wird. Ich nenne es Qualitätsparadox. Zugleich führen die genannten Maßnahmen dazu, dass die Kollegen auch die freiwillige Fortbildungsveranstaltung unter die sonstigen Pflichten subsumieren und als lästige Zusatzaufgabe beurteilen, für die sie sich nicht mehr motivieren können. Ich beschreibe es als Subsumtionslogik. Mit der gemeinsamen und wiederholten Konstatierung zu wenig Zeit zu haben und zu viele Zusatzprojekte bewältigen zu müssen, die miteinander kollidieren, konstruieren Michel und Demmer zusammen die Schulleitung als Handlungsmacht und Täter, die für diese Dynamik verantwortlich sind.

Beide, Demmer und Michel, zeigen sich hier nicht als Subjekte ihres Handelns oder eigenständige Akteure, sondern sehen sich als Opfer und als Leidtragende, die diesem Prozess passiv ausgesetzt sind. So reflektieren sie in der veranschlagten Zeit weder, wie von der Projektleitung gewünscht, ihre Zusammenarbeit und ihre gemeinsamen Ziele, noch setzen ihre individuellen, konkreten Unterrichtserfahrungen. Ihre Kooperation besteht hier im Austausch ihres gemeinsamen Leids und ihrer Belastung.

Ein Vergleich mit den Kooperationsgesprächen der anderen Schulgruppen zeigt, dass sich in allen 13 schulischen Praxisgemeinschaften ein Problem im Umgang mit dem Faktor Zeit abzeichnet; verschiedene Facetten werden erkennbar. Zum einen fehlt Zeit für den kollegialen Austausch, was sich darin äußert, dass im Arbeitsalltag keine gemeinsamen Zeitfenster gefunden werden, die für Kooperationstreffen genutzt werden können. So gibt es an den Schulen auch keine Reduzierung des Unterrichtsdeputats für Kooperation; damit kommen die Kooperationszeiten zu den sonstigen Verpflichtungen hinzu. Alle an diesem Projekt beteiligten Lehrenden machen freiwillig und aus Interesse mit und sind zugleich in mehrere andere Projekte involviert, für die sie auch keine Deputate erhalten (Frau Demmer arbeitet z. B. an einem schulischen EU Projekt mit). So geraten die unterschiedlichen schulinternen Projekte in zeitliche Konkurrenz miteinander. Zum anderen konstatieren die Mathematiklehrkräfte auf dieser Fortbildung wiederholt, dass problemorientierter Mathematikunterricht Zeit und Muße zum Nachdenken und Ausprobieren benötige. Da die ehemals eingeführte Methodenstunde an fast allen Schulen der Kürzung anheim gefallen ist, in vielen Fällen nicht einmal eine Klassenlehrerstunde[2] im Stundenplan verankert sei, zeigt sich die Problematik, dass besonders die als Klassen- und Mathematiklehrer eingesetzten Kollegen wenige Spielräume sahen, problemorientierte und kooperative Aufgaben im Alltag zu implementieren – denn auch hier fehle Zeit. Der Aspekt scheint für die Schule von Demmer und Michel, auch auf andere am Projekt beteiligten Schulen zuzutreffen. Der Abbau der Klassenlehrer- und auch der Methodenlernstunde führt dazu, dass mehr Inhalte und Methoden in weniger Unterrichtszeit erfolgen sollen.

Schulkultur und Mythenbildung

Pongratz (2004) konstatiert in diesem Kontext, dass was auf den ersten Blick unter dem Stichwort Selbstorganisation diskutiert wird, zwar das Gesicht der Humanisierung trage, aber letztendlich darauf hinauslaufe, dass die Zumutungen an die in der Institution lebenden und lehrenden Menschen verstärkt werden. Partnerschaftliche Ideale und die größere Zuschreibung von Eigenverantwortlichkeit tarnen schulische Zwangsverhältnisse als egalitäre Kommunikation zwischen Schülern, Lehrern und Schulleitung und verwischen, dass den tatsächlichen Entscheidungsspielräumen enge bürokratische Vorgaben, administrative und ökonomische Grenzen gesetzt sind (Pongratz 2004, 235). Zugleich wird damit die Distanz gegenüber schulischen Prozessen und der Schutz des eigenen Selbst erschwert. So auch in diesem Beispiel.

Demmer und Michel sowie die LehrerInnen aller weiteren Schulen gerieten nicht zufällig im Gespräch auf das Konfliktthema „Zeit". Das Verfügungsrecht des für die Planung der Kooperation notwendigen Umgangs mit der Ressource „Zeit", liegt allerdings nicht in ihrer Hand, sondern in der des Schulleiters und des weiteren der Schulverwaltung. Faktisch können sie keinen Einfluss darauf nehmen. Sie dürfen und sollen inhaltlich-methodisch konzeptionelle Planungen vornehmen, ohne strukturellen Einfluss auszuüben. Aus Demmers und Michels Perspektive entsteht gar der Eindruck, dass sie lediglich Ausführende eiler Schulleitungspläne sind, die die einzigen Profiteure dieses Prozesses sind.

---

2 Üblich ist, dass die KlassenlehrerInnen der Sekundarstufe für die Besprechung klassenorganisatorischer Aufgaben eine zum Fachunterricht zusätzliche Stunde, die so genannte Klassenlehrerstunde erhalten. Diese Stunde war für fast alle anwesenden Klassenlehrenden weggekürzt worden.

Die aktuelle Dominanz von Effizienz- und Erfolgserwartungen im Schulentwicklungsdiskurs führt in diesem Beispiel, zu einer Entkopplung von Formal- und Aktivitätsstrukturen. Unterscheiden lässt sich eine talk- und action-Ebene (Schäfers 2008, 505 ff.). Während auf der schulprogrammatischen „talk-Ebene" die Schule als „Leuchtturmschule" mit TÜV zertifizierten Qualitätsstandards und damit als innovative und lernwillige Organisation Schule zeigt, wird auf der „action-Ebene" diese Rhetorik und eine Mitarbeit verweigert. Dem nach außen dargestellten Bild der profilierten und progressiven Einzelschule setzen Michel und Demmer ironisch die Bezeichnung „Zirkusprojekt" entgegen und suggerieren hier eine Mythenbildung, die ihrer Ansicht nach allein auf das Schulleitungsteam zurückgeführt werden muss. Die Kooperation als schulische Praxisgemeinschaft erscheint als unnötige Belastung und als weiterer Faktor, der ihnen Zeit nimmt. Die Perspektive der Handlungen der LehrerInnen im Mehrebenesystemschule rückt in diesem Kontext die zu erbringende Koordinationsleistung der AkteurInnen im Mehrebenensystem Schule in den Blick und zeigt die Notwendigkeit der Abstimmung und des Zusammenwirkens verschiedener Systemebenen[3]. Prozesse auf der Makroebene (Bildungspläne, Diagnose- und Vergleichsarbeiten) und auf der Mesoebene (Unterrichtsentwicklung durch schulinterne Curricula, Projektwochen, TÜV Zertifizierung) beeinflussen deutlich die Mikroebene des individuellen Unterricht und werden als unrechtmäßiger Eingriff erlebt, zumal keine Veränderungen der organisationalen Strukturen (gemeinsame Zeitfenster, verbindliche Arbeitsteilungen) beobachtet werden. Die gleichzeitig als unzureichend erlebte Kommunikation zwischen Schulleitung und Kollegium, zumindest aus Demmers und Michels Sicht, führt zu dem Eindruck, dass sich beide der Planung und Gestaltung des alltäglichen Unterrichts entmächtigt und Opfer von Top-Down Verordnungen fühlen. Sie konstruieren eine Schulkultur der „Leuchtturmschule", die auf Außendarstellung und Wettbewerbsorientierung ausgerichtet ist und an dem Wohlergehen ihrer Kollegen wenig interessiert ist.

---

[3] Um das komplexe System von Steuerung und Einflussnahme im Bildungsbereich untersuchen zu können, wurde in den letzten Jahren der aus der politik- und sozialwissenschaftlichen Perspektive bekannte Ansatz der „Governance" etabliert. Die Governance-Perspektive ist gekennzeichnet, so Kussau und Brüsemeister (2007), durch die Betrachtung der Auseinandersetzung und Handlungskoordination verschiedener Akteure, mit unterschiedlichen Intentionen auf unterschiedlichen Ebenen.

Jammerdiskurs oder Ohnmachts- und Überwältigungsausdruck?

Nun ließe sich dieser Gesprächsausschnitt sicherlich gut als Ausdruck einer lehrertypischen „Jammerrhetorik" oder als weiteres Beispiel für geringe Belastbarkeit und schnelle Überforderung des häufig als ‚Halbtagsjobber' titulierten Berufsstandes zeigen. Doch was ist mit den anderen 13 Kooperationsgemeinschaften? Die Kodierung der nachmittäglichen Kooperationsgespräche, in denen auf allen drei Fortbildungsveranstaltungen die Planung des schulinternen Kooperationsprozesses im Mittelpunkt stand, zeigt, dass der Umgang mit der Ressource „Zeit" die Gespräche in allen Schulgruppen ohne Ausnahme bestimmt und auch in den anderen Gruppen im Kontext der bekannten Maßnahmen schulischer Steuerung problematisiert werden. Reh kommt in einer Untersuchung von Kooperationsprozessen im Rahmen der Ganztagsschularbeit in ihren theoretischen Überlegungen (2008, 165) in Anlehnung an Luhmann zu dem Schluss, Organisation mache pädagogisches Handeln im Unterricht möglich und begrenze sie zugleich. Kritisch hinterfragt sie, dass die im neuen Schulentwicklungsdiskurs geforderte Selbstreflexionsfähigkeit, Selbststeuerung und Partizipationsstrategien als erwartete Kommunikationsformen, an die Stelle von Disziplinierungen setze (ebd. 169). Sie verweist auf die aus governementalitätstheoretischer Perspektive formulierte Kritik, die zwischen Subjektivierungsformen und einem Subjekt, das als „Unternehmer seiner selbst" auftritt.

Bröckling zeigt in diesem Kontext in seiner soziologischen Analyse des „unternehmerischen Selbst" (2005, 2007), wie sich marktwirtschaftliche Anforderungen immer mehr in sozialen Bereichen wieder finden lassen. So auch im Kontext dieser Kooperationsarbeit. Die Logik der Selbstoptimierung findet sich bereits im Projektsetting wieder, mit dem suggeriert wird, wenn nur im Mathematikunterricht die richtigen Methoden, sprich zur selbstregulativen Prozessen anregende Aufgaben eingesetzt werden, dann werden auch die Schülerleistungen besser. Damit dieser Prozess in Gang gesetzt wird, sollen die Lehrkräfte kooperieren, gemeinsam reflektieren und lernen; eine linear angelegte Argumentation: Kooperation führe zu Reflexion, Reflexion zur Verbesserung des Mathematikunterrichts und damit zur Verbesserung der Schülerleistungen und die wiederum führen zu besseren Ergebnissen im internationalen Bildungsranking und -wettbewerb. Die LehrerInnen werden in diesem Prozess als Subjekte konstruiert, deren Aufgabe es ist, die auf Makroebene erlassenen Unterrichtsstandards zielorientiert umzusetzen und anzuwenden. Ein instrumentell gedachtes Vorgehen, in dem nicht nur jede einzelne Lehrperson zum Instrument des schulischen Wettbewerbs um Bestleistungen wird und dahinter als Person mit ihren individuellen

Interessen, Fragen, Unsicherheiten verschwindet, sondern sich auch als Einzelkämpferin im Spannungsfeld der vielfältigen schulalltäglichen Erwartungen bewegen soll. Das heißt sie soll als Klassenlehrerin Konflikte bearbeiten, als Mathelehrerin neue Methoden einführen, neue Bildungsstandards umsetzen, DVA Arbeiten vorbereiten, allerdings ohne entsprechende Ressourcen. Auch wenn der zunehmend im Schulentwicklungsdiskurs auftauchende Begriff „Autonomie" oder „Teilautonomie" wachsende Entscheidungsspielräume der Einzelschule suggeriert, entzieht sich die Ressourcenfrage dem Einfluss der Einzelschule. Wiederholt zeigt sich als typisches Merkmal von Schulentwicklungsprozessen die Erwartung, dass „kostenneutral" gearbeitet wird, indem „endogene Potenziale" ausgeschöpft werden sollen (vgl. Kussau/Brüsemeister 2007, 18). Schulentwicklung kann in der Schulpraxis als ‚kostenneutral' angelegter Effizienz- und Erfolgsdiskurs beschrieben werden. Terhardt und Böttcher (2004) sprechen kritisch von einer Zangenbewegung in Form verschärften Rechtfertigungsdrucks bei gleichzeitigem Ressourcenabbau und erhöhter Steuerungsnotwendigkeit. Die im Projektzusammenhang beschriebene gekürzte Klassenlehrerstunde und Methodenstunde untermauern diese Feststellung.

Doch gleichzeitig sollen die Lehrkräfte TeamarbeiterInnen und LernerInnen sein, sich in der professionellen Lerngemeinschaft mit KollegInnen weiter entwickeln – auch dies unter Ausschöpfung der endogenen Ressourcen. Die Spannung von Einzelkämpfersein und Teamplayer, von Ausführender neuer Steuerungsmodelle und Entwickler innovativer Unterrichtskonzepte bei gleichzeitig reduzierten Ressourcen, führt zu einem Diskurs, wie in dem Beispiel des Kooperationsgesprächs sichtbar wird, der Gefühle der Überwältigung und Ohnmacht hervorruft. Bröckling spricht von einer Dynamik der Entgrenzung (2005, 20 ff.), die mit einem permanenten Gefühl des Ungenügens, des Unbehagens und des Zuwenigs einhergeht.

Auf die Kooperationsarbeit bezogen heißt das, dass alle Gedanken, Überlegungen, Ideen und Fragen, die vom linear und intentional angelegten Prozess, problemorientierten Mathematikunterricht zu gestalten, abweichen, abhalten oder wegführen, unterbunden werden müssen, um das ohnehin kostbare und reduzierte ‚Gut Zeit' nicht unnötig zu vergeuden. Wer sich die Logik der Selbstoptimierung nicht zu eigen machen mag, so wie im analysierten Beispiel, scheitert und ist für das eigene Scheitern auch selbst verantwortlich.

Die Forderung nach Kooperation in schulischen Praxisgemeinschaften durchbricht nicht nur tradierte Routinen, individueller Handlungsautonomie und konfrontiert mit neuen, unbekannten Arbeitsformen, sondern macht im schulischen Alltag mehr als je zuvor eine Koordination unterschiedlicher Akteure im Mehrebenensystem Schule notwendig. Im Fallbeispiel konstruieren die Lehrpersonen die Kultur ihrer Schule als Mythenbildung und ehrgeiziges Projekt der Schulleitung, der es vor allem um Vorzeigeprojekte im schulischen Wettbewerb geht. Im Rahmen der outputorientierten Steuerung auf Landesebene und der einzelschulspezifischen Schulprogrammentwicklung kommt es zu einem zeitlich und inhaltlich nicht abgestimmten gleichzeitigen Einsatz unterschiedlicher Instrumente: Arbeit mit neuen Bildungsstandards, Durchführung der Vergleichsarbeiten, Einführung der Projektprüfung in Klasse 10, freiwillige TÜV – Zertifizierung, Etablierung von drei Projektarbeitswochen im Jahr, Mitarbeit im Kooperationsprojekt der PH Freiburg.

Schulisch-konzeptionelle Entscheidungen werden hier als Ergebnis eines als abgeschlossen agierenden Schulleitungsteams beurteilt, an denen das Kollegium zu wenig beteiligt wird und sich als Handlanger und Entmächtigte erlebt. Erkennbar wird, dass die Einführung neuer schulischer Instrumente, ohne dass diese an schuleigene Zwecke rückgebunden (vgl. Heinrich/Brüsemeister 2010, 192) und vom Kollegium getragen werden, Zeit und Raum für den Aufbau neuer institutionalisierter Handlungsmuster fehlen, Orientierungslosigkeit und des Sinnverlusts nach sich ziehen (ebd.). Es zeigt sich, dass der rein normative Anspruch, Lehrende mögen ihren Professionalisierungsprozess und den der Schule durch Kooperation vorantreiben, als Ausdruck und Kultur eines Bildungsverständnisses verstanden werden kann, in dem es um Bestleistungen von SchülerInnen im nationalen und internationalen Wettbewerb geht. Lehrerkooperation als Instrument der Selbstoptimierung und Beschleunigung dieses Wettbewerbs, zur Profilierung nach außen, ohne Rückbindung an Interessen und Fragen des Kollegiums und ohne strukturelle und organisationale Modifizierungen im System Schule vorzunehmen, führt, so in diesem Fall, zu Widerstand und Abwehr und muss scheitern.

Literatur

Böttcher, W./Terhart, E. (2004): Organisationstheorie in pädagogischen Feldern. In: Böttcher, W.: Organisationstheorie in pädagogischen Feldern. Wiesbaden, 7ff.

Bonsen, M./Rolff, H.-G. (2006): Professionelle Lerngemeinschaften von Lehrerinnen und Lehrern. In: Zeitschrift für Pädagogik, 2, 167-184

Bröckling, U. (2005): Gleichgewichtsübungen. Die Mobilität des Bürgers zwischen Markt, Zivilgesellschaft und aktivierendem Staat. In: Partizipation und Demokratie, 2, 20ff.

Bröckling, U. (2007): Das unternehmerische Selbst. Soziologie einer Subjektivierungsform. Frankfurt am Main
Gräsl, C./Fußnagel, K./Parchmann, I. (2006): Lerngemeinschaften in der Lehrerfortbildung. Kooperationserfahrungen und -überzeugungen von Lehrkräften. In: Zeitschrift für Erziehungswissenschaft, 4, 545-561
Heinrich, M./Kussau, J. (2010): Das Schulprogramm zwischen schulischer Selbstregelung und externer Steuerung. In: Altrichter, H./Maag-Merki, K. (Hrsg.): Handbuch neue Steuerung im Schulsystem. Wiesbaden, 171-194
Holtappels, H.-G. (Hrsg.). (2007): Ganztagsschule in Deutschland. Ergebnisse der Ausgangserhebung der Studie zur Entwicklung von Ganztagsschulen (STEG). Weinheim und München
Kelchtermanns, G. (2006): Teacher collaboration und collegiality as workplace conditions. In: Zeitschrift für Pädagogik, 2, 220-237
Kolbe, F.-U./Reh, S. (2008): Kooperation unter Pädagogen. In: Coelen, Th./Otto, H.-U. (Hrsg.): Grundbegriffe Ganztagsbildung, 799-809
Kussau, J./Brüsemeister, T. (2007): Educational Governance: Zur Analyse der Handlungskoordination im Mehrebenensystem Schule. In: Altrichter, H./Brüsemeister, T./Wissinger, J. (Hrsg.): Educational Governance. Handlungskoordination und Steuerung im Bildungssystem. Wiesbaden, 15-54
Orientierungsrahmen zur Schulqualität für allgemein bildende Schulen in Baden-Württemberg 2007
Pongratz, L.A. (2004): Freiwillige Selbstkontrolle. Schule zwischen Disziplinar- und Kontrollgesellschaft. In Ricken, N./Rieger-Ladich, M. (Hrsg.): Michel Foucault: Pädagogische Lektüren. Wiesbaden, 243-261
Pröbstel, Ch. H. (2008): Lehrerkooperation und die Umsetzung von Innovationen. Eine Analyse der Zusammenarbeit von Lehrkräften aus Perspektive der Bildungsforschung und der Arbeits- und Organisationspsychologie. Berlin
Rolff, H.-G. (2007): Studien zu einer Theorie der Schulentwicklung, Weinheim und Basel
Reh, S. (2008): Reflexivität der Organisation und Bekenntnis. Perspektiven der Lehrerkooperation. In: Helsper, W./Busse, S./Hummrich, M./Kramer, R.-T.,: Pädagogische Professionalität in Organisationen. Wiesbaden, 163-183
Schaefers, Ch. (2008): Steigerungssemantiken im Organisationsentwicklungsdiskurs. Neo-institutionelle Perspektiven auf Konsequenzen in Schule und Lehrerprofessionalität. In: Helsper, W. u. a. (Hrsg.): Pädagogische Professionalität in Organisationen. Wiesbaden, 225ff.
Scholz, G. (2004): Die „Cultural anthropology" als Rahmentheorie für eine Ethnographie der Schule und des Unterrichts. In: Pädagogische Rundschau, 58. Jg., 505-527
Scholz, G. (2005) : Ökonomisierung des Lernens – ein Essay als Collage. In: Westphal, K. (Hrsg.): Zeit des Lernens. Perspektiven auf den Sachunterricht und die Grundschulpädagogik. Weinheim und München, 67-95

2. Kapitel
Irritationen

Kristin Westphal

Wirklichkeiten und Möglichkeiten

Aspekte einer Phänomenologie der medialen Erfahrung

In der Medienlandschaft des 21. Jahrhunderts nimmt der Trend zur Künstlichkeit und Virtualität durch neue Medientechnologien zu. Er scheint die leibliche Präsenz des Menschen weit hinter sich zu lassen, indem sie oft auch als Referenzpunkt zur eigenen Perfektionierung benutzt wird. Mit fortschreitender Technisierung weisen die neuen Medien körperanaloge Formen auf, die sich im Vollzuge der Ausdifferenzierung immer mehr von einer leiblichen Organisation entfernt haben. Die Maschine bzw. Technik ersetzt leibliche Vorgänge, indem sie den leiblichen Umgang mit ihnen nicht außer Kraft setzt, sondern auf einer reduktionistischen Stufe konserviert: Das Handwerkliche verschwindet im Bedienen einer komplexen Maschine; das Live-Orchester wird konserviert und synthetisiert, das abstrakte Sehen über Menüs und Anzeigen auf Bildschirmen, das rudimentäre Bedienen von Hebeln und Schaltern oder Tastaturen und der „Maus" kennzeichnen den Umgang mit Medien. Wird der Leibkörper zum Anachronismus? Es findet eine Verkörperung in die Medien statt und gleichzeitig eine Entkörperung leiblichsinnlicher Vorgänge. Für den Prozess der technischen Entwicklung im 19. bis ins 21. Jahrhundert hinein heißt das, dass die explorativen Wahrnehmungsprozesse immer mehr den Weg über die abstrakte metrisch visualisierte Realität der Instrumentenwahrnehmung nehmen. Die unhintergehbare Situation der Anwesenheit des Anderen bzw. die materiale Welt der Dinge, die an sinnliche Wahrnehmungen gebunden sind, wird über virtuelle Einflüsse und Manipulation abgeschnitten. Im Umgang mit elektronischen Medien kann man nicht immer wissen, welchen Präsentationsstatus Texte, Reden, Klänge oder die Bilder in dem Medium haben. Handelt es sich um eine Live-Aufnahme? Oder um eine Aufzeichnung, die gekürzt oder geschnitten wurde, oder um eine fingierte Situation? Haben wir es mit einer Computersimulation zu tun? Sind die Worte, die wir hören, in einer realen Zeit hintereinander gesprochen oder bereits technisch zusammengesetzt, etc.?

Wir erleben keinen völligen Ersatz der Sinne, sondern auf der Seite des Rezipienten eher eine Reduktion und zugleich symbolisch-abstrakte Verdichtung der sinnlichen Wahrnehmungsgehalte, wie sie sich z. B. über Zahlenskalen für Zeitdauer, Lautstärke u. a. zeigen. Zugleich geschieht auf der Seite der Medien die Substitution, die jedoch ohne die organischen Vornormierungen (damit überhaupt etwas *gesehen* werden kann) der sinnlichen Wahrnehmung nicht existieren kann. Zu unterscheiden sind in diesem Zusammenhang die Wahrnehmungsakte von dem Wahrgenommenen. Es sind dann die Wahrnehmungsakte, deren sinnliche Fülle sich entleeren, wie wir es schon in der Literarisierung der Erfahrung beobachten können. Stattdessen nimmt die kognitive Struktur zu. Es müssen Skalen, Anzeigen und Symbole interpretiert und entschlüsselt werden, um Auskunft über das zu erhalten, was sie repräsentieren bzw. messen. Das untermauert die These, dass sich eine technische Welt *ohne humane leibliche Referenz und Wahrnehmungsregister* schwerlich vorstellen lässt. Sie würde ohne den leiblich präsenten Leser/Hörer/Zuschauer ins Leere gehen (vgl. Westphal 2010).

Wirklichkeiten und Möglichkeiten

Die Erfahrungen, die in den neuen Technologien aus ihren ursprünglichen Kontexten gezogen werden und zu neuen Wirklichkeiten in künstlichen Bezügen hergestellt werden, verändern unsere Wahrnehmungsweise auf Welt und auch die Bedingung der Möglichkeit zu erfahren. Die erlebbare Welt zeichnet sich darin aus, dass ihre Möglichkeiten innerhalb konkreter Situationen gewonnen werden. Die virtuellen Welten hingegen basieren auf kalkulierten und kontextunabhängigen Situationen (Waldenfels 1998, 232). Die Medien „lockern die Verankerung im Hier, indem sie Möglichkeiten des Dortseins freisetzen und den Spielraum der Erfahrung teils erweitern, teils vervielfältigen" (233). Das unmittelbare Erleben, das wir nicht zum Gegenstand haben, wird zum Gegenstand eines Metawissens und von Beobachtung.

Im Zentrum für Medien und Neuere Technologien in Karlsruhe hat mich eine Installation besonders täuschen können. Auf einer Wand in einem kleinen verdunkeltem Raum wird eine Tür projiziert, die sich irgendwann mal öffnet und ein Kind scheint hereinzuhüpfen, die Tür verschließt sich wieder. Für einen Moment habe ich geglaubt, es sei wirklich eine echte Tür, die sich öffnet. Die Dunkelheit des Raumes versperrte mir für diesen Moment die Möglichkeit der dreidimensionalen Sichtweise. Die „Täuschung" gelingt hier nur, wenn der Wahrnehmungsmodus auf das „Sehen" eingeschränkt ist. Die Simulation ist dann als immanente Steigerungsmöglichkeit zu betrachten, die vorhandene Strukturen nutzt und einseitig perfektioniert. Unsere Wahrnehmung ist immer schon verknüpft mit virtuellen und idealisierten Momenten. Schon in der einfachen sinnlichen Erfahrung sehen wir mehr, als wir direkt sehen. Wir nehmen einen Menschen in bestimmten Ausschnitten wahr, haben aber trotzdem nicht einen „halben" Eindruck von der Person, sondern eine ganze Wahrnehmung. Es sind mit Merleau-Ponty gesprochen die „Überschüsse" von Sprache, Klängen etc., die dazu beitragen, sich ein ganzes Bild von einer Situation, einer Person etc. zu machen. D. h. Phänomene überschreiten immer schon die Grenzen ihrer Sichtbarkeit (vgl. auch die Horizonthaftigkeit, die Abschattungen etc.). Somit ist Präsenz zugleich auch Appräsenz und Absenz. Genau in diese Struktur nistet sich die Virtualität und Idealität ein: z. B. die Idee einer standpunktlosen All-Sicht, oder aber das Mögliche an einer Erfahrung, die sich schon im Wirklichen vor-zeichnet und die Verselbstständigung dieses Möglichen zu einem zukünftigen Wirklichen und Vollkommeneren. Merleau-Ponty beschreibt zur Frage der *Ent*täuschung, dass die Auflösung einer Täuschung immer zugunsten einer neuen Erscheinung auftrete. Unsere Wahrnehmungen sind im Charakter sehr fragil und verweisen uns stets auch auf Möglichkeiten, die auch hätten sein können (SU, 63f.).

Maschinenhaftes ist nicht allein äußerlich. Meyer-Drawe bemerkt, dass Maschinen nicht das absolut Andere im Vergleich zu uns sind. „Sie konfrontieren uns mit regelhaften Zusammenhängen, von denen auch unsere Existenz nicht frei ist." (Meyer-Drawe 1996, 22) In uns und an uns selbst ist auch Maschinenhaftes zu beobachten, das sich in starren biologischen Abläufen, der Wiederkehr des Gleichen, in Routinisierungen und „mechanisierten" Gewohnheiten zeigt. Anschaulich beschreibt Christa Wolf im Zusammenhang ihrer Erfahrungen mit amerikanischer Kultur die Verletzlichkeit ihrer eigenen leiblichen Ausgesetztheit, die sich in der verwirrenden Spannung von Künstlichkeit und Natürlichkeit der Bewegungen eines Straßenkünstlers in der Kunstfigur „Uncle Sam" darstellt:

„Ich sehe mich fest an jenem langen, dünnen, schwarzen Mann, der angezogen wie Uncle Sam, einen mit einer amerikanischen Flagge bezogenen Zylinder auf dem Kopf, auf einem niedrigen Podest, das er in einer Schaufensterecke gerückt hat, eine Art Breakdance in Zeitlupe aufführt, oder richtiger, einen sich in winzigen Rucken bewegenden Maschinenmenschen darstellt, so täuschend echt, dass ich unwillkürlich auf das Knarren der Scharniere lausche, das eigentlich zu hören sein müsste, gebannt zusehe, wie er ruckhaft die Arme winkelt, ausstreckt, den Oberkörper beugt, aufrichtet, was alles Minuten dauert und eine vollkommene Körperbeherrschung voraussetzt, endlich machen wir uns los, kehren nach einiger Zeit zurück, ich werfe ihm den Dollar, der ihm zusteht, in den Hut, wende mich zum Gehen. Jetzt winkt er Ihnen, sagt mein Begleiter, tatsächlich, ruckhaft bewegt er winkend den rechten Zeigefinger, ein maskenhaftes Lächeln erscheint auf seinem Gesicht, ich trete näher, er gibt mir, im Zeitlupentempo, die Hand, beugt sich vor, umarmt mich, ich ahme ihn nach, lache, gehe. Jetzt kommt er, ruft mein Begleiter, da hat der dünne schwarze Mann sein Podest verlassen, folgt mir mit den gelösten Bewegungen vieler Afroamerikaner, strahlt, schüttelt mir nochmals die Hand, jetzt erst richtig, locker, wieder umarmen wir uns, als sei die Umarmung des Maschinenmenschen nicht gültig gewesen, jetzt lässt er mich gehen, winkt mir nach, und mir sitzt ein Schreck in den Gliedern, von der Verwandlung der Kunstfigur in den Menschen, als sei eben das das Unnatürliche gewesen, als sei eben dabei eine Halterung zersprungen, eine Feder gebrochen." (Wolf 1999, 22)

Christa Wolf beschreibt die Unruhe, die von der Fremdheit der leiblichen Bewegungen des Maschinenmenschen – auch als Metapher für ihren Aufenthalt in der Fremde zu verstehen – ausgeht, die sich einer definitiven Aneignung oder Einordnung entzieht und sie dazu auffordert, sich ihrer selbst zu vergewissern.

Auf unseren Zusammenhang übertragen geht es hier um das Verhältnis von „Natürlichkeit" bzw. „Echtheit" und „Künstlichkeit". In unserem literarischen Beispiel spielt der Akteur mit diesem Motiv. Auch die Medien vermögen den Menschen in seiner Endlichkeit, in der Frage nach „Echtheit" und „Künstlichkeit" zu täuschen bzw. machen uns bewusst, wie fragil und relativ unsere Wahrnehmungen zu sehen sind.

Im Unterschied zu unserem literarischen Beispiel hat nun die Digitalisierung nur höchst vermittelt Sinnliches zum Gegenstand. Sie ist auf der Ebene der Maschinensprache zunächst weder auditiv, noch visuell, sondern völlig abstrakt durch die Tatsache, dass ein Sprachfeld in kleinste Informationseinheiten, in Bits, geteilt wird. Und es sind auf der Ebene der Rezeption und der Produktion die Interagierenden, die über eine Rückübersetzung all ihre Sinne benötigen, um die abstrakte, elektronische Sprache zu bedienen und zu verstehen. Ohne diesen Bezug bleibt jedes Medium stumm und leer. Auch die digitalisierte Computerrealität wird sinnlich wahrgenommen und unterliegt in ihrer Ästhetik, Perfektion, ihren Gestalten etc. den sinnlichen Kriterien des Wahrnehmenden. Der Wahrnehmende sieht nicht Bits und Bytes, er rechnet auch nicht, er sieht Bilder. Demzufolge lässt sich unterscheiden zwischen der Ebene der Maschine bzw. Konstruktion und der Ebene der „phänomenalen Welt". Wir haben es einerseits mit der Sprache der Maschinen zu tun, die auf der Basis binärer Codes, Bits arbeitet und andererseits mit der Darstellungssprache, die bewegte Bilder erzeugt und vom Anwender bedient wird. Ohne einen Rückbezug in der leiblich-sinnlichen Welt könnte der Anwender diese nicht bedienen.

Beeinflussen sich die Medien (Codes) und sinnlich leibliche Erfahrung nicht wechselseitig? Letztere müssen mediengerecht umgebaut werden, erstere bedienen sich vormedialer, nicht-technologischer Parameter. Auf diese Weise entsteht eine eigene bzw. eigentümliche „neue" *Zwischenwelt*, wie sie im Prozess der Literarisierung bereits in anderer Weise auch schon zu beobachten ist.

Grenzsituationen

Ein Beispiel führt uns zu den Anfängen im Umgang mit elektronischen Stimmen. Es zeigt, wie sich die Möglichkeit, eine Stimme konservieren zu können, auf das Verhältnis des Sprechenden und Hörenden zu seiner leiblichen Realität verhält und auswirkt. Es handelt sich hier um eine Privataufnahme auf einer Weichwachswalze mit Hilfe des von Thomas Edison erfundenen Phonographen. Diese Weichwachswalzen konnten für eigene Aufnahmen in ähnlichem Sinne benutzt werden, wie heute leere Tonkassetten für den Privatgebrauch gekauft werden. Adolf Rechenberg hält eine Weihnachtsansprache an seine Frau Anna, die den Phonographen als Geschenk erhält. Die Ansprache ist begleitet von Rauschen, Knattern, Flüstern, Miauen.

„Silentium! Ruhig Kinder! Johannes setze sich auf das kleine Sofa, Annemarie da rechts zur Seite, auf die Treppe Walter, rechts Egon, so dann Anne Dorothee und Anneliese links dahinter, rechts Adolf und Karl, in der Mitte die Mutter, und nun hört, was Vater zur Mutter zu sagen hat. Mein liebes, gutes Weib, die du dich nicht trennen vermagst von deinen lieben Kindern in größter mütterlicher Besorgnis, wie alle Mütter auf der Welt, und weil du doch selbst nicht auf die Genüsse der Welt verzichten musst, so schenke ich dir heute am heiligen Weihnachtsfeste im Jahre 1898 diesen wunderbaren Apparat, der dir zu jeder Zeit auf deinen Wunsch vortragen und erzählen wird, wie es auf der Welt zu geht, was in Konzerten gespielt und im Theater gebracht wird. Und so will ich heute zu dir sprechen aus dem geheimnisvollen Dunkel, so werde ich zu dir sprechen zu jeder Zeit und auch dann, wenn ich längst von dir in die Ewigkeit gegangen bin. Ich grüße dich viele, viele tausend Male." (aus: Crone/Leenings, HR, DRA Frankfurt am Main 1997)

Wir erfahren an diesem Beispiel nicht nur etwas über die soziale Rollenverteilung von Mann und Frau am Ende des vorletzten Jahrhunderts. Die Stimme von Adolf Rechenberg erreichte seine Familie und heute über die Dauerhaftigkeit des Mediums auch uns. Sie ist da, obwohl sie gleichzeitig – einer Halluzination vergleichbar – fern ist.[1] Für die dama-

---

1 Wenn Kranke glauben Stimmen zu hören, die aber nicht da sind, wird von Halluzination gesprochen. Merleau-Ponty analysiert sie als eine extreme, eine dezentrierte Weise des Daseins eines Kranken, die „sich erschöpft in der isolierten Konstitution

lige Zeit muss die Erfahrung, die Stimme vom Körper lebender Menschen als getrennt hören zu können, eine Grenzerfahrung gewesen sein. Heute ist es selbstverständlich geworden, dass eine Stimme sich vom Sprechkörper durch Grammophon oder Telefon und all die weiteren Entwicklungen abkoppeln lässt. Ort und Zeit des Hörers wird dominant gegenüber dem Sprecher. Für Adolf Rechenberg hat es noch eine große Faszination, dass seine Stimme über seine Lebenszeit hinaus gehört werden kann. Das in einer Situation einmal und einmalig Gesagte kann für die Gegenwart anderer verfügbar gehalten werden. Wie beim Lesen von Schriften, wenn sich die Schrift vom Vorgang des Schreibens des Autoren ablöst und den Autor individuell über einen bestimmten Stil oder in einer persönlichen Note repräsentiert, so verdichtet sich für den gegenwärtigen Hörer eine derartige Repräsentanz von Stimme und Bild in der leibhaftigen Präsenz als immer schon vergangene ohne die symbolisch-abstrakte Medialität, die der Schrift zu eigen ist. Auf der Aufnahme „lebt" die Stimme von Rechenberg, obwohl er schon tot ist. Im Gegensatz zum literarischen Medium, in dem ein Autor „unsichtbar" und anonym bleibt, erscheint der Träger der Stimme leiblich präsent – wenn auch nur als zu Hörender. Er tritt in eine aktuelle Situation hinein, die die leibliche Gegenwart zweier Menschen erfordert: des Sprechenden und des Hörenden (Fischer 1996, 29). Die gehörte und sprechende Stimme (in ihrer damaligen lebendigen Wirklichkeit) ertönt in unsere leibliche Gegenwart hinein, sie „spricht" zu uns, jedoch nicht als zu intendierten Adressaten (das sind die Angehörigen), sondern zu virtuellen, anonymen, deren konkrete Gegenwart – aus der Perspektive des Sprechenden betrachtet – eine gänzlich unbekannte Möglichkeit ist. Eine solche Stimme ist Konserve, die das räumlich-klangliche Ereignis aufbewahrt über den bloßen Sinn des Ereignisses hinausgehend. Thematisiert wird im Hörereignis der Unterschied, der zwischen der Präsenz einer Stimme und der dauerhaften Repräsentation einer Stimme und der Präsenz des Hörers besteht.

---

einer fiktiven Umwelt" (vgl. Phänomenologie der Wahrnehmung 1966, 394).

Zur Verschränkung von Künstlichkeit und Natürlichkeit

Elektronische Medien simulieren unsere lebendige Kommunikation in der Weise, dass „Technisch-Künstliches" und „Sinnlich-Leibliches" sich durchdringen und wechselseitig beeinflussen. Grundsätzlich sind elektronische, künstliche oder medialisierte Stimmen sinnlich-leibliche „Phänomene": Sie treten als gesprochene und gehörte Stimmen in Erscheinung. „Phänomenal" heißt hier die vortechnische, leiblich-sinnliche bzw. „natürliche" Stimme. Dem steht die technisch-medialisierte „künstliche" Stimme nicht gegenüber, vielmehr ist diese als eine Modalität der „natürlichen" phänomenalen zu betrachten, solange sie noch als Stimme hörbar und identifizierbar ist. Eine medialisierte und konservierte Stimme löst sich von ihrem leiblichen Stimmträger und „überlebt" ihn. Sie kann zu einem selbst gewählten Zeitpunkt von dem Rezipienten gehört werden. Es entstehen auf diese Weise neue Kommunikationsräume, in denen die leibliche Präsenz des Hörenden dominiert.

Die neuen Medien dezentrieren das Subjekt, durchdringen, rhythmisieren und individualisieren es. Je nach Interesse, Wunsch und Bedarf kann darüber verfügt werden, welche Stimme und welche Bilder gehört und gesehen und wie sie moduliert werden. Sie dienen der Selbstinszenierung der Subjekte in hohem Maße. Die elektronische Stimme führt zu vielfältigen Entdeckungen. Die Doublage, wenn Filme nachsynchronisiert werden, vereint eine verborgene Stimme mit dem Körperbild im Film. Im Play-Back-Verfahren fügt sich der Körper mimetisch einer vorgegebenen Stimme, die von ihm auf diese Weise vereinnahmt wird und umgekehrt. Schnitte mit live gesendeten Stimmen und konservierten Stimmen sind mittlerweile eine gängige Form der Nachrichtenübermittlung. All diese Beispiele führen uns das Aufbrechen konservativer Erfahrungen und Muster vor, indem neue Erfahrungen im Verhältnis von Ton und Bild gemacht werden. Es wird dabei die Gewohnheit thematisiert, das Hören dem Sehen anzugliedern und vergegenwärtigt uns, wie sehr wir in unserer Wahrnehmung eine Stimme an einen konkreten Körper binden. Die „Entwendung" der Stimme vom Träger lässt die über Stimmen – Hören – Sehen neu geschaffenen „Räume" als zerrissene Klangräume, die nicht mehr richtungsuniform sind, erscheinen. Sie sind dem Subjekt „fern". Dass das mit jeder neuen Erfindung als irritierend erlebt wird, zeigt, wie relativ konservativ unsere sinnlichen Gewohnheiten sind. Es führt uns vor, wie sehr das Hören mit dem Sprechen verschränkt ist und wie sehr das Hören und Sprechen wiederum mit dem Sehen verbunden ist. Stimmen und Körper vermögen den Raum zu strukturieren, ihn mit Klang, Bewegung und Stimmung zu füllen. Irritation entsteht, wenn wir beides nicht mehr unmittelbar aufeinander beziehen können, wie wir es aus unserer alltäglichen Welt gewohnt sind. Im Hören sind wir unmittelbarer und gleichsam mehr dem Gehörten ausgeliefert wie im distanzierenden Blick. Ein Blick kann fixieren und führt mich zu dem Blickenden zurück. Die Stimme als solche zeigt mir nicht, woher sie kommt und wohin sie geht. Wir folgen unserer Gewohnheit, das Gesagte und Gesehene in einen Handlungskontext zu formulieren, so dass uns die Fremdheit der Stimme entgeht. Hinzu kommen die Möglichkeiten, die der Einsatz von Medien hat. Körper und Stimmen werden als technisch-medialisierte eingesetzt und voneinander abgekoppelt. Die Technik wirkt z.T. unsichtbar mit. Die Demonstration unseres Hörbeispieles ent-kontextualisiert. Als Zuhörer sind wir bemüht zu re-kontextualisieren, um zu verstehen und einen Sinn zu entdecken. Ein Vorgang, der uns den alltäglichen Umgang mit Medien vor Augen führt. Auf diese Weise wird die Differenz zu den Erfahrungen, die wir im konservativen Umgang mit Körper und Stimme als phänomenale haben, bewusst gemacht.

Die Grenzen zwischen natürlichen und künstlichen Welten erscheinen fließend und erweisen sich als ein Übergangs- und Überschneidungsverhältnis zwischen „Natürlichkeit" und „Künstlichkeit", aber auch privat und öffentlich. Unser letztes Beispiel zeigt uns die Arbeit der Gruppe Ligna mit SchülerInnen, wie ein Rück-Übersetzungsvorgang performativ gestaltet werden kann. SchülerInnen des Schultheaters der Länder werden als Medienakteure herausgefordert im Spiel mit Wirklichkeit und Möglichkeit und einer ortsspezifischen Auseinandersetzung. Sie führt uns vor, wie Medienbildung erfolgen kann.

Radioballett

Die in Hamburg ansässige Radiogruppe LIGNA experimentiert seit 1995 auf lokaler und überregionaler Ebene mit innovativen Theater- und Performanceproduktionen, in dem sie das Radiohören als gemeinschaftliche Aktion im öffentlichen und privaten Raum thematisiert. Untersucht werden Situationen der Rezeption. Die darin enthaltenen performativen Potenziale werden inszeniert. LIGNA begreift und organisiert die HörerInnen als „zerstreutes Kollektiv". Wer Radio hört, ist Teil einer Konstellation mit vielen anderen – so die Ausgangsthese der Gruppe. Indem nun das gemeinsame Radiohören aus dem privaten Raum nach draußen getragen wird, wird diese Gemeinschaft direkt für die teilnehmenden Hörer erfahrbar. Die künstliche Trennung wie noch oben beschrieben, wird also in eine Umkehrung gebracht dergestalt der vom Medium getrennte Körper sichtbar gemacht wird. Das Besondere der Projekte der

Gruppe LIGNA ist die Umsetzung der Idee, dass das Hören aktiv erfolgt und verräumlicht wird. Beim Radioballett in Fußgängerzonen, auf öffentlichen Plätzen wie Bahnhöfen und wie in unserem Falle als „Auftragsarbeit" für das Schultheater der Länder auf den vier Terrassen der Landungsbrücken in Hamburg konzipiert, wird Raum mit einem bestimmten Erkenntnisinteresse verbunden erkundet, das sich insbesondere auf die Frage nach der vorhandenen Macht im Raum richtet. Besonderes Interesse haben von daher „umkämpfte, politische" Räumlichkeiten, die auf vielschichtige Weise mit Ereignissen verknüpft sind. Die Schüler stoßen an dem Ort ihrer Erkundung der Landungsbrücken auf die unsichtbar gewordene Geschichte in Hinsicht auf Auswanderung. Und unter aktueller Bezugnahme ist die Flüchtigkeit der durchgehenden Tagestouristen, aber auch Hafenarbeit und der Symbolcharakter als Wahrzeichen Hamburgs Thema des Ortes. Leitfragen für die Vorbereitung der Performance sind: Wie begibt man sich in einen bestimmten Raum? Wie ist ein Raum strukturiert? An welche Verhaltens- und Bewegungsformen appelliert der Raum und welche nicht? Wer betritt diese Räume und wie und woraufhin? Mit Blick auf die Arbeit mit Jugendlichen stehen besonders Fragen im Raum wie: Wer bin ich, und wer bin ich an welchem Ort? Wie sind die Ordnungen solcher Räume? Wie viel Fremdes findet sich im Raum, wie viel Schätze birgt er? Die Recherche erfolgt mit einer zunächst kleinen Gruppe mit SchülerInnen von 5 Hamburger Schulen, die als „Botschafter" ausgesendet worden sind, um die Grundidee ihren MitschülerInnen weiter zu vermitteln. In weiteren Workshops wird mit ihnen an einem Hörstück mit dem Titel „Große Freiheit Landungsbrücken" gearbeitet. Untergruppen wie Sounddesigner, Bewegung der Massen, Inventar, Emotionsforschung, Fußfetischisten, Handleser, Streetlog beobachten die Örtlichkeit zu bestimmten Fragestellungen: Wie klingen die Räume? Wie bewegen sich die Massen? Was steht herum? Wie sprechen die Gesichter? Welcher Ausdruck fehlt? Wie gehen die Menschen? Welche Gesten gibt es? Was sagt uns der Ort? In der Schlussphase erst treffen alle Akteure auf Kampnagel für eine erste Probe zusammen und werden mit den entsprechenden Requisiten wie z. B. einer Einwegkamera ausgerüstet, um Situationen der Umwandlung des Ortes in eine Liegewiese (Plastiktüten), in einen Wunschbrunnen (Münzen) und die Unterbrechungen der Alltagswege mit Absperrbändern zu fotografieren. Die SchülerInnen, die sich auf den vier verschiedenen Ebenen der Landungsbrücken verteilen, hören das Hörstück durch ein Radio MP3 Player und setzen die darin enthalten performativen Anweisungen und Assoziationen in Gesten und Aktionen um. Das Radiohören wird hier als Medium selbst inszeniert, indem die kommunikativen Potenziale für die Schüler räumlich erfahrbar werden. Die durch den „Apparat" vermittelten Gesten der Schüler im Raum führen zu einer Unterbrechung gewohnter Abläufe auf den Landungsbrücken. Aufgelöst wird in dieser Vorgehensweise die klassische Trennung zwischen Zuschauer und Akteur. Schon Brecht war es ein Anliegen, das Radiolehrstück als Übung für den Hörer zu betrachten. Im Tun sieht er die Möglichkeit Erfahrungen zu machen gegeben, nicht in der Einfühlung. So interessiert ihn, wie durch eine Störung eine Veränderung des Wahrnehmungsapparates herbeigeführt werden kann. Im *Ozeanflug* lässt Brecht medienkritische Töne anklingen, wenn er den Rundfunk als Distributionsapparat in ein Medium der Kommunikation verwandelt wissen will (vgl. Primavesi 2007, 82ff.). Ein Gedanke, wie er bisher in Inszenierungen selten performativ zum Ausdruck gebracht wurde und von der Gruppe Ligna für Schüler erfahrbar werden lässt, was es bedeutet, wenn – wie Waldenfels es nennt – Orte sich ver-schieben (vgl. Waldenfels 2009).

Literatur

Crone, Michael/Leenings, Anke (Hg.) (1997): Weihnachtsansprache von Adolf Rechenberg. in: Hör doch mal hin. Fundstücke aus den Rundfunkarchiven an der Bertramstraße, Hessischer Rundfunk, Deutsches Rundfunkarchiv Frankfurt am Main
Fischer, Matthias (1986): Die Stimme der Musik und die Schrift der Apparate. In: Fischer, Matthias/Holland, Dietmar/Rzekuöka, Bernhard (Hg.): Gehörgänge. München, 9-44
Merleau-Ponty, Maurice (1966): Phänomenologie der Wahrnehmung. Übers. von Regula Giulani und Bernhard Waldenfels, München
Merleau-Ponty, Maurice (1986): Das Sichtbare und das Unsichtbare. Übers. von Regula Giulani und Bernhard Waldenfels München
Meyer-Drawe, Käte (1996): Menschen im Spiegel ihrer Maschinen. München
Patrick, Primavesi (2007): Wie neuere Theaterformen ihre Zuschauer in Bewegung setzen. In: Westphal, K. unter Mitarbeit von Hoffmann, N. (Hg.): Orte des Lernens. Beiträge zu einer Pädagogik des Raumes. Weinheim, 79-94
Waldenfels, Bernhard (1994): Antwortregister. Frankfurt am Main
Waldenfels, Bernhard (1998): Grenzen der Normalisierung. Studien zur Phänomenologie des Fremden. Frankfurt am Main
Waldenfels, Bernhard (1999): Sinnesschwellen. Frankfurt am Main
Waldenfels, Bernhard (2004): Phänomenologie der Aufmerksamkeit. Frankfurt am Main
Waldenfels, Bernhard (2009): Ortsverschiebungen. Zeitverschiebungen. Frankfurt am Main
Westphal, Kristin (2002): Wirklichkeiten von Stimmen. Grundlegung einer Theorie der medialen Erfahrung. Frankfurt am Main

Westphal, Kristin (2010): Sinne und Stimme. In: Kapust, Antje/Waldenfels, Bernhard: Kunst. Bild. Wahrnehmung. Blick. Merleau-Ponty zum Hundersten. Fink Verlag München

Wolf, Christa (1999): Hierzulande, Andernorts. Erzählungen und andere Texte 1994-1998. Frankfurt am Main

Ansgar Häußling

Mensch und Welt – inmitten von Bilderwelten und Netzwerken?

Viele Pädagogen plädieren für ein komplexes Bild vom Kind. Man sagt, Kinder seien „höchst kreative Erfinder, Künstler, Physiker, Mathematiker, Historiker und Philosophen". So würden sie als „Experten" vielfach „im Dialog mit anderen an allen Weltvorgängen" teilnehmen, „um ihr Weltverständnis sukzessiv zu erweitern": als ‚Bildung von Anfang an' (Hessisches Sozial-und Kulturministerium 2007, 20f.). Dass man dieses Verständnis von Kind Bildung nennt, scheint selbstverständlich; dass diese Bildung sich schwierig darstellt, naheliegend; dass dabei das Kind nicht im Nirgendwo, sondern als es selbst bei sich und den anderen steht, die wichtig sind, bedarf auch keiner näheren Begründung. Was ist da noch in Frage zu stellen?

Um heutige Artefakte zu nutzen, genügen bereits Druckknöpfe, Schalter, Regler, Steuergeräte: Sie vertreten sicher und komfortabel deren verstecktes, teilweise komplexes Innenleben. Mehr braucht man nicht zu wissen. Im Fall der Natur ist die Situation weniger eindeutig. Zum einen suggerieren Unternehmen wie die Tourismusbranche, dass hier alles in Ordnung sei: Sie verspricht ja ihren Klienten, sich an diesem oder jenem Strand, in dieser oder jener Gegend, bei diesem oder jenem Event königlich wohl zu fühlen. Zum anderen erreichen uns täglich Hiobsbotschaften über Naturkatastrophen, die – wie die globale Erderwärmung – selbstgemacht seien. Was bei Artefakten die Bedienfunktionen leisten, löst bei der Natur heute oft die Suggestionsmacht von Sehenswürdigkeiten ein. Diese sind dreifach geprägt: durch Normungen, durch handliche Montagen und durch serienmäßige Verpackung. Für Artefakt und Natur gilt daher: „Das Gebrauchen emanzipiert sich vom Verstehen" (Bolz 1998). Wie reimt sich das zuerst mit dem zuletzt Gesagten? Kaum! Dem gilt es nun nachzugehen.

Was heißt da Verwirklichung von Welt, was Verbildlichung von Welt?

Was wir im Alltag auch anpacken, es ist primär Konkretes, das uns angeht, weil zu vielerlei dienlich. Daher ist es für uns selbstverständlich, sind wir doch von gleicher Art. Aber unser Alltag ist noch durch eine zweite Wirklichkeit geprägt: durch eine Vielfalt von Bildern, die ‚Einschreibungen' vermitteln. Diese Bilder-Welt scheint – auch für Kinder – viergeteilt: in

- eine mimetische Welt der (Ab-)Bilder wie spiegelbildliche Wiedergaben von Alltäglichem etwa an einem Teich, Naturnachahmungen, Fotos, Fernsehen;
- eine imaginierte Welt in Gestalt von Träumen, Eindrücken, Halluzinationen;
- eine semiotische Welt zeichenhafter Verbildlichungen wie Schilder, Ziffern und in
- eine ästhetisch gebildete Welt wie Denkmäler, Parkanlagen, filmische Inszenierungen.

Wozu aber überhaupt diese flächendeckende Verdoppelung unserer Welt(en): hier Konkretes, dort Bildliches? Was war und ist der Antrieb hierzu? Was heißt hier überhaupt real, was fiktiv? Fragen über Fragen da wie dort, die uns betreffen!

Ob Apfel oder dessen Bild – in beiden Fällen ist nicht einmal gesichert, was da wirklich jeweils vorliegt. Der Apfel: veredelt, speziell gedünkt, gespritzt, Transport-präpariert – eine Hybride? Paul Cézannes *Stilleben mit Vorhang*[1]: die Äpfel darauf modelliert nach der Kugel, um damit neue Symbole zu schaffen, oder gar eine Auflösung der Äpfel als Körper durch Zerlegung in kleine Flächenteile, um sie aus Facetten wieder neu zusammen zu setzen?[2] Ein Apfel, sein Bild und so viele Rätsel! Zwingt uns all dies nicht zu fragen: Welche ‚Seinsart' hat ein Ding, welche eine Sache, welche ein Bild? Welches Verhältnis von Ei-

---

1 Es steht für den späten Cézanne, gemalt 1898-99 (Öl auf Leinwand, 52x73 cm. St. Petersburg, Eremitage).
2 Picasso hat in seinem analytischen Kubismus diese neue Vision Cézannes aufgegriffen und ausgelotet. Ein anderes Beispiel wären Schuhe: konkret und gemalt. Van Goghs Gemälde ‚Schuhe' (1886, vgl. http://www.wergehthin.de/Koeln/Wallraf-Richartz-MuseumFondation-Corboud/Vince...): Handelt es sich bei ihnen um Bauernschuhe oder um Schuhe eines Städters, statt eines Paars Schuhe um zwei linke Schuhe, wie der Kunsthistoriker Meyer Schapiro meint, um miserabel gepflegte Schuhe oder um Schuhe, die von lebenslanger harter Feldarbeit einer Bäuerin sprechen, wie Heidegger vermutet hat (vgl. Heidegger 1950, 7 ff., insb. 22 ff.)?

genschaft und Eigentum liegt jeweils vor, wie steht es mit der Zuschreibung, wie mit der An- und Übereignung der fraglichen Dinge? Kurzum: Wo haben Ding, Sache, Bild, Innen/Außen Anfang und Ende?

Diese bivalente Sachlage erfordert mit Blick auf das Thema offenbar zwei Strategien:

- Wie ist unsere Welt zu befragen, um zu wissen, wofür sie jeweils wie steht?
- Wie ist die einschlägige Bilderwelt zu befragen, um zu wissen, weshalb sie inszeniert wurde und heute unendlich vervielfacht wird und wofür sie dann jeweils wie steht?

Beide Fragen seien durch drei schlichte Gegebenheiten deskriptiv vorverdeutlicht.

a) Einem Polizisten fällt im Verkehr ein Mann auf (Sachwelt). Er spricht ihn an (Sprachwelt) und nimmt ihn dabei kritisch ins Visier (Mannsbild). Dann lässt er sich den Ausweis geben. So kommt ihm das Passbild der Person zu Gesicht: als Abbild nach genauen Vorgaben. Nun macht sich der Polizist noch ein Bild von der Person, indem er mit ihr eine Weile redet (personales Bild). Am Ende verfügt er über eine klare ‚Vorstellung' von ihm: als inneres Bild. Sechs Fälle, davon zwei konkret (Augenschein, Sprache), die restlichen verbildlicht! Der Gesamteindruck des Polizisten: ein Konglomerat! Dessen Qualität hängt davon ab, wie jeder Fall die anvisierte Person einlöst und wie sich das Reale mit dem Bildlichen zusammenfügt. Heißt dies auch: Menschliches und Nichtmenschliches bilden hier gar ein Netz?

b) Von früh an haben Handwerker wie Künstler die Welt ins Bild gesetzt. Höhlenmalereien belegen dies. Ihr Anlass: mythisch, der Dienst an ihnen: rituell durch Menschen, die an höhere Mächte glaubten. Mit dem Aufkommen von Wissenschaft und Technik, so wie wir sie heute kennen und uns dienstbar machen, ändern sich die Verbildlichungen grundsätzlich. Worin sie bestehen, sei beispielhaft an einer wissenschaftlich-technischen Serie dokumentiert:

- Wie kann man mittels flächiger Lichtquellen (Selbst-/Fremdleuchter) Bilder von Menschen und/oder Dingen auffangen? Mit Keplers simpler, aber effektiver Lochkamera!
- Was ist beim (klassischen) Fotoapparat diesbezüglich anders als bei der Lochkamera?
- Worin besteht demgegenüber der Fortschritt bei der Digitalkamera?

Bei jedem der drei Schritte geht es um Paradigmenwechsel. Sie resultieren aus drei Artefakten, die unser Denken transformieren, jedoch so, dass sie für den Alltagsgebrauch kompatibel geblieben sind. Wie dies zu sehen ist, wird in Anmerkung 3 erläutert.[3]

c) Um zu sehen, wie es um einen steht, wirft man irgendwann auch einen Blick auf sich, am besten anhand eines Spiegels. Will man mehr über sich wissen, lässt man von sich ein Bild anfertigen: im Fotostudio oder im Maleratelier. Aufs Ganze geht hierbei jener Zugriff, der das eigene Selbst durch sich selbst sieht. Maler bestehen bis heute darauf.[4] Dabei stand bzw. steht im Hintergrund stets die Frage: „Sol ich so mich Mahlen wie ich wirklich bin ...?"[5]

---

[3] Zunächst dominiert das Lichtstrahlkonzept, während das Handwerk weiterläuft: Mittels einer winzigen Öffnung können Strahlen, die von einem leuchtenden Objekt ausgehen, auf einem Schirm dieses Objekt umgekehrt und seitenvertauscht abbilden. Beim Foto geht es um die Strahlenoptik bei Linsensystemen und die Chemie des Films. Im dritten Fall tritt zur bisherigen Strahlenoptik wieder Neues hinzu: Ein *Sensor* (CCD), dem ein Objektiv vorgeschaltet ist, liefert aus dem Input das ‚Rohmaterial': als digitales Bild (Pixel-Feld), das auf eine Speicherkarte fixiert wird. Dabei fungiert Licht als Photonenstrom, der Elektronen für Spannungspotentiale freisetzt. Fehlende Pixel werden algorithmisch, also mathematisch bestimmt, Fotos daher elektronisch nachgeschärft, die Bildpunkte interpoliert. Die Fotos: Fabrikate als Liaison von Menschen und Nichtmenschlichem!

[4] Dabei verlief historisch die Entwicklung wie folgt: Selbstbildnisse, die keine individuellen Züge tragen, aber etwa durch Namensbeschriftung oder dargestellte Tätigkeit auf sich verweisen, solche, die zwar die äußere Erscheinung festhalten, aber ohne psychologische Vertiefung, so im Standesporträt, solche mit psychologischer Analyse als Quelle der Selbstbestimmung, ggf. mit Maske oder in Person eines anderen, etwa als Christus, Apostel, verlorener Sohn oder im Typus eines anderen großen Künstlers, und abstrakte Selbstbildnisse. Ein bedeutsames Beispiel für die zuletzt genannte Form ist Francis Bacons ‚Drei Studien von George Dyer', 1966.

[5] Mit dieser Aussage beginnt ein Gedicht des Malers Johann Evangelist Scheffer von Leonhardshoff (1795-1822). Er fährt wie folgt fort: Mus ich dan vor allen/Mich zu Lichte ziehn/Meines Kopfes Mine recht mit Kraft besehn/Ob des Herzens Sinne/In ihr ächt bestehn/ ..." (vgl. Preimesberger/Baader/Suthor (Hrsg.) 1999, 36).

Mehr als Momentaufnahmen – exemplarisch anhand dreier Beispiele erörtert

Runge: Die Hülsenbeckschen Kinder

Wieso bildet gerade das Gemälde ‚Die Hülsenbeckschen Kinder' von Philipp Otto *Runge* den exemplarischen Einstieg? Dafür spricht ein Damals-heute-Konflikt. Damals war das Bild ein Fremdkörper, also unverstanden, abgelehnt, heute ist es ein Leitbild, ja eine Ikone dafür, was es heißt, Kinder sich selbst zu überlassen. Es wirkt daher ungebrochen magisch auf uns. Aber auch dadurch, dass Runge die Kinder optisch durch Anhebung der Bildbühne bis zur Augenhöhe der Betrachter monumental und gefühlsbestimmt in Szene setzt. So werden wir in die Erlebniswelt der Kinder suggestiv eingerückt, etwa indem der vierjährige Junge auf uns Betrachter direkt einwirkt. Die Sonnenblumen weisen ihnen allein den Weg, indem ihre Farbe auf „wunderliche ahnende Weise wieder nur aus den Blumen" zu verstehen sei (Runge 1802). Der Gartenzaun grenzt sie dagegen wie ein Ding aus anderer Welt ab: Wir – die Erwachsenen – scheinen so wie in weite Ferne gerückt. Das Licht, das alles in eine helle Atmosphäre gießt, strahlt nicht für uns. So scheinen die Kinder, die so nah auf uns wirken, einer anderen Zeit als wir Erwachsene anzugehören. Und doch hat ihr Zeitgenosse Runge sich in sie vertieft und in ihnen ein zukunftsweisendes Bild zu kreieren versucht. Aber zugleich war und blieb er wie wir ein Erwachsener. Wer hat hier also wen inszeniert? Wer wen sein lassen, wer wen gar bevormundet? Ein Widerstreit: die Kinder mit den Erwachsenen, wie es aussieht, oder letztere mit ihnen? Wer führt hier letztlich Regie?

So präsent die Kinder auch wirken, das Bild zeigt auch Symbolhaftes: die Kinder als Zeichen einer reinen vegetativen Sphäre, wozu gerade Pflanzen – als Sinnbilder des Kosmos – beitragen, die Sonnenblumen als symbolische Zeichen „des neuen, herrlichen Aufgangs, des ungetrübten Tages", wie Runge anmerkt. Von ihnen geht alle Kraft, alles Licht im Bild aus, die Kinder von innen erleuchtend: als Botschafter der eigenen Morgenröte (vgl. Gruschka 2008).

Diese Vision hat der Maler allerdings in einen strengen Rahmen eingefügt. Denn Maler und Betrachter sehen das Ensemble der Kinder mit ihrem Umfeld von ‚einem' Punkt aus: dem Standpunkt des Malers. Nur so glaubt Runge, den Blick auf die farbig vielschichtige Szene von außen und nach außen zu sichern. Er löst diesen fokussierenden Blick auf die in sich und in der Natur ruhende Welt der selbstbewussten Kinder für alle – Kinder, Maler und Betrachter – jedoch mittels mathematischer Verzerrungsregeln ein. Diese zentralperspektivische Rationalisierung der Welt für das Bild im Bild versetzt Runge geradezu in die Lage, etwas Paradoxes unsichtbar zu realisieren: Wir Betrachter sehen von seinem Regieort aus nicht nur das Gleiche wie er, wir sehen es sogar unverzerrt, egal unter welchem Winkel wir das Bild betrachten. Wie kann das sein, wenn es nur unter den Bedingungen eines Ortes, des Standpunkts des Malers, angefertigt wurde? Was hebt die zentralperspektivisch bedingten Verzerrungen auf? Was die implizite Machtförmigkeit des alles vermessenden Beobachter-Malers?

Zur Klärung dieses Dilemmas ist eine ‚objektivierende' Maßnahme erforderlich; denn es ist zu klären, was hier dominant vorliegt: Authentizität oder rationale Vermessung. Eine Digitalkamera gibt darüber Auskunft. Ihre ‚Sicht' auf das Bild unter verschiedenen Winkeln zeigt eindeutig: Sie ‚sieht' das Bild außerhalb des Standorts des Malers stets verzerrt: Es – das Gemalte – ist wirklich verzerrt. Was nun? Gibt es doch viele Positionen und damit viele Versionen der Sachlage, also auch unseres Verhältnisses Kindern gegenüber? Oder täuschen wir uns nur beim Rundgang um das Bild? Obliegen wir gar einem zweiten Paradox? Liegt bei uns Erwachsenen ein Wissen ums Bild vor, von dem wir selbst (bisher) nichts wissen? Das durch den Maler auf dessen Standort für alle konditionierte Bild verliert dieses Paradoxon, wenn wir uns dabei zugleich auf uns selbst besinnen. Welche ‚Instanz in uns' wäre in der Lage, die faktischen Verzerrungen beim Rundgang um das Werk problemlos ‚aufzuheben'? Wohl nur dieses Eine: unser implizites Wissen um das dreidimensional wirkende Werk, das auf einer flachen, material getränkten Leinwand ruht! Dieses begleitende *Wissen-um* hebt offenbar Punkt für Punkt die Abweichungen auf, die auftreten, wenn man ‚den' zentralperspektivischen Ort verlässt. Diese Korrekturmaßnahme hat vieles zur Folge, etwa dass wir bis zur Stunde die perspektivisch-rationale ‚Bild'-Gebung trotz der jüngsten ästhetischen und reproduktionsmedialen Revolutionen für natürlich halten, um Bildliches realistisch wahrzunehmen, dass nicht nur Kinder operational vermessen werden, dass Erwachsene implizit für sie Regie führen. Was heißt dies, was strukturell-vernetzt für Bild-Wahrnehmungen?

Die Bild-Wahrnehmung ist, so der Befund, durch vier ‚kategoriale' Kriterien geprägt: durch

- einen ausgezeichneten Standpunkt des Malers, Betrachters, Beobachters als Subjekt;
- ein implizites Wissen, das den registrierenden Maler/Betrachter/Beobachter begleitet, um Regel-gesteuerte Irregularitäten (insgeheim) zu korrigieren;
- eine Farbgebung, bei der Farbe als ein abgezwecktes, technisch präpariertes, perspektivisch wirkendes und selbstständiges Ausdrucksmittel fungiert, und durch
- eine die Objektivität der vorliegenden Konfigurationen verbürgende Instanz, hier das auf physikalischen Prinzipien aufbauende Instrument: die ‚Digitalkamera'.

Genügen diese Kriterien für die Wahrnehmung der Kinder? Wohl nicht! Sie sagen ja nichts Spezifisches darüber aus, was sie bildlich aussagen möchten. Was fehlt noch? Runges Gemälde steht eindeutig für ‚Seinszuwachs' (Gadamer), also für das, was uns unbedingt angeht. Runge ‚antwortet' ja mit seinem Werk auf ein vorgegebenes ‚Wort': auf ‚Konnotationen', wie Gehlen es nennt (vgl. Gehlen ^{3}1986, 10f., 23 ff.), um im anderen Sinn-trächtiges zu erfahren. Nun liegt bei Bildern wie dem Runges prima vista zweierlei Sinn-freies faktisch vor: eine zweidimensionale Leinwand, auf der real nichts Dreidimensionales sein kann, und materielle Stoffe wie Pinsel, Pigmente, Farben, womit Maler drei-dimensional wirkende Sinn-Gefüge inszenieren. Zwei inkompatible

Elemente bestimmen damit Runges Bild: das mitzuteilende Mehrdimensionale (Sein/Sinn) und die diesem widersprechende Flachheit der stofflichen Leinwand. Das heißt: In Runges Bild kann eigentlich nichts Reales, faktisch Sinnvolles verankert werden. Aber es kann der ‚Anlass' dafür sein, dass in uns wie im Künstler Sinn-trächtige ‚Konnotationen' assoziiert und konkretisiert werden. Gleiches gilt für Runges Vorgänger seit der Renaissance, der (Wieder-)Entdeckung der Subjekt-bezogenen Zentralperspektive. Daraus folgt als fünfter Faktor, auf dem das Neue der Kinder beruht, nämlich die

- Inkompatibilität zwischen geometrisch-materialer Ebene (flache Leinwand, getränkt mit Materialien mittels einfacher Werkzeuge) und Sinn-gefüllter Mitteilung.[6]

Ersteres ist das Produkt materiell handwerklicher Arbeit, letzteres das Produkt geistiger Konstellationen, über die Maler und Betrachter wissensmäßig verfügen.

Nach den Ernüchterungen der Aufklärung etwa in Gestalt eines übersteigerten Realismus und einseitiger Materialisierung der Welt war der Boden für einen romantischen Idealismus geebnet. Runge spürt als einer der ersten die damit verknüpften Chancen für die Kinder feinsinnig auf, um ihnen ein eigenes Dasein zu verschaffen, und zwar derart, dass sie, wie das Bild zeigt, endlich der Erwachsenen-Welt auf Augenhöhe gegenüber stehen und trotzdem in die Natur eingebettet bleiben (Sonnenblume/Licht); sich selbst unmittelbar präsent sind und auf sich alles ringsum reversibel-perspektivisch, ja blickkontrolliert verorten, damit sie jeden Betrachter im Visier haben, ohne zu wissen, dass er sie auch im Blick hat.

Dieses wohlgemeinte Plädoyer Runges für die ‚Welt der Kinder' ist letztlich nur ein visionäres und, wie könnte es anders sein, ein vor allem ästhetisch-pädagogisch geprägtes.[7] Denn Fakt ist, dass Runge, was sein Bild deutlich zeigt, alles nach wie vor dem subjektivistischen Kanon einer streng zentralperspektivisch verorteten Welt von Mensch, Mitmensch und Dingen unterwirft. Sein Bild: doch nur eine bloße Hoffnung auf die Wiederkehr einer Harmonie von Mensch und Natur angesichts der vorrückenden Technisierung unserer Welt, die er nicht wahrnehmen wollte? Bleiben seine Epigonen diesbezüglich auch blind?

Nun sind – etwa mit Blick auf Kant – die obigen fünf kategorialen Kriterien als die elementaren Möglichkeitsbedingungen unserer Erfah-

---

6   Nicht nur diese Malerei ist allem zum Trotz die freieste und vielfältigste aller Künste.
7   Ob dabei für Runge das ‚traditionelle Thema' der ‚Anbetung des Kindes' eine Rolle spielt, bleibt offen.

rung überhaupt einzuschätzen. Sie bestimmen ja immer schon unsere jeweiligen ‚Einschreibungen' mit, so auch das vielfache Wechselspiel zwischen der erwähnten Inkompatibilität, den bald fixierenden, bald objektivierenden Artefakten und dem Vexierspiel zwischen dreidimensional und zweidimensional verorteter Welt. Was hat all dies zur Konsequenz? Dies wird später weiter verfolgt. Jetzt gilt es zu fragen, wie es bei Werken nach Runge, so bei *Picassos* ‚Das Kind mit der Taube' (1901), wie bei heutiger Kinder-Fotografie steht? Sind da wie dort auch der Kriterienkatalog, die Subjektposition von Maler und Betrachter und die von Runge für Kinder reklamierte Authentizität maßgeblich?

Picasso: Das Kind mit der Taube

Im Vergleich zu Runges kämpferischer Inszenierung von Kindern nimmt sich *Picassos* ‚Das Kind mit der Taube' prima vista äußerst zurückhaltend aus. Sein Kind: Es sieht sich einsam in eine karge, lieblose Szene ohne klaren Welthintergrund gestellt, dabei merkwürdig plump und flach gehalten. Ähnlich ergeht es der Taube. Indem das Kind sie an sich drückt, richten beide ihre Augen fragend auf uns, die Anderen. Was meint Picasso damit?

Kind und Taube: Für Picasso sind beide zwischen die Fronten in einer dramatisch sich zuspitzenden, dunklen Welt geraten. Um dies anzudeuten, inszeniert er einen doppelten Zugriff: mittels einer Ahnung auf einen nahen Umbruch in der Kunst, an dem er maßgeblich beteiligt sein wird, und eines kleinmütigen Rückgriffs auf die traditionelle Subjektposition des Malers. Sein Kind mit der Taube: zwischen Herkunft und Zukunft! Wohin führt das?

Picassos Kind, es will und es soll eine Botschafterin für Kinder sein, aber es braucht dazu ein einschlägiges, aufrüttelndes Symbol. Dieses Friedenssymbol bedarf des Herzbluts des Kindes, um wirken zu können. Aber dieses Wirken ist gefährdet. Es muss äußerlich und innerlich herzergreifend sein. Dazu reduziert Picasso alles Traditionelle auf ein Minimum, indem er das Kind in eine armselige Kleidung mit hart betonten Körperkonturen steckt, es in sich verschämt und körperlos schwingen lässt, wobei die Farbe zum Blau tendiert (blaue Periode).

Gleichwohl hält Picasso am klassischen Subjekt-Status fest, wenn auch stark reduziert, indem er beide Lebewesen zentralperspektivisch verortet, angedeutet mit den Augen. Scheu folgen so Kind und Taube den Betrachtern, aber auch diese ihnen. Keiner kann dem anderen mehr aus dem Weg gehen – im Kontext der fünf kategorialen Kriterien.

Was immer auch kommen mag, Maler oder Nichtmaler – sie sehen sich gezwungen, das, was Dinge ausmacht, in einer anderen Sprache als bisher auszusagen. Dabei führt Picasso nach wie vor Regie, reduzierter zwar; entsprechend nimmt er auch die Farbe fast bis zur Monochromie, die Formen bis zu Lineamenten zurück.

Was Picasso hier anbahnt, wird kaum fünf Jahre später die Kunstwelt revolutionieren. Hierzu versetzt er sich in ein Labor der Kunst, aus dem – gemeinsam mit Georges Bracke – zuerst der analytische, sodann der synthetische Kubismus hervorgeht: die Reduzierung der Sujets auf deren stereometrische Grundformen bei gleichzeitiger Zurücknahme kräftiger Farbwerte, um die simultane Darstellung verschiedenster Dingansichten mittels konstruktiver Einbindung in das Prinzip der Flächenordnung zu realisieren. Unsere Wahrnehmung wurde so bildlich perspektivisch-formal revolutioniert. Bilder gar nochmals provokativ überhöht? Ja und nein!

Kinder: sie selbst oder nicht sie selbst?

Ein Bild: eine Welt oder zwei Welten? Aber wieso? Die drei Kinder wirken doch irgendwie natürlich (ALDI informiert..., Mo., 13.9.10, 6). Wo liegt da ein Unterschied? Was ist da zu beanstanden? Täuscht sich der Alltagsblick? Bei näherem Hinsehen scheint deutlich zu werden: Das Bild zeigt Kinder, als wären sie eins zu eins ‚porträtiert'. Sie bedeuten den imaginären Betrachtern, wer sie wirklich sind. Dafür setzen sie sich apart in Szene, so dass sie mühelos alle Aufmerksamkeit auf sich ziehen. Die Kamera zwingt sie förmlich dazu: individuell angezogen, mit charakteristischen Gesichtszügen und passgenauen Frisuren, umgeben von einem rustikalen Ambiente. Weiteres scheint sich zu erübrigen.

Das gleiche Bild kann auch für eine präparierte Laufstegszene mit drei Kindern in Aktion stehen. Sie sollen etwas präsentieren, zwar nicht primär sich selbst, sondern Kleider, für die sie posieren. So zeigt sich zuerst ihre Aufmachung, danach erst ihr Outfit. Damit dies bei allen Betrachtern auch ankommt, ist das Bild gezielt betitelt: „Aktivmode für die Kleinsten – kombinieren & wohlfühlen"! Das Bild: gekonnt gemacht. Die Mode sagt's.

Heißt dies, hier sei eine neue Interpretation von: ‚Kind: es selbst oder nicht es selbst' unterwegs? Dazu ist ein Blick auf die Gesellschaft angebracht. Gewiss ist: Sie wird primär nicht mehr durch vielfach erprobte Traditionen bestimmt. Es sind global wirkende Netzwerke wie Warennetze, Elektrizitätsnetze, Datennetze, Kapitalnetze, die sie bestimmen. Sie geben auch hier den Ton an, wobei sie sich nicht wie die traditionellen Systeme über ihre Grenzen, sondern über ihre Aktivitätszentren definieren, um als Interpretationsmuster für uns und Welt zu fungieren. Wie sieht es damit bei dieser Fotomontage aus?

Wo Netzwerke dominieren, steht das ‚Design' im Zentrum. Wieso? Nach Roger Häußling (Häußling 2010, 137 ff.) ist der Designer zu jenem Arrangeur, ‚Subjekt', avanciert, der die Pole des Sozialen und des Nicht-Sozialen in dieser Gesellschaft miteinander anschlussfähig macht. Dazu inszeniert er ‚wechselseitige identitätskonstituierende Arrangements', aufbauend auf Körper, Technik, Bewusstsein und Kommunikation. Das Motto: Was wir zu gebrauchen wissen, müssen wir nicht mehr verstehen. Ein Denken, das Netzwerke sichtbar macht, „wird begünstigt durch die technische Infrastruktur des Internets, die nicht nur ‚materialiter' ein Netzwerk, das Heterogenes verknüpft, darstellt, sondern sich auch als Produzent neuer Sozialformen erweist, deren Design in der netzwerkförmigen Kombination ihrer Anliegen im Sinne einer Identitätsformation besteht." (159) Dieser Designbegriff soll nun gerade „jegliche Identitätsformation im Horizont wachsender Verknüpfungserfordernisse bei gleichzeitiger Zunahme der Heterogenität behandeln. Die gestaltgebende Aktivität der Identitäten sorgt gerade für die Turbulenz der Netzwerkgesellschaft, auf die wiederum mit Kontroll- und Designprojekten geantwortet werden muss. Die dadurch losgetretene Dynamik stabilisiert das dafür wie geschaffene Koordinationsgefüge: Netzwerk. Die Netzwerkgesellschaft wird auch eine Designergesellschaft sein, in der globale Designprojekte verteilt sind auf alle beteiligten und alle betroffenen (sozialen und nichtsozialen) Elemente und auf allen Ebenen der sich durch sie bildenden Formationen." (160)

Was besagt dies? Kinder: im Widerstreit von Selbstdesignern und designten Objekten? Das Foto der Kinder, wie taufrisch gemacht, scheint für Authentizität zu stehen. So sehen es noch deren Großeltern: Für sie gehört das Foto zur System-Gesellschaft. Die impulsive Netzwerkgesellschaft verlangt dagegen andere Perspektiven: jene, für welche die DesignerInnen stehen. Dazu muss man nur den Kommerz-hörigen Text im Flyer genauer beachten (vgl. ‚ab Mo., 13.9. 10 ALDI informiert..., 6). Hier dominieren Design und designte Objekte. Sie bestehen aus Menschen und deren Kleider nach dem Motto ‚Trend-Akzente für den Herbst!'. Was besagt dies? Wie profiliert sich – durch Befragung der Kinder – das neue Design-Konzept als innovative Alternative zum dortigen Bild-Konzept? Die Antworten: Sie erfolgen zweistufig. Dabei gilt es, die netzwerktheoretische Wahrnehmung von Mensch-Welt-Sache-Bild auch anhand der oben eingeführten fünf Kriterien zu befragen und daraufhin zu erproben.

a) Was trifft auf die auf dem Laufsteg eines Warenwelt-Netzwerks inszenierten Kinder zu?

- Der Standort einer Person, hier des Designers; er bindet ja die ‚Artefakte' wie Jacke, Shirt, Hose, Jogginganzug an den Körper an: ‚anschlussfähig' fürs Wohlfühlen;
- ein implizites Wissen, das den analysierenden und registrierenden Designer begleitet, um Regel-gesteuerte Re- und Irregularitäten im Griff zu haben, ggf. zu korrigieren;
- eine souveräne Form- und Outfitgestaltung, wodurch die designten Objekte – Kinder und Kleider – als handlungs- und funktionsfähige Konfigurationen erscheinen;
- eine die Objektivität der Konfigurationen verbürgende Instanz: ‚Testexperimente' zur Bestätigung der Kohärenz von Innenleben und Außengestaltung designter Objekte;
- eine Inkompatibilität zwischen stofflich-materialen Oberflächen und Bedeutung-getränkter Stoffgestaltung als Konsequenz des heterogen verfassten Modenetzwerks, die der Designer an die Heterogenisierungstrends denotativ und konnotativ anpasst.

b) Die Gesichter der drei Kinder lassen sich nach diesen Kriterien durchaus als repräsentativ für aktuelle Selbstdesigns im Wettstreit um eigene Identität ansehen, auch wenn die einzelne Selbstdesign-Inszenierung zunächst der gezielten Strategie des Designers bei der Verbildlichung verpflichtet ist. Zur Bestätigung genügt eine Charakterisierung von Selbstdesign und Rangfolge der Kinder. Das Kind im Vordergrund zeigt ein ausgesprochen attraktives Selbstdesign: Schaut her – ich bin's! Denn ich weiß um mich und um die, die mich als exponierten Blickfang des Gesamtarrangements anschauen. Das Selbstdesign des Jungen fällt prototypisch aus: Er läuft nicht nur hinterher und schaut ängstlich zur Seite, er zeigt sich auch unsicher wie Jungen dieses Alters. Das Selbstdesign des zweiten Mädchens spricht für ein situativ ausbalanciertes Selbstbewusstsein – souverän mit Blick auf den Auftrag: Ich bin mit mir und der Modeaktion mehr als zufrieden, auch im Sinne des Anbieters, Herstellers und der möglichen Käufer. Dagegen appelliert das Selbstdesign des Frontkindes mit dem gespannten Strick in der Hand an alle: Kinder, Mütter, Omas, Tanten – packt zügig zu, es lohnt sich.

Selbst- und Objektdesign gehen in der Netzwerkgesellschaft erkennbar eine Allianz mit dem Warenfetischismus ein. Dass dies keinem auffällt, gehört zum Aufgabenkatalog des Designs. Es hat ja dafür zu sorgen, dass Differenzen ausgeglichen erscheinen, Heterogenes anschlussfähig ist, die Oberflächen dominieren: als „Spielfelder des Designs" (Häußling 2010, 157).

An Netzwerken und deren Design lässt sich also eine Struktur ablesen, die unabhängig vom Inhalt zentral für die heutige Welt der Tatsachen ist: Wir wissen explizit um etwas nur dann wirklich Bescheid, wenn dafür eine durch Design geformte und Netzwerk-orientierte ‚Rahmenvorgabe' gegeben ist. Danach zählen primär weder Tatsachen, noch ‚Ismen'. Erstere sind nun Produkte von Vorgaben, für die ein Netzwerk-relevantes Design als ‚Türöffner' existiert. ‚Ismen' lassen sich erst danach bestätigen. Im Beispiel: Ohne Kamera kein Bild! Dieses folgt ihr und bedient sie und nicht umgekehrt. Die Kamera zirkuliert so als ein Quasi-Objekt in einem Netz, bahnt es sogar, alles passgenau verortend. Vier Aspekte sind nach *Latour* dafür zentral (Latour 2000, 211 ff.): Interferenz, Komposition, Invisibilisierung und Delegation.[8]

---

8 ‚Interferenz' heißt, Benutzer und Kamera beeinflussen sich wechselseitig, was zu Veränderungen, aber auch zu einem dritten, kollektiven Akteur führt. Da dessen Handlungen von denen der beiden anderen abweichen, ist der direkte Weg versperrt. Umwege sind einzuschlagen. Einer davon ist die richtig fokussierte Kamera. Zudem bilden Artefakte eine mehrteilige ‚Komposition'. Kamera-Benutzer haben daher mit mehreren Akteuren zu tun, die mit untereinander vernetzten Unterprogrammen aufwarten. Bei der Kamera sind es u. a. Zoomregler-, Objektiv-, Stromversorgungs-, Sensor- und Speicherkartensystem, Algorithmensysteme. So anschlussvalent Kameras für Benutzer designt sind, sie stellen ‚Blackboxen' dar. Das Entscheidende steckt in einem Gehäuse. Bei Störungen ist das Gerät in seine Einzelteile zu zerlegen. Diese ‚Invisibilisierung' ist charakteristisch für Mischwesen wie diese Kamera – gemäß der Maxime: Gebrauchen ja, Verstehen nicht erforderlich! Bei der Hybridisierung moderner Artefakte wird die ‚Delegation' – die Auslagerung menschlicher Handlungsprogramme in Artefakte – immer wichtiger. Dabei werden sprachlich oder bildlich übermittelte Handlungsanweisungen in technische Gegenstände verlegt. Die Grenze zwischen Zeichen und Ding wird so hinfällig. Das Auslösen einer Kamera wird da-

Mit den fünf Sinnen oder mit der Digitalkamera unterwegs – ein Unterschied?

1. ‚Schlafen' unsere fünf Sinne nach der Geburt oder sind sie irgendwie vorqualifiziert, implizit vorerschlossen? Die Reggio-Pädagogik meint, erst *unser Geist* wecke sie jeweils mit einer Frage. Wie aber kommt es zu dieser Frage? Woher kann der Geist sie nehmen? Manche sagen, es sei unsere ‚Aufmerksamkeit', die hier den Ton angebe, also letztlich bestimme, was der einzelne sieht, hört, fühlt, riecht, schmeckt. Im Beispiel: Kinder werden gefragt: Was ist der Schatten? Ein Kind antwortet darauf: „Der Schatten legt sich auf die Dinge wie ganz leichter Stoff, der aus Nichts gemacht ist." (Reggio Children 2001, 30 ff.) Aber wie kann dieses fünfjährige Kind zu einer solchen ‚Aufmerksamkeit' kommen, um beim Schatten von einem Stoff zu sprechen, „der aus Nichts gemacht" sei? Wie gelangt es zu diesem ‚Nichts', wie dazu, das ‚Nichts' zu gebrauchen, sogar zu denken? Fragen über Fragen!

Eine scheinbar unproblematische Lösung bietet hierfür Michelle O'Brien-Palmer mit ‚Von den Sinnen. Eine Werkstatt für den Sachunterricht' an. Bei dieser ‚Werkstatt' gehe es, so die Autorin, um „Menschen wie Sie und ich und darum, wie wir mit Hilfe unserer fünf Sinne unsere Welt begreifen" (O'Brien-Palmer 1998, 4). Diese scheinbar schwierige Aufgabe lasse sich einfach lösen, nämlich so: Schon ganz kleine Kinder können „zu begeisterten Forschern werden, wenn sie Ergebnisse vorhersagen, Material sammeln, wissenschaftliche Beobachtungen anstellen und über ihre Entdeckungen berichten" (4). Solches Vorgehen entspreche dem wissenschaftlichen Erkenntnisprozess und damit auch dem ‚Experiment'. Danach genüge Pädagogen und Kindern ein einheitliches fünf-teiliges Musterschema, um zu wahrer Erkenntnis zu gelangen. Es lautet kurz und bündig: 1. *„Wusstest du schon?"*[9], 2. *„Das brauchst du"*[10], 3. *„Was meinst du?"*[11], 4. *„Los geht's"*[12] und 5. *„Köpfchen,*

---

nach etwa wie folgt technisch delegiert: Auslöser halb drücken – Pips-Ton – Kontrolllampe leuchtet (weiß/grün/rot) – Fokussier-Rahmen wechselt auf grün (Scharfeinstellung) – Auslöser nach unten durchdrücken – Wiedergabe drücken zur Kontrolle des Schnappschusses auf dem Display.

9 Diese Frage betrifft das Hintergrundwissen, das vom Fragenden – hier von einer Pädagogin – beim Kind vermutet wird und über das es zumindest implizit Bescheid wissen muss, mit seinem Alltagsleben bis zu diesem Punkt auch tatsächlich fertig geworden zu sein, sowie ergänzende Informationen.

10 Hierzu zählen die Materialien, welche die Kinder „für die Durchführung ihres Experiments benötigen" (4). Konkret handelt es sich um schlichte, nicht präparierte Alltagsdinge, also nicht um spezielle Geräte.

11 Die Kinder sollen damit motiviert werden, eine „Hypothese" über das Ergebnis des Versuchs zu formulieren.

Köpfchen!"[13].
Hier liegt klar eine für viele prototypische, sensualistisch-naturalistische Rahmenerzählung vor. Sie wird aber weder begründet, noch werden die fünf Sinne daraufhin hinterfragt, was Kinder tatsächlich zu Aussagen führt, die mit denen der Wissenschaftler vergleichbar sein sollen. Was dies zur Folge hat, sei an der Einheit ‚Meine Finger können hören' erörtert (29).
Wie das? Ein Lied singend, soll das Kind seine Hand vorne an seine Kehle legen. Was soll es jetzt ‚fühlen', wie es nun entgegen der Überschrift heißt? Nicht dass die Kehle vibriert, die Haut davor zittert, wie man alltagspraktisch annehmen sollte. Nein! Das Kind soll ‚Schwingungen' fühlen, wobei von ‚hören' keine Rede mehr ist, und „spüren, wie die Schwingungen wandern" (29). Zuletzt soll das Kind feststellen können (*Köpfchen, Köpfchen!*): Ich kann meine Stimme an meiner Kehle fühlen, weil ich ‚Schwingungen' wahrnehme. Was das Kind bis dahin tat, war das eine ‚wissenschaftliche Beobachtung', eine ‚Nachforschung', gar ein ‚Experiment' wie bei Berufsforschern (‚Hypothese'/'Bestätigung'), wie die Autorin ohne Umschweife behauptet? Und waren es wirklich Schwingungen, die das Kind fühlte? Nein! Was hier geschieht, ist nichts anderes als das praktische Bewusstmachen dessen, was zu Alltagserfahrungen der Kinder immer schon gehört, nur eben durch die Erwachsenenbrille missdeutend getönt. ‚Wusstest du schon?' – das ist nur ein didaktisch-methodischer Weckruf, ein Erinnerungsappell, adressiert ans Kind, bei dem es gerade nicht um Neuland wie bei Wissenschaftlern geht. Was als Hypothese gelten soll, ist schlichte Alltagsvermutung: Finger können nicht hören, Kinder nichts mit ‚Schwingungen' anfangen. Wo O'Brien-Palmer von ‚Experiment' spricht, geht es nur um schlichte Alltagsversuche. Ein irritierender Sprachgebrauch!
Beobachtet man Kinder nach der Geburt, so zeigen sie sich bereits vielfach erfolgreich: Sie suchen die Haut der Mutter, um sie zu fühlen, zu riechen und sich so zu beruhigen, sie finden feinfühlig hier ihre Nahrungsquelle, sie hören die Mutter und andere. All dies spricht dafür, dass die Welt, ‚in' der Babys ‚leiblich da' sind, um hier zu überleben, ihnen einschlägig schon vorerschlossen ist: als ein ‚Überlebensnetz'. Diese Vermutung gilt es, für Babys und Kinder ständig zu bestätigen. Die Folge: Für sie geht es primär weder um eine ‚Steuerung' durch die oben angesprochene ‚Aufmerksamkeit' vom Geist aus, noch um ‚Schulungen' und deren Bedingungsraster. Das klassische Motto: Wer mehr weiß,

---

12 Dieser Auftrag „erläutert die Schritte zur Überprüfung der Hypothese" (4).
13 Kinder sollen so ermuntert werden, „Schlüsse aus ihren wissenschaftlichen Beobachtungen" zu ziehen (4).

sieht mehr! ist eben zu ersetzen durch das Motto: Wer mehr leibhaft spontan spürt, ahnt mehr – als Folge dieses Überlebensnetzes!

2. Wie sehen Lösungswege im Kontext von Überlebensnetzwerken aus? Nun gehen wir immer schon davon aus, dass wir als Körper unter Körpern mit unseren Sinnen unterwegs sind. Wohin? Zu dem, was jeweils implizit schon vorerschlossen ist und darauf wartet, aufgegriffen, erprobt, ausgestaltet zu werden. Derart gewinnen Kinder all das, was man resümierend Wahrnehmungsangebote nennen sollte. Sie eröffnen den Boden dafür, wie man sich in einer komplexen Mitwelt zurechtfindet. Wie ist dies zu realisieren? Dass Kinder mit ihren impliziten Mitteln schrittweise auf jene Welt die Probe machen, in der sie mit ihren fünf Sinnen ‚vernetzt' leben, um das daraus Folgende konstruktiv auszuschöpfen.

Beispielhaft hierzu ist das Konzept ‚Sinne' im Sachbuch ‚Fragezeichen' (Klett 2000, 2; 44 ff.). Hier erfahren Kinder, wie es mit ihren Sinnen steht: durch Lösung praktischer Aufgaben. Etwa: Was ist los, wenn ein Sinn wie das Auge ausfällt oder gar getäuscht wird. Die Leistungen unserer fünf Sinne durch das Fünf-Sinnen-Netzwerk zu interpretieren, unterbleibt leider, ebenso die Behandlung von Täuschungen, die unseren Sinnen im Alltag widerfahren – etwa bei Mond-, Sonnenuntergang und bestimmten Linienkonstellationen (Netzwerk-Defekte).

Wie wichtig dies ist, sei an einem Beispiel verdeutlicht. Egal was ansteht, unseren Augen vertrauen wir quasi blindlings. Unser Spiegelbild am Morgen, das sind doch wir selbst, ein Blick auf die fernen Berge und wir sehen sie wirklich bläulich gefärbt, Wohnblöcke in der Ferne erkennen wir klar als hintereinander aufgereiht. Von all dem können wir uns seit der Entdeckung der Lochkamera auch ein Bild machen, mit dem Fotoapparat diese Bilder auf Papier fixieren, mittels Digitalkamera sie endlos modifizieren. Wo gibt es da ein Problem?

3. Heißluftballonfahrten sind heute ebenso beliebt wie das Ersteigen hoher Gebäude oder Türme. Hoch oben zu sein, ist prickelnd, die Aussicht überall hin fantastisch, der Blick nach unten atemberaubend. Die Erde, sie scheint weit entfernt, Menschen und Dinge dort unten winzig. Autos gleichen Spielzeugautos. All dies reizt den Ballonführer, und er fragt in die Runde: Wie hoch, schätzen sie, sind wir hier oben über der Erde? Die Höhenangaben der Teilnehmer schwanken um die 700 Meter. Nun lässt der Ballonführer jeden einzeln auf seinen Höhenmesser schauen. Alle sind erstaunt: Die Höhe des Ballons beträgt 1285 Meter. Was für eine Fehleinschätzung, welche ‚Unterschätzung'? Der Führer beruhigt alle: „Mir ist es das erste Mal genauso wie ihnen ergangen. Erst nach zahllosen Proben im Hinunterschauen gelang es mir, die Höhe des Bal-

lons ohne Höhenmesser zu bestimmen. Gleiches traf früher auf Flugzeugpiloten zu. Gutes Landen war ihnen erst nach vielen Proben als Kopilot möglich."

Der Grund für diese Umstellung liegt nah: Von früh an mussten Menschen sich möglichst genau bei horizontalen Distanzen auskennen. Das war überlebenswichtig (wilde Tiere, Jagd). Nach oben gesehen, war ähnliches nicht so dringend. Die Ansprüche in der Horizontalen hat unser Gehirn daher genau registriert und stets nachjustiert. Die Vertikale wurde vernachlässigt. Horizontal verfügen wir zudem über zusätzliche Tiefeninformationen: durch dazwischen befindliche Bäume, Gebäude, Erdformationen, Berge als Vergleichsobjekte. Lotrecht entfällt dies bis auf Wolken. Deshalb überschätzen wir horizontal im Vergleich zur Vertikalen die Entfernungen. Zur Bestätigung überprüfe man Mond oder Sonne, wenn sie am Horizont untergehen bzw. im Zenit stehen, zunächst mit den Augen, danach mit der Digitalkamera.[14]

Unsere Welt: eine Welt von Netzwerken – Fallstudie Energie

1. Worum geht es hier überhaupt? Was ist da wie dort in welcher Weise los? Eine Antwort darauf lautet: Eher versteckt, für Kleinkinder womöglich abgesichert angebracht, nur funktional designt, aber unersetzbar in Gebäuden von welcher Art auch immer – quasi als Ort einer Lebensader: die ‚Steckdose'. Ein scheinbar einfaches Artefakt! Ob Klein oder Groß, jeder hat es in Gebrauch. Sie zu verstehen, erübrigt sich deshalb. Zwar wissen Kinder schon, wofür Steckdosen da sind: eben zum Betrieb einer Unzahl von Geräten, die unseren Alltag bestimmen. Ohne Steckdose also kein aktuelles Leben! Aber was steckt unersetzbar hinter ihr?

Die Steckdose hat es mit Elektrizität zu tun, sagen die Einen, die Anderen mit Strom. Was stimmt nun? Was sagen die Laien dazu? Mittels Steckdosen, sagen sie, geben unsere Lampen Licht, liefern die Fernsehgeräte Bilder, Musik und Sprache, Küchengeräte und Werkzeuge Drehbewegungen. Hätten wir Letzteres selbst zu tun, müssten wir arbeiten, Kraft aufbringen.

Wenn wir Nahrung aufnehmen, können wir weitermachen: arbeiten, Sport treiben, wenn wir Benzin, Dieselöl oder Gas in den Tank füllen, können wir Auto fahren, wenn wir Heizöl, Gas dem Brenner, Briketts, Steinkohle dem Ofen zuführen, erwärmen wir unsere Wohnung, wenn

---

14 Das überraschende Ergebnis erfasst die Wahrnehmungspsychologie mit dem Emmertschen Gesetz. Es besagt: Bei erfahrungsmäßig vertrauten Gegenständen wie Sonne, Mond, Hügel, Flugzeug bleibt deren wahrgenommene Größe unabhängig von der Größe des Netzhautbildes (‚Größenkonstanz').

wir den Fernseher an Steckdose und Kabel anschließen, erfahren wir Neuigkeiten. Nahrungsmittel, Treibstoffe, Brennstoffe, Elektrizität, Felder: Sie enthalten etwas, was das davor Gesagte zustande bringt. Dieses ‚Etwas' nennt man ‚Energie'. Sie wird auf unterschiedliche Weise vor Ort transportiert, um hier, so die Laien, zweckdienlich gebraucht zu werden. Wie aber ist ‚Energie' genauer zu begreifen?

Was da uns Menschen und Nichtmenschliches (wie Geräte) aktiviert, solange es vorliegt, braucht dazu ein Transportmittel: passende ‚Energieträger'. Manche kommen wie etwa Erdöl in der Natur vor und werden dafür speziell aufgearbeitet, andere wie Obst, Raps angepflanzt und entsprechend präpariert, andere wieder artifiziell wie elektrische Felder hergestellt. Auch das begreifen Laien. Was fehlt aber noch, um die unersetzbare Energie noch besser zu begreifen? Energie, die auf Abruf da ist, verhält sich wie Geld. Es kommt von einer Bank, wobei als Träger Münz- und Papiergeld fungiert, und endet oft an den Kassen der Geschäfte. Die Bank steht so für die Geldquelle, Kassen für Geldempfänger. Ähnlich verhält es sich mit Energie: Sie hat neben den Trägern Quellen wie Kraftwerke und Empfänger wie Fernseher.

2. Wie steht es um die Wege der Energie, wie um uns in globaler Welt? Wer sich die elektrische Anlage einer Wohnung vor Augen führt (vgl. Götz/Raaf 1984, 80), erkennt rasch: Ihre Leitungen bilden mitsamt den Anschlüssen – ähnlich wie bei Spinnen – ein ‚Netz'-Werk. Nimmt man einmal an, eine Stadt von 6000 Einwohnern weise ca. 2000 miteinander verknüpfte Teilnetzwerke auf. Zu jeder Zeit kann in jedem Zimmer all dieser Haushalte jedes TÜV-geprüfte Gerät problemlos eingeschaltet werden. Welch ein riesiges Areal von Netzknoten (Geräte) und Netzflanken, also von Menschen, die alles in Gang halten, und nichtmenschlichen Artefakten. Kaum vorstellbar und heute doch so selbstverständlich! Wie überfordert sind alle, sollten sie sich gar das elektrische Gesamtnetzwerk Europas mitsamt allen Produktionsbetrieben vorstellen. Jede Steckdose, wo immer sie in einem Raum in Europa vorliegt, ist ein konkreter Ausdruck dafür, wie raumzeitliche Abstandsvergrößerungen quasi unbegrenzt weit reichen. Dieses Netzwerk garantiert zudem, dass Raum- und Zeitzonen ganz präzise zu erfassen sind. Entbettungsmechanismen werden so wirksam, die unser gesellschaftliches Tun aus örtlich begrenzten Zusammenhängen ‚herausheben', also globalisieren.

Wie kann der Laie über Energie mehr wissen, als sie nur zu gebrauchen? Für Kinder reicht es aus, wenn sie unter dem, was man heute ‚Energie' nennt, das sehen, was ‚Um-zu-Bezüge' in Aktion setzt wie Fahrradfahren, Fernsehen, Telefonieren. Energie steht dafür ein, solange das Gerät ‚on' anzeigt. Auch unser Körper folgt der Energie-Regie.

Damit fungiert Energie als die Keimzelle der Dynamik unserer Welt, eines jeden Netzes, so klein oder groß es auch sein mag. Ihre Regie und ihr Design: Sie agieren unscheinbar, ja mittelbar versteckt in dem artifiziellen Instrumentarium, das von ihnen dirigiert wird: als getarnter Regisseur.

3. Wer diesen Energie-Regisseur besser verstehen möchte, sollte sich ihm ‚begriffsgeschichtlich' nähern. Denn sein aktuelles Konzept hat ‚er' erst über viele Schritte mit großen Zeiträumen dazwischen erreicht. Den Anfang bildete *Aristoteles* mit seinem Kunstwort ‚energeia'. Er versuchte damit jenen Vorgang zu erfassen, durch den das zunächst nur ‚Mögliche' durch das ‚Tätigsein einer Form' wirklich wird. Der moderne Energiebegriff wurde erstmals von Johannes Bernoulli gebraucht (1735). Dazwischen gab es Teilbeiträge bei längeren Zeitabständen.

Ausgehend vom Begriff der Kraft als Ursache von Bewegung und Verformung erkannten schrittweise einige Forscher, dass in diesem Begriff zweierlei stecke: die Geschwindigkeit (Tempo) des durch Kraft Bewegten und das Andauern der Bewegung. Erst später wurde Letzteres als eine Art Arbeitsvorrat implizit mitgedacht, wobei das Perpetuum mobile und die Gesetze der schiefen Ebene (Stevin) eine Rolle spielten.

Mitte des 19. Jhs. erhielt der Energiebegriff seine für Naturwissenschaft und Technik erste grundlegende Fassung: durch die Thermodynamik. Energie galt nun als aufgesparte Arbeitsmenge, oft noch als Kraft bezeichnet, als ein ‚Kapazitätsfaktor' also, der das ‚Wie viel' (vgl. Batterie) im Unterschied zu dem ‚Wie stark' (vgl. Kraft) betrifft.

Mit Maxwells elektromagentischer Feldtheorie (1862) wurde Energie endlich der ontologische Status von etwas unabhängig Existierendem zugesprochen und damit von der einengenden Fassung einer Eigenschaft eines materiellen Systems befreit. Einstein sprach mit der Beziehung $E = mc^2$ schließlich – vor allem für kernphysikalische Berechnungen – die Gleichheit von Masse und Energie aus, so dass nun „die Masse eines Körpers ein Maß für dessen Energie-Inhalt darstellt" (Einstein 1905).

Heute arbeitet man mit einem Energieerhaltungssatz als einem grundlegenden empirischen Prinzip für abgeschlossene Systeme. Von ihm nehmen Physiker an, dass es ein Naturgesetz sei, das, wie alle Naturgesetze, auf wissenschaftlicher Erfahrung beruhe. Sieht man das Energiekonzept im Kontext der die Moderne prägenden Dynamik, so gilt für es die Trennung von Raum und Zeit als Keimzelle raumzeitlicher Abstandsvergrößerung unbegrenzter Reichweite. Auf dieser Basis lassen sich alle lokalen Räume und Zeiten mit Energie rund um die Uhr wirksam versorgen, so auch die Kommunikationsnetze.

Entgegen der physikalischen Erfolgsgeschichte wird das Wort ‚Energie' im Alltag selten benutzt. Wenn doch wie ‚etwas/jemand steckt voll Energie', ‚energisch reagieren, zupacken', tendiert es eher zum klassischen Kraftbegriff. Nur bei Funktionskontexten wie Geräten, Arrangements wird das Wort Energie gebraucht. Seltsam! In Redensarten kommt es nicht vor.[15]

4. Zum Verhältnis von Kind und Energie hat *Klinger* Einiges gesagt (Klinger 3/2007, 4f.). Dazu legte er ihnen Fragen vor, die sie frei beantwortet haben. Leider hat Klinger weder das Wie der Befragung, noch deren Ergebnis hinterfragt. Die Fragen und Antworten lauteten:

- ‚Was ist Energie?' Unsichtbares (5-jährig), (uns) Bewegendes (6-jährig) bzw. ein Gefühl, das einen antreibt und motiviert (12-jährig), wenn man wie neu aufgeladen ist (9-jährig), Strom, Wort aus Biologie und Chemie, Treibstoff (12-jährig).
- ‚Wo findet man sie?' In allem, in der Sonne, im Strom, bei Inlinern.
- ‚Wozu ist sie gut?' Als Kraft für Mensch und Batterie, für Sport, für Wolken, Blitz.
- ‚Wie kann man sie „erzeugen"?' Durch Essen, Trinken, Wärme, Atomkraft, Turbinen.

Die Kinder greifen deutlich auf Gelerntes, Schlagworte des Alltags und Fernsehens sowie auf Bücher zurück. Dass Klinger hier nicht näher auf die Antworten der Kinder eingeht, begründet er damit, dass ihre ‚Lebenswelt' mit der Physik eine Einheit bilde, und zwar wie folgt:
„Damit dabei nicht zwei Welten in den Köpfen der Kinder entstehen, muss stets der Bezug zu Alltag und Lebenswelt erhalten bleiben." (4) „Wie Präkonzepte eine naturwissenschaftliche Begriffsbildung beeinflussen, zeigen Kinderstimmen aus Kindergarten, Grundschule und Orientierungsstufe." (4) „Der Mensch ist also tatsächlich so etwas wie eine Batterie. Man muss ihn immer wieder aufladen." (5) „Kindervorstellungen von Energie ... sind häufig vom persönlichen Umfeld geprägt und spiegeln damit ein Stück Wirklichkeit der Kinder." (5) Die Quelle der Energie scheint „beim Schlafen oder Pause machen doch eher im Verborgenen zu liegen." (5) „In der fünften und sechsten Klasse zeigen Kinder bereits häufiger ein belastbares, naturwissenschaftlich geprägtes Grundverständnis von Energie." (5)

---

15 Diese geringe Resonanz dürfte daher kommen, dass das Wort erst im 18. Jahrhundert als Lehnwort aus dem Französischen (énergie, énergique) zunächst in der Hochsprache übernommen wurde.

In diesen Aussagen Klingers erweisen sich folgende Punkte als problematisch, nämlich dass

- die naturwissenschaftliche Begriffsbildung – entgegen dem in Kapitel 5 Gesagten – ihren Ausgang vom umgangssprachlichen Bedeutungshorizont von Energie nähme;
- Alltag und Wissenschaft für Kinder – entgegen Kapitel 4.1 – eine Einheit bildeten;
- Präkonzepte der Kinder naturwissenschaftliche Begriffsbildungen beeinflussten und
- wer einen Stromschlag bekommen habe, nun wüsste, „was Energie sei" (5).

Keine Beachtung findet bei Klinger der Netzwerk- und Hybride-Charakter der Energie.

Was das (implizite) Energie-Grundverständnis der Kinder betrifft, dafür liefert wieder die Begriffsgeschichte einen Fingerzeig. Von Geburt an gilt für uns, dass wir uns selbst und anderes bewegen bzw. verformen, um implizit Intendiertes einzulösen. Den ‚Motor' dafür in uns nennen wir Kraft. Dabei spielen von früh an die Muskeln eine zentrale Rolle: Wollen wir etwas haben, bewegen wir sie spontan, zielstrebig. Dabei steht primär die Bewegung bzw. Verformung im Blick. Mit ihrem Anpeilen verbinden wir auch, dass da etwas andauert, meine Bewegung sich ausdehnt bzw. sich etwas verformt: räumlich, zeitlich. Mit diesen beiden Grunderfahrungen qualifizieren wir uns stets weiter. So kommt es zum Stehen, Gehen, Laufen, Verformen von Dingen. Die Profilierung des zweiten Aspekts, der Kapazität, später Arbeitsmenge, danach Energie genannt, schlägt sich im Alltag unterschiedlich nieder. Kinder als Laien ahnen rasch, dass sie es da wie dort mit einer Art Energie/Power-Netzwerk zu tun haben. Der Pfad der wissenschaftlichen Energie muss als Größe sui generis entgegen Klinger anders erarbeitet werden. Er ist ja nur mittelbar mit der Vorerschlossenheit von Welt liiert.[16]

---

16 Aufschlussreich hierzu ist der Beitrag von Leif Johansen zum gleichen Thema im gleichen Heft (52).

Wie steht es nun um die Leitbegriffe Kind, Sache, Bild, Symbol, Netzwerk, Design?

Das Kind heute – im Widerstreit zwischen Selbstdesign und Selbstregie! Was bleibt da von seiner Authentizität im Fokus gesellschaftlicher Interessen? Eng liiert mit elektronischen Simulationstechniken, steht es zudem in Gefahr, dass seine Realität und sein Bild konturlos miteinander verschmelzen. Nur massive Kontraste können dies bannen. Maler ringen darum beispielhaft. Nicolas *Poussin* etwa steht dafür mit zwei seiner Selbstporträts, die er Freunden 1650 verehrte.[17] Dabei beruht seine Arbeit am eigenen Selbst auf der intensiven Schau ins eigene Innere, auf dem Vergleich dieser Schau mit dem eigenen Spiegelbild und auf der Verwirklichung der Selbstvision im Spiegel der Urteile der Freunde. Wie seinem Brief und seinen Porträts zu entnehmen ist, spielen hierbei zwei Paradoxien eine maßgebliche Rolle: jene zwischen Präsenz und Absenz im Porträt sowie jene zwischen Schattenbild und dem Wunsch, die gemalte Oberfläche nicht nur mit dem Blick zu berühren. Auf das Verhältnis von Welt-Bild-Mensch bei heutigen Porträts antwortet Gadamer mit der ‚Okkasionalität des Porträts' (vgl. Gadamer 1960/1990, 149 ff.). Das Spiegelbild – Darstellungsmodell für Bildlichkeit – zeigt danach einen Zwiespalt: Zum einen verschwinde die Bildlichkeit des Spiegelbildes, da es lediglich zu etwas Alltäglichem dienlich sei. Zum anderen gehe der Gespiegelte im Zuge der Selbstbetrachtung im Spiegelbild auf: Es repräsentiere ihn ja tatsächlich. Ein Bild im Sinn eines Selbstporträts stehe so für Lebendigkeit, indem der Dargestellte Persönlichkeit bezeuge, da er sein Dasein im Modus des Für-Andere-Sein exemplarisch ausdrücke. Solche Portraits bedürfen nach Gadamer keiner Ähnlichkeitsbezeugung mehr durch Bekannte.

Da Netzwerke – vom Fünf-Sinne-Netzwerk über Kommunikationsnetzwerke bis zum globalen Kapital-Netzwerk – unsere Welt mehr und mehr bestimmen, bereiten sie Laien, Praktikern und Experten neue Probleme, etwa indem ihr Verstehen spezialisiert, ihr bloßer Gebrauch popularisiert wird. Dafür sorgen das Design an den Schaltstellen und Hyb-

---

17 „Monsieur Pointel wird dasjenige [Portrait von mir selbst, A. H.] bekommen, das ich ihm zur gleichen Zeit versprochen habe, weswegen Sie keine Eifersucht empfinden werden, denn ich habe das Versprechen, das ich Euch gemacht habe, gehalten, indem ich das bessere und ähnlichere für Euch ausgesucht habe. Den Unterschied werdet Ihr selbst sehen. ... Ich möchte Euch nicht von der Mühe berichten, die ich mit der Anfertigung dieses Portraits gehabt habe, aus Angst, daß Ihr glauben könntet, ich wolle damit seinen Wert steigern. Es wird mir ausreichen, wenn ich wüßte, daß es Euch gefallen hat. [...]" (Brief Nicolas Poussins aus Rom, 29. Mai 1650, Ch. Jouanny, Correspondance de Nicolas Poussin (Archives de l'art francais V), Paris 1911, 414f.).

ride, deren Regie immer anonymer agiert. Die bisherigen ‚Vermittlungen' durch Wort und Bild werden so um eine neue Dimension zwischen Mensch und Nichtmenschlichem erweitert (vgl. Anm. 7).

Aber was fehlt noch? Wo immer ‚Vermittlungen' auftraten, tobten erbitterte Kriege. Man denke nur an Moses Bruder Aaron oder Mullah Omar, an Merw (Afghanistan, Tului Khan, 1221) oder den 11. September 2001. Kriege also zwischen Ikonoklasten und Ikonophilen ebenso wie Gefechte zwischen Logoklasten und Logophilen. Und nun noch Netze! Geschichten auf Leben und Tod! Wie ist aber in dieser Trias die Regie verteilt? Das Ende war früher jeweils tragisch. Heute bekriegen sich offenbar Wort, Bild und Netz wechselseitig, wobei sogar ein selbstbezüglicher Krieg droht. Im Beispiel: Geschossen wird ein Bild vom nächsten Schuss bereits wieder übertrumpft. Heißt dies, dass Wort, Bild, Netz nur noch in sich kreisen?

Wahr ist, dass „der Preis für die eigene Leistung in einer ... miteinander vernetzten Welt immer stärker von Bedingungen abhängt, die der Einzelne nicht übersehen und nicht beeinflussen kann" (Scholz 2006, 107). Vor uns liegt offenbar eine immer unwegsamere Arbeit – nicht nur – an unseren Welten.

Literatur

Bolz, Norbert (1998): „Die Benutzerillusion der Welt. Zur Bedeutung des Designs für Wirtschaft und Gesellschaft im Zeitalter des Computers", http://www.mediamatic.net/ article-5672-de.html (Zugriff von 10.8.2007),

Einstein, Albert (1905): Ist die Trägheit eines Körpers von seinem Energieinhalt abhängig? In: Ann. d. Physik 17

Krekeler, H./Michel, T./Scholz, G./Windisch, A. (1998): Fragezeichen. Unser HuS-Buch, Leipzig

Gadamer, Hans-Georg (1960/1990): Wahrheit und Methode. Grundzüge einer philosophischen Hermeneutik. Tübingen

Gehlen, Arnold (31986): ZEIT-BILDER. Frankfurt am Main

Götz, Rainer/Raaf, Hermann (Hrsg.) (1984): Physik Chemie. Freiburg

Gruschka, Andreas (2008): So nah und doch so fern. Philipp Otto Runges Gesteigerte Wirklichkeit der Kinder. Eine Entdeckungsreise durch die Bilderwelt Runges und seiner Zeit. Frankfurt/Main

Häußling, Roger (2010): Zum Design(begriff) der Netzwerkgesellschaft, in: Fuhse, J./Mützel, S. (Hrsg.): Zur kulturellen Wende der Netzwerkforschung. Wiesbaden

Heidegger, Martin (1950): Holzwege. Frankfurt am Main

Hessisches Sozialministerium/Hessisches Kultusministerium (Hrsg.) 2007: Bildung von Anfang an. Bildungs- und Erziehungsplan für Kinder von 0 bis 10 Jahren in Hessen. Wiesbaden: www.kultusministerium.hessen.de

Klinger, Udo (2007): Energie – was ist das? In: weltwissen 3/2007, S. 4f., Braunschweig

Latour, Bruno (2000): Die Hoffnung der Pandora. Frankfurt am Main

O'Brien-Palmer, Michelle (1998): Von den Sinnen. Mühlheim/Ruhr

Preimesberger, Rudolf/Baader, Hannah/Suthor, Nicola (Hrsg.) (1999): Porträt. Berlin

Reggio Children (2001): Alles hat einen Schatten, außer den Ameisen. Neuwied

Scholz, Gerold (Hrsg.) (2006): Bildungsarbeit mit Kindern: Lernen JA – Verschulung NEIN! Mülheim an der Ruhr

Susanne Schittler

_aufs Spiel setzen.
Zum bildenden Charakter performativer Zugänge

> „Um ein neues Mißverständnis zu vermeiden:
> die Frage soll nicht sein, ob es im Interesse des Lehrens,
> besser gewesen wäre, zu verbergen, daß gelehrt werden sollte.
> Viele, darunter „fortschrittliche" Leute, verlangen tatsächlich
> diese Kaschierung des Lehrens, wollen auf eine unterirdisch
> raffiniert intrigante Art belehrt werden,
> hassen den erhobenen Zeigefinger
> und wollen es durch die Blume wissen."
>
> Bertolt Brecht

Um es vorweg zu nehmen: Ich vermute, dass Gerold Scholz es mit Brecht hält und die Eindeutigkeit eines Lehrstücks dem Spiel „durch die Blume" vorzieht. Das lese ich jedenfalls aus seinen Überlegungen zum Verhältnis von Lernen und Spielen. Wie seine Haltung einer klaren Trennung dieser beiden Begrifflichkeiten gegenüber zu verstehen war, wurde deutlich, als er gegen den Titel eines Tutoriums für Erstsemester mit dem Titel „*Lernen macht Spaß – geht das?*" vehement protestierte, den wir ihm damals im Studium als Tutoren vorgeschlagen hatten. In meiner aktuellen Situation als Dozentin im Bereich Ästhetische Bildung begegnet mir die Frage neu, wenn Studierende mir von ihren Praktika berichten, in denen Kinder durch Lernspiele viel motivierter an die Sache gingen, sie selbst aber auf Spiel-Arrangements im Rahmen der Ästhetischen Bildung an der Universität mit Unsicherheit und Irritation reagieren.

Im Nachklang der Performance „Schattenspiele", die die Berliner Performancemacherin Eva Meyer-Keller im Sommer 2009 an der Universität Koblenz vor einem Publikum aus mehrheitlich Lehramtsstudierenden durchgeführt hat, entzündeten sich in den Seminaren intensive Diskussionen über „Spielen", „Vorführen" und „Mitspielen". Diese Situation soll Anlass sein, um über die Bildungspotentiale von medialen Spielarrangements nachzudenken, die sich seit einiger Zeit im Grenzbereich von Darstellendem Spiel und Performance bzw. künstlerischer

Installation ereignen und den Begriff des Spiels explorativ erkunden. Was für eine Bedeutung hat das Spiel in seinem ureigensten Sinne für zukünftige Lehrerinnen? Und wie reibt sich die eigene Erfahrung damit an einer Vorstellung, die das Spiel für den Unterricht methodisch aufbereiten möchte? In einem ersten Schritt richtet der Text den Blick auf das besondere Setting des Spielarrangements. Die Spielsituation ist im Detail in einem Exkurs beschrieben (siehe „Beschreibung der Spielsituation", S. 134). Daran schließt sich die Auseinandersetzung mit den sich im Spiel offenbarenden Spezifika, die unter dem Fragefokus stehen, welche Erfahrungen sie in Bezug auf neu entstehende „Spielräume" ermöglichen. Wie sich dadurch das Verhältnis von Spiel und Ernst, von Blume und Zeigefinger (vgl. das Brechtzitat) anders gestalten kann, und welche neuen Spiel- und Handlungsräume sich daraus ergeben, steht als Ausblick am Ende des Textes.

Streiflicht – Blick in die Höhle

Ein großer abgedunkelter Seminarraum. Von irgendwoher das leise Plingen einer E-Gitarre. Beim Betreten des Raums erhalten die Besucher einen Handzettel mit kurzen Anmerkungen zum Spiel, auf dem um Ruhe – vor allem während des Spiels – gebeten wird. In einem Halbrund stehen Stühle vor den drei Leinwänden, die den Raum in der Mitte teilen. Von der Hinterbühne strahlen Diaprojektoren in hartem Kontrast drei weiße Flächen auf die Leinwand. Der Raum atmet eine Atmosphäre gespannter Erwartung. Gespräche mit gesenkter Stimme, die immer leiser werden. Die Blicke richten sich auf die Lichtflächen. Durch die Eingangstür gegenüber der Bildfläche werden die letzten Besucher von den Spielleitern mit ruhigen Gesten hereingebeten. Am Rand, kurz vor dem Eingang in den Spielbereich, schenkt eine junge Frau Sekt an einige Zuschauer aus. Das Schäumen des Sekts in den Plastikbechern, geflüstertes „Bitte", „Danke" und „Hallo", Geräusche vom Verrücken der Stühle, die leise Einweisung der ersten Spieler hinter der Bühne und das loungig angedeutete „We are the champions" des Gitarristen sind für den Moment alles, was zu hören ist. Dann beginnt das Spiel.
    Im Höhlengleichnis von Platon wird die Frage nach der Möglichkeit von Erkenntnis mit einem Bild beschrieben, das demjenigen, das sich in dieser Performance generiert hat, nicht ganz unähnlich ist. Er beschreibt die Natur des Menschen in Bezug auf Bildung und Unbildung damit, dass sich der Mensch in einer Art höhlenartigen Wohnung befände, die nur durch eine Öffnung mit Licht erfüllt sei. Die Unfähigkeit, den Blick zu wenden käme daher, dass er „[...] von Kindheit an gefesselt an Hals

und Schenkeln [...]" und von daher auf eine Perspektive festgelegt sei.[1] Das Licht existiert für ihn nur durch das Schattenspiel der Gegenstände an der Höhlenwand. Die Schatten sind es, die er benennen und mit Begriffen bezeichnen kann. Ein Erkennen der *Dinge*, die die Schatten erzeugen, gelingt nur, wenn die Fesseln gelöst werden und er in zugestandener und zugemuteter Freiheit den Blick wendet. Eine Performance als Befreiungsaktion? Die Besucher, die sich an diesem Abend eingefunden hatten, erwarteten ein „Zeigen" von Licht- und Schattenspielen, eine Darstellung. Sie wurden jedoch *frei*gesetzt im besten Sinne und zu neuen Blickrichtungen verführt. Neben Schemen und Abbildern bekamen sie auch die echten Dinge zu sehen – solche, „die über die Mauer ragen".

Spielregeln und Spielräume – Zum Setting des Spiels

Im hier inszenierten Schattenspiel konnte jeder Zuschauer zum Spieler werden, die Rollen und Perspektiven waren bei Bedarf austauschbar. Es gab im Grunde einfache Spielregeln: Zwei Spieler haben hinter einem Laken abwechselnd eine Anzahl von Objekten bewegt, in diesem Fall Alltagsgegenstände, und mit ihnen einen „*Tanz der Schatten*" (Meyer-Keller) erzeugt. Im Spiel sind die Gegenstände dem Zuschauer in ihrer Reduktion auf das Schattenbild fremdartig erschienen. Keine inhaltliche Vorgabe, kein Text war umzusetzen. Es ging lediglich darum, sich in einer vertrauten und überschaubaren Situation – Abendveranstaltung an der Universität – auf das Spielen einzulassen.[2]

Durch dieses Setting hat die Künstlerin mit konventionellen Erwartungen an eine Aufführung gebrochen und diese zugleich zitiert. So wie sich der Raum beim Betreten präsentiert hat, ließ er trotz der Ankündigung der Performance als „interaktives Spiel" Assoziationen an eine Darstellung, ein „Vorspielen", die *eigen*artige Aussage einer Künstlerin aufkommen. Doch gerade da, am Eingang, wurde jedem Besucher ein Zettel in die Hand gedrückt, auf dem Hinweise standen, die sich als Spielregeln hätten definieren lassen können. So befanden sich die Zuschauer, mehrheitlich Studierende des Lehramts an Grundschulen, in einer ambivalenten Situation. Sie haben sich in die vermeintlich sichere Rolle des Zuschauers begeben und erwarteten ein Vorspiel, wurden aber mit einer Inszenierung konfrontiert, die nach und nach den Charakter eines *Ereignisses* angenommen hat, das in seinem offenen Format Vorspielen wie auch Mitspielen ermöglicht und so an die Tradition des

---

1 Vgl. Platon, Siebentes Buch 106a
2 Eine genaue Beschreibung des Spielablaufs siehe Kasten „Beschreibung der Spielsituation"

Schattenspiels als Kinderspiel angeknüpft hat.

Beschreibung der Spielsituation

Das Schattenspiel beginnt an einem lauen Sommerabend in einem großen abgedunkelten Seminarraum der Universität Koblenz vor überwiegend studentischem Publikum. Der Raum ist in vier inhaltlich verschieden strukturierte Bereiche unterteilt: den Vorraum, den Publikumsraum, den Spiel-Raum hinter der Leinwand und die Auswertungswand an der Seite. Bei Eintritt in den Vorraum erhalten Besucher einen kleinen Zettel mit einer Skizze der Raumaufteilung und einigen wichtigen „Spielregeln". Den Publikumsraum trennen drei an der Decke befestigte Laken vom Spiel-Raum. Hinter jeder von diesen stehen im Spiel-Raum ein Tisch und zwei Stühle. Je ein Diaprojektor beleuchtet diese Szenerie ab Tischhöhe. Im Publikumsraum sind die Stühle in einem flachen Halbrund gruppiert. Dieser Raum teilt sich wiederum auf in einen Zuschauerraum (links) und einen Wartebereich (rechts). Beiseite sitzt ein Gitarrist und spielt in sich versunken frei improvisierte Passagen, die ab und an in erkennbare Songs überleiten. Daneben schenkt eine junge Frau Sekt an die Wartenden aus. Diese signalisieren damit ihre Bereitschaft zum Mitspielen in der nächsten Runde. Das Spiel startet ohne Erklärung oder einführende Worte indem die Gitarre verstummt. Die sechs Personen aus dem Wartebereich werden nun in den Spielbereich gebeten und per Los einem Partner und den drei Tischbühnen zugeteilt. Jeder Tisch hat ein thematisch bestimmtes Equipment: Flüssiges (Rotwein, Saft, Wasser, Gläser, Flaschen, Trichter, Trinkhalme, Messbecher ...), Luftiges (Seifenblasen) und Haushaltsutensilien. Die Teilnehmer werden nun aufgefordert, die Spielregel zu lesen, die mit einer Kordel unter den Tischen festgeklebt ist: Während des Spiels soll nicht gesprochen werden und jede Handlungsidee, jede Geste soll eine Antwort auf das Agieren des Gegenübers sein. Die Spieler beginnen mit dem Einsetzen der Gitarrenmusik und enden nach ca. sieben Minuten mit dem Verklingen des letzten Tons. Einer der Performer geleitet sie zur Auswertungswand. An dieser ist auf ein großes Packpapier ein Koordinatensystem gezeichnet. Horizontal steht: sehr kurz – kurz – mehr oder weniger kurz – etwas lang – lang – extrem lang und verweist auf die Zeitebene des Spiels. In der vertikalen Achse sind fünf Textausschnitte zitiert[3], die verschiedene

---

3   Bsp.: „Das Paket ist oft die letzte Rettung vor dem Festlaufen des Spielers im Gegner und wird auch gerne als taktischer Spielzug zur Bindung des Gegners angewendet." Oder: „Das Spielfeld symbolisiert den menschlichen Geist in seinem Idealzustand: ruhig, geordnet, klar, diszipliniert."

mögliche Haltungen zum Spiel beschreiben. In diesem Koordinatensystem sollen sich die Spieler nun mittels zweier auf Klebefolie gedruckter Gegenstände verorten und haben Gelegenheit, sich über das Erlebte und die Einordnung zu unterhalten. Während dieser Zeit bereiten die Mitarbeiter im Spielbereich die Tischbühnen für die nächste Spielgruppe vor und mit Einsetzen des Gitarrenspiels beginnt das Spiel von vorne.

Einordnen lässt sich diese „Performance als Experimentalaktion"[4] damit in ein aktuelles Verständnis von Kunst und Kultur, das eine Darstellung weniger als Text begreift, sondern zunehmend als „[...] Geschehen und Ereignis, und damit als Aufforderung zu eigenem Entwerfen, Experimentieren und Gestalten [...]"(Westphal 2005, 103).

Auf den Ereignischarakter derartiger Performances, verweist nicht nur die kunstpädagogische Literatur,[5] auch im aktuellen theatertheoretischen Diskurs wird dem Spiel als Ereignis vermehrt Aufmerksamkeit geschenkt. Hans-Thies Lehmann spricht von einer Verschiebung die sich vollzieht: „Das Werk, der Text, das Drama sind nicht mehr die absoluten ‚Herrscher', sondern nunmehr Mitspieler in einem viel weiter gefassten theatralen Gefüge, das das gesamte Theatergeschehen in den Blick nimmt, nicht nur das ‚Vorgeführte'" Lehmann 2010, 19). Mit dieser demokratischen Erweiterung der Aufführung hin zum „Mitspielen" rückt ein wesentlicher Aspekt des Spielens in den Fokus, den Merleau-Ponty in *Keime der Vernunft* als „Überschuss an Sinn" bezeichnet und der sowohl dem kindlichen wie dem künstlerischen Spiel zu Eigen sei (vgl. Merleau-Ponty 1994).

Wie hat in dieser konkreten Spielsituation der „Überschuss an Sinn" die Haltung verändert, die die Beteiligten dem Spiel gegenüber einnehmen konnten und worin wurde das deutlich? Vier Spezifika in der Choreografie des Spiels öffnen den Blick dahingehend: 1. Der Wechsel von Perspektiven in der Spielsituation und im Spielraum. 2. Der Umgang mit Bildräumen. 3. Das Einbeziehen einer Ebene der Reflexion. 4. Das Verhältnis von Regelhaftigkeit und Freiheit im Spiel. Im Folgenden soll die Fragestellung unter diesen Aspekten näher beleuchtet werden.

---

4 Vgl. Marie-Luise Lange (2002, 19): In diesen Performances wird „[...] Ereignis und das sinnliche Erlebnis forciert" und „[...] Gewohntes aus seinen vertrauten Kontexten gerissen und einer ‚artfremden' Untersuchung unterworfen [...]".
5 ebd.

Wechsel der Perspektiven im Spiel – Aufhebung der Position im Raum

Im Lauf des Spiels hat sich die mitspielende Person in immer neue Positionen begeben (Wartebereich, Spielbereich, Reflexionswand) und so nicht nur ihren Standort im Raum sondern damit einhergehend auch den Blickwinkel und die eigene Spielhaltung geändert. Was hat sich in den Spielenden durch diesen Wechsel vollzogen?

Perspektive Warteposition: Person A ist zu Beginn des ersten Spieldurchlaufs Zuschauer, setzt sich nach dem Spiel in den Wartebereich für die folgende Spielrunde und ist dann Zuschauer und gleichzeitig Mitspieler in (Ab)-Warteposition. Als eine Geste, die Teil eines Initiationsrituals sein könnte, wird ein Glas Sekt an die kommenden Mitspieler ausgeteilt. Während des Zuschauens richtet sich deren Blick bereits in anderer Weise auf das, was gezeigt wird: das Spiel der anderen zeigt Möglichkeiten für eigene Variationen auf. Das von der Spielleitung so begleitete sanfte Hineinwachsen in die Rolle des Spielenden schärft Sinne und Konzentration. Zu hören sind nur das Gitarrenspiel und die Geräusche der Gegenstände hinter der Leinwand.

Perspektive Spielort: Nun, höflich hinter die Bühne gebeten, findet die endgültige Verwandlung des Zuschauers zum Mitspieler, zum „Eingeweihten", statt. Die Spielpartner finden sich durch Los und auch die Gegenstände werden per Los zugeordnet. Die Spieler begeben sich an einen der drei Tische und beginnen mit dem Einsatz der Musik zu spielen. Durch das Losverfahren zu Beginn wird schnell klar, dass dieses Spiel nicht so frei ist, wie es zuvor den Anschein hatte. Es erfordert, sich von Ideen zu lösen, die man sich eventuell als Zuschauer gemacht hat und sich spontan auf Neues und den per Los zugeordneten Partner einzulassen. Mit dieser Konzeption wird vermieden, dass sich Spieler bereits in ihrer Rolle als Zuschauer auf Darstellungsideen festlegen, wirft aber denjenigen, der sich unter vermeintlich überschaubaren Bedingungen auf ein Mitspielen eingelassen hat, zunächst ins offene Feld. Das Zeigen muss sich im Moment formen, jegliche Planbarkeit oder Vorzeitigkeit ist dadurch ausgesetzt. Auch die Beschränkung der Spielhandlung auf die zugeteilten Gegenstände erfordert von den Spielenden einen flexiblen Umgang mit Eigenschaften und Abbildungsqualitäten des Materials. Hierbei entwickeln sie Gesten, die nach einigen Durchläufen – bedingt durch den Rollenwechsel (Spieler→ Zuschauer→ Spieler) – zu einem Repertoire an Spielgesten anwachsen, mit dem weiter gespielt wird. Dieser erste Rollenwechsel vom Zuschauer zum Spieler verändert also bereits das Spielverhalten sowie das Verhältnis, das der Spieler dem Spiel gegenüber einnimmt. Aber wie beeinflusst der Wechsel der Perspektiven *innerhalb* einer Rolle, hier als Spielender, die Spielhandlung? Zwei Blickrichtungen sind möglich: Auf die Leinwand mit dem sich abzeichnenden Schatten des Spiels und die Ausrichtung auf den Spielpartner mit seinen Spielhandlungen. Im Spiel mit dem Gegenüber beschreiben die Gesten der Spieler ein Frage-Antwortverhältnis.

Abbildung 1: Position Spielort

Die Möglichkeit, seine Wahrnehmung zwischen den einzelnen Ebenen gleiten zu lassen und das Geschehen *als* etwas zu erfahren, das den unmittelbar sich ereignenden Moment in seinen Aspekten des Widerfahrens ebenso wie denen des Handelns als einen aneinander gekoppelten Vorgang erscheinen lässt, verdichtet sich hier in einer besonderen Zeiterfahrung: In den Beschreibungen der Studierenden wird zum Einen das Gefühl benannt, einer Situation ausgesetzt zu sein, in der den Betrachtern etwas gezeigt werden *muss* und in der die Zeit zu lang wurde. Zum anderen scheint zugleich die Erfahrung von Gegenwärtigkeit im Spiel gemacht worden zu sein: das Gefühl, im Spiel zu versinken und es „vor der Zeit" abbrechen zu müssen. In Platons Höhlengleichnis wird diese Gleichzeitigkeit in der Wahrnehmung von Gegenstand und Abbild als erkenntnisleitend bezeichnet: die Gefangenen vergegenwärtigen sich ihre Situation und begreifen den Zusammenhang von Abbild und Gegenstand.

Perspektive Reflexion: Nachdem mit dem Aussetzen der Gitarrenmusik das Ende der Spieleinheit eingeläutet wird, werden die Spieler nun zu „(Selbst)Kritikern", die sich in einer Pädagogen und auch Studierenden nur zu gut bekannten Situation wiederfinden: Aus Spiel wird Ernst, denn es darf nicht einfach nur gespielt werden: auf Packpapier soll das Spiel nun „reflektiert" werden. Das Spiel, das doch einen Selbstzweck zu haben schien, wird zu etwas, das „zum Anlass genommen wird".[6] Der Wechsel vom vorher eher leiblichen zum nun eher kognitiven Modus des Verhaltens ist abrupt und auch hier lassen die Spielregeln wenig Freiraum. Statt einer verbalen Reflexion in Wort oder Schrift wird zunächst verlangt, sich einem Bild und einem festgelegten Koordinatensystem zuzuordnen.

Umgang mit Bildräumen

Eva Meyer-Keller hat den „Als-Ob-Charakter" des Spiels auf mehreren Ebenen inszeniert und die Doppelung als Grundstruktur in das Spiel eingebaut. Wer zugesehen hat, konnte zugleich Wartender sein. Wer spielt, handelt und betrachtet zugleich das Abbild seines Handelns. Wer reflektiert, bewertet auch und sieht dann als Zuschauer mit Insiderwissen mit verändertem Blick auf das Spiel der anderen. Im Rundlauf der Spielpositionen verdichtet sich diese Erfahrung zu einer Art innerem Raumbild, denn die eingenommenen Positionen beinhalten Perspektiven. Diese wiederum verweisen auf verschiedene Bildräume, die in atmosphärisch unterschiedlich gestimmten Räumen entstehen[7]:

Die *Zuschauerperspektive* lässt die gleichzeitige Beobachtung dreier Spielszenarien zu (drei Projektoren erzeugen je eine Spielfläche); der Raum ist mit Projektionsfläche und Zuschauerreihen klar strukturiert: eine vertraute Situation.

Die *Mitspieler* erwartet hinter der Leinwand eher eine Art Werkstatt- bzw. „Hinterbühnensituation" (Gegenstände, Kabelgewirr, ...). Dort bilden das Spiel und dessen Abbildung zwei Bildräume aus: einen zwei-

---

6 Über die Parallelität zum Einsatz von „Lernspielen" im Unterricht vgl. Kapitel 3
7 Unter „Bildraum" verstehe ich den Raum, der sich durch das Agieren der Spieler bildet und der auch als solcher sichtbar ist.

und einen dreidimensionalen Raum, die aufeinander verweisen.
Die *Reflektion* zum Schluss lässt an der Wand einen dritten Bildraum entstehen: ein Bild entwickelt sich im Verlauf des Spiels auf dem Packpapier. Es ist – als Substrat – das einzige Bild das bleibt, im Gegensatz zu den Schattenspielen.

Abbildung 2: Zuschauerperspektive

Die Spielenden sind auf mehreren Bildebenen in das Herstellen dieser Performance involviert: als Zuschauer, als Spieler und als Reflektierende lassen sie Bilder entstehen und vergehen. Durch die eigene Bewegung im Raum definieren sie Zuschauer- und Spielraum neu: die von der Performancemacherin definierte ästhetische Grenze[8], die beide vonein-

---

8 Der Begriff der „Ästhetischen Grenze", der in Kunstgeschichte und Kunsttheorie ein Verhältnis zwischen Bild- und Rezeptionsraum zu beschreiben versucht, wird von Constanze Rora in Zusammenhang mit der Thematik Spiel definiert als die Grenze die „...den Spielraum gegen den Alltagsraum abschließt und damit eine Differenz markiert". Dass diese ästhetische Grenze in performativen Spieltätigkeiten, die eine aktive Einbeziehung des Zuschauers anstreben, auch als innerer Prozess verstanden werden muss, diskutiert sie u. a. in: ‚Spiel und Kunst'. www.zaeb.de Ausgabe 1/2009.

ander trennt, ist durchlässig und schafft damit Platz für einen neuen Raum, einen Möglichkeitsraum[9] des Spiels. Andere Räume wiederum entstehen in den Mitspielern und den Zuschauern, die ich „innere Raumbilder" nennen möchte[10]. Diese Raumbilder sind Ergebnis von Bewegung und Überschreitung von räumlichen und zugleich ästhetischen Grenzen und durch den darin begründeten Wechsel der Perspektiven und Erlebnisse. Wenn, wie Bernhard Waldenfels schreibt, jeder Aufenthalt an einer Stelle zurückgeht „...auf eine Bewegung, die angehalten wird; wir *bleiben* stehen und stehen nicht herum im Raum wie ein Weinglas und sind nicht im Boden verwurzelt wie ein Baum" (Waldenfels 2009, 97), und diese Zwiespältigkeit im Hiersein (also im Stehen zugleich die Weiterbewegung leiblich eingeschrieben zu haben) zu einer Art Aufhebung des „leiblichen Hier" führt (ebd.), dann müsste doch für die Bewegung in einem inszenierten Spiel diese Erfahrung des enthoben Seins in besonderem Maße gelten.

Dass innere und äußere Grenzüberschreitung zunächst Zwischenräume voller Unbestimmtheit entstehen lässt, ist ein Kennzeichen ästhetischer Bildungsprozesse. Der wesentlichste Aspekt ist hierbei – mehr als die Unterscheidung zwischen Produktion und Rezeption – das bewusste *Setzen* und *Überschreiten* der ästhetischen Grenze sowie die sich daraus ergebende Offenheit des Spielraums (vgl. Rora 2009, 9). In diesem als „Performance" etikettierten Rahmen können spiel"indigene" Erfahrungen gemacht werden, wie sie sich sonst kaum finden lassen.

Im Gegensatz zu den oben beschriebenen Räumen nimmt der Bildraum „Auswertungsplakat" eine eindeutig differente Funktion im Spielraum ein: Zum Einen unterscheidet er sich in seiner Anmutungsqualität (bunt, materiell greifbar, Packpapier) offensichtlich von der Transparenz und Flüchtigkeit des Schattenspiels und impliziert damit einen anderen Raum, der mehr mit einer strukturierten Schulsituation zu tun hat als mit einem Spiel. Zudem scheint er mit der Aufforderung zur Bewertung zu signalisieren, dass nun über eine abgeschlossene Sache reflektiert werden soll, die Grenze zwischen Spiel und Realität nun also in die andere Richtung überschritten werde. Drittens impliziert er eine sachlogische Verbindung zwischen Spielhandlung und Reflexion. Aber ist dieser Bildraum das, was er vorgibt zu sein?

---

9   Den Begriff „Möglichkeitsraum" möchte ich in diesem Zusammenhang mit seinem zuerst bei Musil und Heidegger so bezeichneten Sinn als einen Raum verstehen, in dem sich Mögliches ereignen kann und der sich eben dadurch erst vollzieht.
10 Mit „Raumbildern" bezeichne ich Bilder, die im Inneren der Teilnehmer vor, während und nach dem Spiel entstehen.

Ein reflektiertes Spiel?

Welches Spiel wird von den Spielenden selbst nach dem Spielen reflektiert? Warum? Und wenn, worüber wird reflektiert? Abgesehen von Spielen im Sport und deren medialer Aufarbeitung oder Lernspielen mit eingeplanter Korrektur, ist ein von Spielenden reflektiertes Spiel die Ausnahme. Die Reflexion erscheint im Gegenteil als eine Umkehrung der Spielsituation, wenn man mit Schiller voraussetzt, dass dem Spiel im Kontext von Bildung „Freiheit von moralischer und physischer Nötigung"[11] innewohnt. Spätestens hier ist den Teilnehmern klar geworden, wie sehr sie sich auf ein Spiel mit mehr als nur einem doppelten Boden eingelassen haben. Meyer-Keller hat die Situation mit dieser Reflexionsaufgabe didaktisch anmuten lassen und die Spieler nun in eine vorgeblich „ernstzunehmende" Situation geschickt. Aufgefordert, sich mit ihrem Spielverständnis auseinander zu setzen, sollen sie Klebebilder auf einem Koordinatensystem an der Wand einordnen. Das Material „Klebebild" verspricht Leichtigkeit und Reminiszenz an Kinderkultur, doch auch hier spielt die Künstlerin mit den Erwartungen der Teilnehmer: die scheinbar leichte Aufgabe wird dann schwer, wenn die Klebebilder selbst nur grob zum Thema assoziierbare Bildmotive zeigen und die zuzuordnenden Zitate/Spielregeln sich einer einfachen Zugänglichkeit entziehen[12]. Eine Studentin schrieb im Nachklang: „Die Einordnung fällt mir sehr schwer, da ich die Sätze auf den farbigen Zetteln nicht verstehe. Auf Nachfrage erhalte ich folgende Antwort: ‚Dazu kann ich dir nichts sagen, du musst dich jetzt entscheiden'. Anschließend erklärt uns Herr Grothuysen [einer der Spielleiter, S. Sch.], dass wir mit unserem ‚Partnerspieler' bei Bedarf über das Spiel reden können. Zum Reden bleibt aber nicht viel Zeit, da schnell das nächste Spiel beginnt und beim Spiel nicht geredet werden darf."[13]

Eine dreifache Enttäuschung ist also einkalkuliert und gewollt: Weder darf man „einfach nur spielen", noch darf man „selbstbestimmt" reflektieren, noch bekommt man von der Spielleitung hierfür ausreichend Zeit eingeräumt. Spricht man von Spielregeln als einer Grammatik des Spieltextes (vgl. Winzen 2005, 199), dann ist die Grammatik dieser Situation eine sich stark in den Vordergrund schreibende: Sie (ver)stört und wirft bei den Teilnehmern die Frage auf, ob diese Reflexi-

---

11 Vgl. Schiller (1795) „Über die ästhetische Erziehung des Menschen in einer Reihe von Briefen"
12 z.T. sind es spieltheoretische Überlegungen, z.T. scheinen sie Spielanleitungen entnommen. Vgl. auch Kasten „Beschreibung der Situation"
13 Daniela Hellendahl, Text über Schattenspiele, 4.11.2009

on nun ernst zu nehmen sei oder ob sie selbst nicht etwa Figuren in einem großen Spiel sind, die sich mitten in der *Inszenierung einer Reflexionssituation* befinden. Ein neuer Rollenwechsel, der als Subtext mitschwingt.

Erinnert die Situation, die die Studierenden hier erlebt haben, nicht an eine, die ihnen in ihren Praktika in Form von Lernspielen begegnet, wenn Übungen im Spielformat verpackt werden und im Anschluss reflektiert werden sollen? In den nachklingenden Reaktionen der Studierenden auf das Schattenspiel ist deutlich geworden, dass die Enttäuschung einiger genau aus dem Erspüren dieser ambivalenten Situation rührte. Eine Studentin hat das folgendermaßen beschrieben: „Der Sinn der Reflexionswand hat sich mir nicht erschlossen. Das Spielen hat Spaß gemacht, aber warum man sich dann in dieses Koordinatensystem einsortieren sollte, war mir unklar."[14] Ein Spiel hat seinen Sinn im Spielen selbst. Scholz zitiert Schleiermacher: „Was in dem Leben des Kindes Befriedigung des Moments ohne Rücksicht auf die Zukunft ist, nennen wir Spiel im weitesten Sinne; die Beschäftigung dagegen, die sich auf die Zukunft bezieht, Übung." (Schleiermacher nach Scholz 1994, 20) Begreift man mit Scholz das Spiel als einen Prozess, in dem unter Berücksichtigung der *Befriedigung des Moments* über Sinngebungen verhandelt wird (vgl. Scholz 2008, 20) und versteht Lernen als eine Haltung, die aus einer Differenzerfahrung heraus Reflexion zur Folge hat, dann lässt sich Folgendes feststellen: An die Sinngebungen des durchlebten Spiels hat sich zunächst keine direkt bezogene Reflexion angeschlossen und die Enttäuschung der Studierenden in diesem Sinne ist nachvollziehbar. Die Erfahrung einer Enttäuschung entsteht also a) durch das Abbrechen des Spiels, das den Verlust des zuvor erlangten Zustands des enthoben Seins bedeutet und b) durch das Brechen von Erwartungshaltungen: die Vorstellung, die sich die Teilnehmer von diesem Teil des Spiels gemacht haben, wird nicht erfüllt, sie spiegelt ihnen aber bestehende Denkmuster (vgl. Mitgutsch 2009, 211). Und sie hat auch damit zu tun, dass die Grenzen zwischen Spiel und Ernst von der Künstlerin zwar gesetzt worden sind, mit den inhaltlichen Zuschreibungen aber jongliert wurde, wodurch die Unterscheidung wiederum unscharf geblieben ist. Diese Befremdung aber, die manche Studierende bezüglich dieser Erfahrung empfunden haben, hat im Nachhinein das Diskutieren, das Nachdenken über Spiel ausgelöst. Der inszenierte Widerspruch zwischen Spiel und Nicht-Spiel ist Teil der Performance. Er weckt Assoziationen an ein freies Kinderspiel, zu dem man sich hat verleiten lassen, das aber dann doch zu einem anderen Spiel wird, als

---

14 Hanna Ernst, Text über Schattenspiele, 12.11.2009

das, wofür man es vorher hielt. In einem aktuellen italienischen Film[15] erzählt die Studentin Maria, der 5-jährigen Marta Platons Höhlengleichnis als Gutenachtgeschichte. Sie beschreibt, dass die Höhlenbewohner erst in dem Augenblick, als die Fesseln gelöst werden, erkennen können, dass es sich bei den Gegenständen nur um Abbilder handelt und Marta fragt daraufhin nur: „Und was hat ihnen besser gefallen?" Dem Kind liegt nichts daran, ob man etwas *als* etwas sieht oder eben *als* etwas anderes. Es ist an der Frage Wirklichkeit oder Abbild nur peripher interessiert, es fragt nach der Qualität des Spiels. Und über genau diesen entscheidenden Punkt wird in der Performance verhandelt: Was bedeutet *spielen*? Worin liegt seine Eigentümlichkeit? Das Verhältnis Spiel und Ernst als Gegensatz verwandelt sich in ein Verhältnis von Spiel als Möglichkeit und Wirklichkeit, ein Verhältnis, das miteinander verschränkt ist.

„Der will doch nur spielen..." – das Verhältnis von Freiheit und Regelhaftigkeit im Spiel

In performativen Spielen wird der Aspekt von Regelhaftigkeit und Freiheit erkundet, der im Kinderspiel oft sehr flexibel gelöst wird. Gerold Scholz schreibt über das Verhältnis von Freiheit und Regelhaftigkeit im freien Kinderspiel: „Das Kind handelt im Spiel auf der Linie des geringsten Widerstands, in dem es tut, was es am liebsten tun möchte, und lernt gleichzeitig mit der Unterordnung unter die Regel auf der Linie des größten Widerstandes zu handeln (Scholz 2008, 18)." Das impliziert aber das Ernstnehmen der Spielsituation als einer, die zumindest mit Eigensinn und Bedeutung beladen werden *kann*. Scholz unterstellt in seinem Text weiter, dass Kinder in diesem sich dadurch eröffnenden Zwischenraum Möglichkeiten erkunden und kulturelle Muster austesten und dass sie dieses kompetent vollziehen. Wie verhält es sich im Gegensatz dazu aber mit Lernspielen, die implizieren, Symbolbildungen könnten vollzogen werden, indem man vorstrukturierte Abläufe mit spielerischen, bunten Elementen anreichert? Sie versprechen die Qualitäten des Spiels, aber definieren im Vorhinein alles. Was die Freiheit im Spiel anbelangt, rangieren sie am anderen Ende der Skala und sind genau genommen ein „Fake".

Ein verwandter Begriff, das „Als-ob", beschreibt im Spiel wie auch in der Kunst die Erfahrung, dass sich Ereignisse in einem Zwischenraum vollziehen, der der Alltagsrealität enthoben ist und eine eigene Realität

---

15 „Tutta la vita davanti – Das ganze Leben liegt vor dir" von Paolo Virzì, Italien 2008

kreiert (vgl. Winzen, a.a.O.).In diesem „Setting" des „Zwischen" liegt ein wesentlicher Teil der dem Spiel zugeschriebenen Freiheit begründet, denn er impliziert, dass die Teilnehmer während des Spiels über dessen Be- und Umdeutung verhandeln können. In der Performance ist den Teilnehmern im Lauf des Spiels aber bewusst geworden, dass sich „*les règles du jeux*" ohne ihr Zutun vollziehen. Die Spielregeln selbst haben einen „Als-ob"-Charakter angenommen. Zunächst hat sich den Mitspielern zwar eine vermeintlich überschaubare Struktur vermittelt: es gab drei Spielräume mit den verschiedenen Handlungsaufgaben und die Spielleiter zitierten Gesten fürsorglicher Zuwendung (wie bspw. Sektausschenken, Gegenstände verteilen, Einweisen ins Spiel etc.). Ließen sich die Teilnehmer aber intensiv auf das Spiel ein – indem sie vom Zuschauer zum Mitspieler wurden – ist die unterstützende Haltung des Spielleiterteams plötzlich divergent und ungewiss erschienen: das Spiel war beschränkt auf die Vorgaben durch die per Los zugeteilten Gegenstände sowie Mitspieler und die Reflexion war nur in Ansätzen mit dem eigenen Spielerlebnis zu verknüpfen.

In seinem 1994 erschienenen Buch „Die Konstruktion des Kindes" schreibt Gerold Scholz in Bezug auf Mollenhauer, dass sich Erziehung wie ein „Mitspieltheater" begreifen lasse. Erwachsener und Kind wüssten, dass in der Erziehung ein Moment des „Als-ob" vorhanden sei, mit dem Unterschied, dass der Erwachsene sich in einer überlegenen Position befinde, denn dieser kenne „[…] nicht nur die möglichen Spielszenen, sondern auch die Bedingungen und Strukturen des Spiels"(Scholz 1994, 173). In dieser Performance haben die Spielleiter die Rolle des „Erwachsenen" übernommen und nicht als Gleichwertige zum Mitspielen eingeladen: sie haben die Regeln bestimmt und die Mitspieler die abgefederten Abgründe des Spiels spüren lassen. Jene wiederum erlebten sich in der Rolle des Kindes, das zwar nach den Regeln des Spiels handelt, diese aber wie Naturgewalten über sich ergehen lassen muss. In diesem Erlebnis und der Lust, die das Austesten der Spielmöglichkeiten mit Licht und Schatten vermittelt hat, zeigt sich die Qualität der Performance: Ein schmaler Grat liegt zwischen der Begrenzung der Möglichkeiten und der Verlockung, die ein freies Spiel bieten kann und auf diesem gilt es zu balancieren. Das Erlebnis, dass ein Spiel von dieser Kohärenz von Er- und Widerfahren lebt, könnte vermutlich bedeutsam sein, um als Lehrer oder Lehrerin unterscheiden zu können zwischen Lernspielen und freiem Spiel.

Ausblick: Neue Spielräume zwischen Wirklichkeit und Möglichkeit

„Spiel ist eine Möglichkeit der Annäherung an die Wirklichkeit. Sie ermöglicht die Teilnahme und vermindert gleichzeitig die Risiken. Gelernt wird im Spiel dieser Prozess des sich Aussetzens. Nicht die Inhalte des Spiels sind entscheidend [...] sondern die Form des Spielens als Probehandeln auf sicherem Boden" (Scholz 1994, 158).

Das künstlerische Spiel als Performance zeigte die Unebenheit des „sicheren Bodens": Der Perspektivwechsel durch die Bewegung innerhalb der einzelnen Spielräume, der damit einhergehende Rollenwechsel, das Sich-Bewegen in und das Erschaffen von verschiedensten Bildräumen, das Einbeziehen einer Metaebene der Reflexion als dem Spiel integrierter Talk-Art, das Gestalten der Situation im doppelten Sinne als Aktion und Passion, das Changieren zwischen Freiheit und Regel waren die hervorstechendsten Kennzeichen dieser Performance. Meyer-Kellers Schattenspiel hat ein Geschehen entworfen, das sich durch Teilhabe an einem Prozess ausgezeichnet hat, in dem die Künstlerin dazu einlud, mit Mustern zu spielen und sich ihrer zu vergegenwärtigen. Diesen Prozess mitzuerleben, in all seinen lustvollen und verstörenden Aspekten war von neuer Qualität. Es geht in performativen Spielen darum, die Gemeinsamkeiten des theatralen, künstlerischen und kindlichen Spiels zu nutzen, um Momente von Gegenwärtigkeit und gestalteter Inszenierung ineinander zu verschränken. Eine wesentliche Gemeinsamkeit scheint im Wechselspiel von Erwartung und Offenheit zu liegen, das sich hier in der gegenseitigen Durchdringung von inszeniertem und freiem Spiel akzentuiert und so zu neuen Erfahrungsqualitäten beigetragen hat. Ist es also – um zur Ausgangsanekdote zurückzukehren – doch möglich, dass „Lernen Spaß macht?" Ich möchte mit Robert Musil antworten:

„Wer ihn [den Möglichkeitssinn, d.A.] besitzt, sagt beispielsweise nicht: Hier ist dies oder das geschehen, wird geschehen, muß geschehen; sondern er erfindet: Hier könnte, sollte oder müßte geschehn; und wenn man ihm von irgend etwas erklärt, daß es so sei, wie es sei, dann denkt er: Nun, es könnte wahrscheinlich auch anders sein. So ließe sich der Möglichkeitssinn geradezu als die Fähigkeit definieren, alles, was ebenso gut sein könnte, zu denken und das, was ist, nicht wichtiger zu nehmen als das, was nicht ist."

Literatur

Brecht, Bertolt (1963): Schriften zum Theater 4. Zu den Lehrstücken. Frankfurt, 81

Lange, Marie-Luise (2002): Historische und aktuelle Kreuzfahrten des Performativen – Überlegungen zur Prozess- und Handlungskunst. In: KLIP 1. Kunst und Lernen im Prozess: Prozesskunst in der Schule – eine Annäherung in Theorie und Praxis. Berlin

Lehmann, Hans-Thies (2010): Kinder. Theater. Nichtverstehen. In: Vaßen, Florian (Hg.): Korrespondenzen. Theater. Ästhetik. Pädagogik. Uckerland, 19-29

Merleau-Ponty, Maurice (1994): Keime der Vernunft. Vorlesungen an der Sorbonne 1949-1952. München

Mitgutsch, Konstantin (2009): Lernen durch Enttäuschung. Wien

Musil, Robert (17. Aufl. 2003): Mann ohne Eigenschaften. Reinbek, 16

Platon: Politeia. Das Höhlengleichnis. Beschreibung der Lage der Gefangenen. http://gutenberg.spiegel.de/?id=5&xid=2027&kapitel=1#gb_found. Zugriff am 21.11.2010

Rora, Constanze (2009): Spiel und Kunst. In: www.zaeb.de, Ausgabe 1/2009

Schiller, Friedrich (1795): Schriften zur Philosophie und Kunst. München 1964. Darin: Über die Ästhetische Erziehung des Menschen in einer Reihe von Briefen,14. Brief, 103

Scholz, Gerold (1994): Die Konstruktion des Kindes. Über Kinder und Kindheit. Opladen

Scholz, Gerold (Hg.) (2008): Bildungsarbeit mit Kindern: Lernen ja! Verschulung nein. Mühlheim

Waldenfels, Bernhard (2009): Ortsverschiebungen, Zeitverschiebungen. Modi leibhaftiger Erfahrung. Frankfurt

Westphal, Kristin (2010): Von der Notwendigkeit, Fremdes zu erfahren. Auf/Brüche von Wissenschaft und Künsten im Dialog über Bildung. Am Beispiel einer Performance mit Kindern. In: Brinkmann, Malte (Hg.): Erziehung – Phänomenologische Perspektiven. Würzburg, 203-213

Westphal, Kristin (2005): Möglichkeitsräume im theatralen Spiel und ihre Bedeutung für Sinnstiftungsprozesse. In: Bilstein/ Winzen/ Wulf (Hg.): Anthropologie und Pädagogik des Spiels. Weinheim, 103-122

Winzen, Matthias (2005): Kunst als Spiel mit dem Zufall – eine vortheoretische Unterscheidung von Kunst und Spiel. In: Bilstein/ Winzen/ Wulf (Hg.): Anthropologie und Pädagogik des Spiels. Weinheim, 198 ff.

3. Kapitel
Befremdungen

Helga Kelle

Schuleingangsuntersuchungen an einer International School

Beobachtungen zur differenziellen Sprachüberprüfung und Aufführung feiner Unterschiede

Dieser Beitrag basiert auf empirischen Beobachtungen aus einem praxisanalytischen Forschungsprojekt zu kinderärztlichen Vorsorge- (U3 bis U9) und Schuleingangsuntersuchungen (vgl. Kelle 2010a) in Deutschland.[1] Er fokussiert allerdings nicht die für deutsche Grundschulkinder typischen Schuleingangsuntersuchungen, die im Zentrum des Projekts stehen, sondern deren (abweichende) Durchführung an einer in der deutschen Schullandschaft besonderen Schule, einer *International School*, die wir im Rahmen des Forschungsprojekts zu Kontrastierungszwecken ebenfalls beobachteten. Auf diese Weise wird man als Forscherin aufmerksam auf kulturelle und kontextabhängige Varianten in den Praktiken derselben Medizinerin eines kinder- und jugendärztlichen Dienstes, die eben auch etwas über die sonst übliche, die ‚normale' Untersuchungspraxis mitteilen. Deren Beobachtung wird durch die Kontrastfolie forschungsmethodisch befremdet.

Strukturdifferenzen zwischen deutschen Grundschulen und International Schools

Die Unterschiede der Schulform liegen für Kinder, die in eine deutsche Grundschule eingeschult werden sollen, und Kinder, die eine *International School* besuchen, auf verschiedenen Ebenen. Mit dem Begriff Strukturdifferenzen beziehe ich mich auf Differenzen in den schulischen Rahmenbedingungen. Während bei der erstgenannten Gruppe eher an-

---

1 Das DFG-Forschungsprojekt „Kinderkörper in der Praxis. Eine Ethnographie der Prozessierung von Entwicklungsnormen in kinderärztlichen Vorsorgeuntersuchungen (U3 bis U9) und Schuleingangsuntersuchungen" wird von 2006 bis 2011 unter der Leitung der Autorin an der Goethe-Universität Frankfurt durchgeführt.

genommen wird, dass sie dauerhaft das deutsche Schulsystem besuchen wird, ist bei den *Internationals* eher davon auszugehen, dass sie nur zeitweilig in Deutschland beschult werden, da ihre Eltern als Diplomaten, Botschafts- und Konsulatsangestellte, Manager und leitende Angestellte von internationalen Unternehmen oder Kanzleien nur vorübergehend in Deutschland beschäftigt sein werden. Diese Gruppe unterliegt für die Dauer ihres Aufenthaltes in Deutschland zwar auch den deutschen Schulgesetzen, weshalb sie eben auch der Schuleingangsuntersuchung unterzogen wird, dennoch scheint der befristete Aufenthalt eines Großteils der zu untersuchenden Kinder eine Rahmenbedingung für diese Pflichtuntersuchung zu sein, die deren Durchführung verändert – dazu später mehr.

Der sozioökonomische Hintergrund der Schülerschaft variiert an deutschen Grundschulen sehr stark je nach Einzugsgebiet, und auch die Zusammensetzung der Schülerschaft innerhalb der Schulklassen weist in der Regel eine relative soziale Spreizung auf, da Eltern bislang die Grundschule nicht beliebig frei wählen können.[2] An einer International School ist dies anders: Als anerkannte Privatschulen und meist für internationale Schulabschlüsse akkreditiert, verlangen sie durchschnittlich zwischen ca. 6.000 € (eher halbtags) und 15.000 € (eher ganztags) Jahresschulgeld und kommen deshalb nur für entsprechend einkommensstarke Eltern in Frage.[3] Auch deutsche Eltern, die es sich leisten können und insgesamt ausgezeichnete, international ausgerichtete Bildungsbedingungen anstreben, nehmen diese Angebote in Anspruch. Die Zusammensetzung der Schülerschaft besteht also aus internationalen und deutschen Kindern, denen gemeinsam ist, dass ihre Eltern für den Privatschulbesuch aufkommen können und bildungsambitioniert sind.

Des Weiteren orientieren sich die *International Schools* eher an anglo-amerikanischen Schulmodellen als am deutschen Modell der Elementar- und Primarbildung. Der Elementarbereich (*First Steps*) ist in diese Schulen in der Regel integriert, die Aufnahme wird entsprechend ab dem Alter von drei Jahren angeboten, daran schließt sich die *Pre-*

---

2 Bis heute ist die Grundschule (in Hessen) eine Bezirksschule mit festem Einzugsgebiet, die für alle Kinder im schulpflichtigen Alter dieses Gebiets zunächst die Pflichtschule ist. Vgl. zur möglichen sozialen Entmischung der Schülerschaft an Grundschulen durch die zunehmende Inanspruchnahme von Gestattungsanträgen (vgl. Hessisches Schulgesetz 2005, § 66) von Eltern aus bürgerlichen Milieus aber Radtke/Hullen/Rathgeb (2005, 83 ff.).

3 Zwar verfügen International Schools über Programme zur Schulgeldermäßigung, die das Einkommen der Eltern berücksichtigen; sie bestreiten aber ihr Budget zu einem sehr hohen Anteil aus den Schulgeldern, weshalb die Gewährung von Ermäßigungen sehr limitiert sein dürfte.

Primary und anschließend die *Primary* an, danach findet die Versetzung in *First Grade* statt, die der deutschen 1. Klasse entspricht.[4] An diesem Übergang findet auch die Schuleingangsuntersuchung durch einen Mediziner des kinder- und jugendärztlichen Dienstes des zuständigen Gesundheitsamtes statt. Der große Unterschied zu den Einschülern in eine deutsche Grundschule besteht demnach darin, dass sich die meisten Kinder an *International Schools* bereits als Schüler verstehen, wenn sie zur Schuleingangsuntersuchung vorgestellt werden, und diese ist nicht in dem Sinne Teil des Einschulungsverfahrens, dass die Mediziner noch die Rückstellung von der Einschulung empfehlen würden. Letztere sei so gut wie nie die Frage, so die beobachtete Medizinerin, auch weil kognitive Leistungseinschränkungen bei diesen Kindern sehr selten seien. Auch die Bedeutung der Schuleingangsuntersuchungen als Teil der Übergangsriten für die Kinder, die sich z. B. darin äußert, dass die Ärzte den Kindern Stundenpläne aushändigen, kommt an der *International School* nicht in gleicher Weise zum Tragen.

Im konkreten Beobachtungsfall finden die Schuleingangsuntersuchungen aus Kapazitätsgründen des Gesundheitsamtes erst im Oktober des Einschulungsjahres statt, d. h. dass die Kinder bereits in *First Grade* eingeschult sind. Für die Medizinerin liegen sie am Ende einer langen Untersuchungsperiode eines Einschulungsjahrgangs, im November beginnt für sie wieder eine neue Runde, d. h. die Kinder, die sie dann untersuchen muss, sind rund ein Jahr jünger, als die zuletzt untersuchten *Internationals*. Die Schuleingangsuntersuchungen nehmen aufgrund der Größe der zu untersuchenden Gruppe das ganze Jahr in Anspruch, und die je aktuell zu untersuchenden Kinder sind unterschiedlich alt. Deshalb muss die Medizinerin in ihrer Praxis der Beurteilung der Entwicklungsstände diese Unterschiedlichkeit und den Abstand des Beurteilungszeitpunktes zur Einschulung systematisch berücksichtigen und in die fallspezifische Betrachtung übersetzen.[5] An der *International School*

---

4   Es handelt sich zumeist um Ganztagsschulangebote, und die Sekundarstufe schließt sich meist in derselben Schule bzw. unter derselben organisatorischen Führung an, so dass Schüler theoretisch von den First Steps bis zum Jahrgang 12 an einer Schule verbringen könnten. Die internationale Klientel wird diese Möglichkeit aber eher selten nutzen.

5   Zu Varianten der Terminierungspraxis der kinder- und jugendärztlichen Dienste und deren Effekten auf die Konstruktion von Vergleichsgruppen vgl. Bollig (2010, 121 ff.). Bollig arbeitet heraus, dass in unserem Sample zwei unterschiedliche Einladungsstrategien zum Tragen kommen: Entweder werden alle etwa gleichaltrigen Kinder zum etwa gleichen Termin zu den Schuleingangsuntersuchungen eingeladen, oder die Kinder werden schulbezogen zusammengefasst und zusammen eingeladen, sind dann aber unterschiedlich alt. Im vorliegenden Fall handelt es sich um die zweite Strategie.

bekommen die Kinder aufgrund des späten Untersuchungszeitpunktes gewissermaßen noch zusätzlich einen gruppenspezifischen (Zeit)Bonus in Hinblick auf die Feststellung ihres schulrelevanten Entwicklungsstatus.

Die organisatorische Möglichkeit, gerade die Schuleingangsuntersuchungen an einer *International School* so spät zu legen, ergibt sich auch daraus, dass die Schüler dieser Schulen von der zentralen epidemiologischen Erfassung der Ergebnisse laut Auskunft der Medizinerin ausgenommen sind. Die Schuleingangsuntersuchungen erfüllen im deutschen Gesundheitswesen nicht nur individualdiagnostische, sondern auch epidemiologische Funktionen. Sie erbringen als Pflichtuntersuchungen bisher die einzige Totalerfassung einer Altersgruppe und sind damit in gesundheitsstatistischer Hinsicht von großem Wert. Im Zusammenhang mit dieser epidemiologischen Funktion ist auch die Standardisierung der Untersuchungen zu sehen: Um belastbare, zuverlässige statistische Ergebnisse produzieren zu können, führen die Bundesländer zunehmend standardisierte Formen der Schuleingangsdiagnostik ein. In Hessen ist z. B. seit dem Schuljahr 2006/2007 das standardisierte und normierte *Screening des Entwicklungsstandes* (S-SENS; Döpfner et al. 2005) zum Einsatz in den Schuleingangsuntersuchungen landesweit vorgesehen.

Die wohl maßgeblichste Differenz zu deutschen Grundschulen liegt darin, dass die Schulsprache an *International Schools* Englisch ist. Wo Gogolin (1994) der deutschen Schule ihren „monolingualen Habitus" vor Augen führt und die darin begründete Benachteiligung mehrsprachiger Kinder kritisiert, da pflegen die *International Schools* einen betont mehrsprachigen Habitus, der als Bildungsressource und kulturelles Kapitel gesehen wird. Mit der Setzung von Englisch als Schulsprache wird dabei nicht unterstellt, dass Englisch die Erstsprache aller Kinder ist, welche diese Schulen besuchen (nicht zuletzt für die meisten deutschen Kinder an diesen Schulen wäre diese Annahme unzutreffend); wohl aber wird die internationale Relevanz dieser Sprache zugleich vorausgesetzt und bestätigt. Je nach Erstsprache ergeben sich demnach auch für Kinder an *International Schools* unterschiedliche Bildungsvoraussetzungen und für die Schulen die Anforderung, differenzierte Angebote zu machen.

Für den Kontext der Schuleingangsuntersuchungen bedeutet dieser Umstand, dass die gebräuchlichen Instrumente für die Überprüfung des sprachlichen Entwicklungsstandes bei der Einschulung an *International Schools* in eine Krise geraten, da sie darauf ausgerichtet oder dafür normiert sind, den Stand der Kompetenzen der Kinder *im Deutschen* zu erfassen. Eben deshalb werden sie von Spracherwerbsforschern kritisiert, die darauf hinweisen, dass bei Kindern mit Zweit- oder Drittsprache Deutsch erst eine systematische Erfassung des Kompetenzniveaus in der Erstsprache den Kontext dafür liefern könnte, wie Schwächen dieser Kinder im Deutschen sprachdiagnostisch zu beurteilen sind (z. B. Jeuk 2009).

Vor diesem Hintergrund ist es eine spannende Frage, wie die Medizinerin gerade die Überprüfung der sprachlichen Kompetenzen an einer *International School* gestaltet. Da in diesem Beitrag nicht das ganze Spektrum der entwicklungsdiagnostischen Praktiken im Rahmen der Schuleingangsuntersuchungen präsentiert werden könnte, sollen die empirischen Beispiele aus der Durchführungspraxis im dritten Teil auf den Bereich der Sprachüberprüfungen beschränkt werden.[6]

Relevanz und Ausdifferenzierung der Überprüfung sprachlicher Fertigkeiten in Schuleingangsuntersuchungen

Die kindliche Sprachentwicklung stellt im Rahmen der Schuleingangsdiagnostik traditionell einen wichtigen Bereich dar, der insbesondere auf die schulische Bildung von Kindern vorausweist und deshalb in den aktuellen Diskussionen um die Prävention von Bildungsbenachteiligungen und Entwicklungsstörungen entsprechend ernst genommen wird. Der hessische Kinder- und Jugendgesundheitsbericht (Hessen 2006, 51) weist Sprachstörungen, die in den Schuleingangsuntersuchungen erhoben oder bereits zuvor behandelt wurden, als zweithäufigsten Befund knapp hinter Sehstörungen aus, die Befundzahlen sind von 11,2% 1998 auf 14,6% 2005 gestiegen. Welche Störungen sich genau dahinter verbergen, bleibt an der Aufsummierung aber unklar.

Dass sprachliche Fertigkeiten aus einem ganzen Set an Einzelfertigkeiten bestehen, (die je einzeln ‚gestört' sein können), wird deutlich, wenn man sich die Differenzierung von Aufgaben in verbreiteten sprachdiagnostischen Instrumenten anschaut. In unserem Fall soll hier beispielhaft das bereits erwähnte *Screening des Entwicklungsstandes* (S-SENS; Döpfner et al. 2005)[7] herangezogen werden, da es auch bei den meisten Schuleingangsuntersuchungen zur Anwendung kam, die wir in dem Forschungsprojekt beobachteten – das Screening bildet demnach innerhalb des Samples die Referenzfolie für die Beobachtung der

---

6 Die Durchführung der körperlichen Untersuchung und der motorischen Tests unterscheidet sich zudem nicht so deutlich von der Durchführung an deutschen Grundschulen, wie es die Sprachüberprüfungen tun.
7 Daneben enthält das S-ENS Untertests zu den Entwicklungsdimensionen Körperkoordination und grobmotorische Funktionen, Visuomotorik und visuelle Informationsverarbeitung.

Sprachüberprüfungen an einer *International School*.
Das Screening enthält drei auch für andere Instrumente gängige Untertests zu „Sprachkompetenz und auditiver Informationsverarbeitung"; in der Fachliteratur ist in diesem Zusammenhang häufig von „phonologischer Bewusstheit" die Rede, die als eine der wichtigsten Vorläuferfertigkeiten des Schriftspracherwerbs gilt. Mit dem Untertest „Pseudowörter nachsprechen" soll erfasst werden, wie gut das Kind lexikalische Einheiten behalten und reproduzieren kann. An sechs unbekannten Begriffen wie „Zippelzack", „Fangofänger" oder „Risolamu" wird die Gedächtnisspanne und die Artikulationsgenauigkeit überprüft (vgl. Döpfner et al. 2005, 11). Mit dem Untertest „Wörter ergänzen" (z. B. „Scho_olade") sollen auditive Diskriminations- bzw. Ergänzungsfähigkeiten geprüft werden. Bei dem Untertest „Sätze nachsprechen" (z. B. „Das grüne Pferd kann schnell rennen") handelt es sich um eine Repetitionsaufgabe, durch die das grammatische Kenntnissystem (Satzbau, Bildung der Wörter und Wortformen) und zugleich die artikulative Wiedergabe der Wörter sowie die auditive Speicherfähigkeit überprüft werden sollen. Die Artikulation sowie die Differenzierung bestimmter Laute oder Lautverbindungen in Wörtern kann außerdem optional mit einer Sprachtafel überprüft werden.

Der Anspruch des S-ENS ist es darüber hinaus, vorab die „Deutschkenntnisse unter Berücksichtigung des Migrationshintergrunds" zu erfassen (ebd., 17).

„Die Erfassung des Migrationshintergrunds erfolgt mit der Frage nach der Erstsprache des Kindes: ,Welche Sprache wurde in den ersten vier Lebensjahren zu Hause mit dem Kind überwiegend gesprochen?' Dies ist ein Indikator für die Erstsprache des Kindes. Es gilt folgende Kategorisierung:
1 = Deutsch, 2 = andere Sprache
Optional können weitere Sprachen differenziert erhoben werden. Zum Beispiel
3 = Türkisch, 4 = Russisch." (Ebd.)

An diesen Optionen werden verschiedene Dinge deutlich: Für das S-ENS wird primär die Differenz Deutsch – andere Sprachen relevant gesetzt; Englisch wird nicht als Option angeboten, die Optionen Türkisch und Russisch orientieren sich an den beiden größten Migrationsgruppen in Deutschland.

Die Optionen für die „Beurteilung der Deutschkenntnisse" sind dann: 1 = Das Kind spricht nicht Deutsch; 2 = Das Kind spricht radebrechend Deutsch; 3 = Das Kind spricht flüssig Deutsch, aber mit erheblichen Fehlern; 4 = Das Kind spricht (sehr) gut Deutsch, aber mit Akzent; 5 = Das Kind spricht akzentfrei Deutsch. Weitere praktische Hinweise, wie diese Kategorisierung vorgenommen werden soll, wie etwa zwischen „Fehlern" und „Akzenten" zu unterscheiden wäre, werden allerdings nicht gegeben. Entscheidend für die Durchführung der Sprachüberprüfungen ist dann der Hinweis bei den Untertests „Wörter ergänzen" und „Sätze nachsprechen", dass diese bei Kindern, die „nicht Deutsch" oder nur „radebrechend Deutsch" sprechen können, „übersprungen werden" (ebd., 20 und 22) können.

Bereits auf der konzeptionellen Ebene der Instruktion sieht das Instrument also eine differenzielle Handhabung der Sprachüberprüfung vor, die an eine Erfassung der Deutschkenntnisse geknüpft wird. Insofern wäre das Screening grundsätzlich auch an einer *International School* einsetzbar, in der es auch Schüler mit Erst- und Zweitsprache Deutsch auf unterschiedlichen Kompetenzniveaus gibt. Allerdings gibt es zwei Gründe, die gegen diesen Einsatz sprechen: Die Schuleingangsuntersuchungen an *International Schools* sind durch ihre Ablösung von der Gesundheitsstatistik auch in der Durchführung tendenziell ‚freigesetzt' von dem Einsatz standardisierter Instrumente der Entwicklungsdiagnostik[8]; zudem ist die Schulsprache Englisch. Es stellt sich deshalb die Frage, warum die Schüler dann notwendig auf ihre Sprachkompetenzen im *Deutschen* hin überprüft werden sollten. Schauen wir uns nun die Praxis an, um ermessen zu können, welche Kontext- und Relevanzverschiebungen in Bezug auf die Schuleingangsuntersuchungen mit dem Feld *International School* verbunden sind.

„Humpty Dumpty" und „Jack and Jill" – Zur Praxis der Überprüfung sprachlicher Fertigkeiten an einer International School[9]

Die Ärztin hat die Beobachterinnen vorab darüber informiert, dass das S-ENS an den *International Schools* nicht zum Einsatz komme, da dafür keine Zeit sei.

Alle Eltern von den heute zu untersuchenden Kindern werden von der Ärztin zu Beginn gefragt, wie lange sie schon in Deutschland sind und wie lange sie noch bleiben werden. [...] Von den sieben heute zu untersuchenden Kindern sind einige zweisprachig (englisch/deutsch; keines mit Erstsprache Deutsch), alle können zumindest ein paar Brocken Deutsch. Die Ärztin führt die Schuleingangsuntersuchungen zweisprachig durch und wechselt laufend zwischen Deutsch und Englisch, mal

---

8   Für eine ausführliche Analyse der sprachdiagnostischen Aufgaben und Anwendungen aus dem S-ENS vgl. Kelle (2010b). In dieser Studie wird deutlich, dass die Ärzte der kinder- und jugendärztlichen Dienste bei den Schuleingangsuntersuchungen ohnehin in der Regel sprachdiagnostisch noch mehr tun, als die entsprechenden Aufgaben aus dem S-ENS anzuwenden, da sie der Auffassung sind, dass diese für eine Individualdiagnostik nicht ausreichen (ebd., 240 ff.).

9   Alle Auszüge aus Beobachtungsprotokollen in diesem Abschnitt stammen von Helga Kelle.

mit größeren Anteilen Deutsch (wie beim ersten Kind, Bodo, dessen Eltern aus der Schweiz kommen), mal mit größeren Anteilen Englisch (wie bei Britney, deren Eltern Amerikaner sind und die kaum deutsch spricht). [...]
Die Untersuchung der sprachlichen Fertigkeiten besteht in der Regel darin, dass die Kinder eines von zwei sehr bekannten englischsprachigen Kindergedichten nachsprechen sollen. Es erscheint mir konsequent, dass die Ärztin die Kinder in der (von ihr unterstellten) Erstsprache Englisch prüft – das ist allerdings auch ein deutlicher Unterschied zu den türkischen, kurdischen, italienischen, arabischen u. a. Kindern, die bei den sonstigen Schuleingangsuntersuchungen in der Zweitsprache Deutsch überprüft werden.

Die Eingangsfrage der Ärztin nach der Aufenthaltsdauer der Familie in Deutschland steckt den Rahmen für die konkrete Untersuchung ab und modifiziert implizit auch die Relevanz der Schuleingangsuntersuchung: Ihr Maßstab ist nicht die Unterscheidung einschulen – zurückstellen (mit Blick auf eine dauerhafte Integration in das deutsche Schulsystem), sondern die Frage der (auch sprachlichen) Anpassungsnotwendigkeiten an das Gastland bei nur vorübergehendem Aufenthalt. Damit ist auch gleich ein Signal gesetzt, dass die Ärztin *nicht* in Frage stellt, dass sie *First Grade* Schulkinder vor sich hat, vielmehr ist nur die Frage, wie lange sie Schulkinder *in Deutschland* sein werden.
Der laufende und fallsensitive Sprachwechsel der Ärztin zwischen Deutsch und Englisch während der Untersuchungen erscheint bemerkenswert: Würde sie sich ganz an das Feld (und die Schulsprache) anpassen wollen, müsste sie eher durchgängig Englisch sprechen. Sie signalisiert mit dem Wechsel zum Deutschen m. E., dass sie eine Untersuchung in Deutschland durchführt und die zu Untersuchenden aufgefordert sind, sich ihrerseits, soweit sie es vermögen, an diesen Rahmen anzupassen. Hat sie also mit ihrer Eingangsfrage ihre eigene Anpassungsbereitschaft an den kulturellen Kontext der *International School* gezeigt, so fordert sie mit der zweisprachigen Durchführung der Untersuchung eine Art Gegenleistung und gestaltet diese als symbolischen Tausch. Der Beobachterin fällt allerdings die Differenz zur Praxis der Sprachüberprüfung bei anderen mehrsprachigen Kindern auf, denn die Sprachüberprüfung im engeren Sinne erfolgt eher mit Aufgaben in Englisch, und eben nicht in Deutsch.

Humpty Dumpty sat on a wall
Humpty Dumpty had a great fall
All the King's horses and all the King's men
couldn't put Humpty together again.
  Die Ärztin fragt Bodo, ob er Humpty Dumpty kenne. Bodo, der während der ganzen Schuleingangsuntersuchung sehr aufmerksam schaut, bisweilen aber nicht klar antwortet, reagiert auch hier für mich nicht eindeutig, sondern wartet eher, was die Ärztin als nächstes macht. Die Ärztin spricht die erste Zeile vor, Bodo spricht sie korrekt nach, die Ärztin spricht die zweite Zeile vor, Bodo folgt ihr, ich kann auch jetzt nicht erkennen, ob Bodo den Text vorher kannte oder nicht. Nun wird der Schwierigkeitsgrad dadurch erhöht, dass die Ärztin die beiden letzten Zeilen zusammen vorträgt, Bodo muss sich also mehr auf einmal merken, aber auch das meistert er ohne Probleme. Am Ende meint die Ärztin, er habe den Text wohl doch schon gekannt, so gut wie das geklappt habe.

Bei dem ersten Untersuchungskind des heutigen Tages versucht die Ärztin, zunächst den Rahmen des Folgenden zu klären: Es macht offenbar einen Unterschied für die Bewertung der Performanz *in situ*, ob das Kind den Text vorher kennt oder nicht. Bodo lässt den Versuch der Ärztin ins Leere laufen, indem er nicht klar reagiert. In die Sequenz des Vor- und Nachsprechens fädelt er sich dann aber mühelos als Repetent ein. Zum Ende der Sequenz versucht die Ärztin ihn noch einmal zu ‚locken', wenn sie ihm unterstellt, er habe den Text „doch schon gekannt". Doch Bodo lässt es unaufgeklärt, ob er spontan memoriert oder davon profitieren konnte, dass er den Text schon im Gedächtnis hatte. In den folgenden Passagen des Beobachtungsprotokolls spekuliert die Beobachterin über die sprachdiagnostischen Potentiale des Einsatzes von Humpty Dumpty.

Die größte Schwierigkeit in Bezug auf die Lautbildung scheint mir bei diesem Text die Konsonantenfolge „mpt" in „Humpty Dumpty" zu sein, die anderen Lautfolgen wirken auf mich als Laiin und Nicht-Muttersprachlerin nicht schwierig. Eine Herausforderung für die Gedächtnisleistung der Kinder liegt zudem darin, dass sie sich am Ende zwei Zeilen merken müssen, die meisten Kinder kennen das Kindergedicht aber ohnehin schon, insofern geht es für sie nicht um eine spontane Gedächtnisleistung. An der Sprechperformanz von Ärztin und Kindern fällt die stark rhythmisierte Struktur des zu reproduzierenden Textes auf. Semantisch besteht die Herausforderung m. E. darin, dass die letzten beiden Textzeilen Verständnisfragen aufwerfen könnten: Wie ließe sich denn vorstellen, dass „all the King's horses and all the King's men" Humpty wieder zusammenflicken könnten?

Systematisch lassen sich die sprachdiagnostischen Leistungen der Humpty-Dumpty-Aufgabe bestimmen, wenn man sie mit den Aufgaben des S-ENS vergleicht: Sie entspricht als Repetitionsaufgabe dem Untertest „Sätze nachsprechen", durch das grammatische Kenntnissystem (Satzbau, Bildung der Wörter und Wortformen), die Artikulation der Wörter und die auditive Speicherfähigkeit überprüft werden können. Die

Ärztin wandelt demnach mit Humpty Dumpty den komplexesten der Untertests des S-ENS für englischsprachige Kinder ab und kann so differenzierte sprachliche Teilfertigkeiten mit einer Aufgabe überprüfen. Der maßgebliche Unterschied in Bezug auf auditive Speicherung und spontane Reproduktionsleistungen wird aber schon im Beobachtungsprotokoll erwähnt: Ist der Text dem Kind vorher bekannt, wird nicht spontan memoriert und reproduziert – und die Prämissen des Tests, unter denen er beansprucht, aussagekräftige Ergebnisse zu liefern, werden dann unterlaufen.[10] Selbst wenn der Text vorher nicht bekannt ist, unterscheidet sich die Humpty-Dumpty-Aufgabe von der S-ENS-Aufgabe in ihrer Reimstruktur, die eine Memorierung erleichtert.

Beim zweiten Kind, Brian, läuft der Sprachtest anders ab. Brians Mutter spricht sehr gut Deutsch, sie hat in Deutschland studiert. Die Ärztin lässt Brian, im Anschluss an die körperliche Untersuchung auf der Liege, noch in Unterhose, zunächst deutsche Sätze nachsprechen wie „das Licht geht nicht aus" und „drei graue Mäuse verstecken sich hinter der Hecke". (Bei diesem letzten Satz fallen mir gleich 3 Lautkombinationen auf, die für englische Erstsprachler im Deutschen schwierig sind: „dr", gr", „st"; hinzu kommt der Umlaut als spezifische Schwierigkeit des Deutschen). Brian spricht diese Sätze mit englischem Akzent, aber ansonsten fehlerfrei nach.

Dann geht die Ärztin zu Humpty Dumpty über. Die ersten beiden Zeilen spricht Brian ohne zu stocken nach, bei der langen Passage mit den Zeilen drei und vier gerät er jedoch ins Stocken. Es wird daran offensichtlich, dass er nicht zu den Kindern gehört, die Humpty Dumpty ohnehin kennen. Die Ärztin fordert ihn auf, sich wieder anzuziehen. Während Brian das tut, spricht sie mit der Mutter über die Möglichkeit, dass Brian in einer Großstadt ein zweisprachiges Abitur ablegen könnte, sie ist sich sicher, dass die Möglichkeit angeboten wird. Die Ärztin meint, Brian sei doch so gut in beiden Sprachen – diesen Eindruck hat sie anscheinend im Verlauf der ganzen Schuleingangsuntersuchung und nicht nur während der Sprachüberprüfung gewonnen –, was selten sei, „das wär ja schon schön, dann". Die Mutter hört sich das interessiert blickend und die Information aufnehmend an, ohne jedoch darauf einzugehen.

In dieser Sequenz zeigt sich, dass die Ärztin je nach Deutschkenntnissen des zu untersuchenden Kindes die Sprachüberprüfung sehr flexibel in Deutsch und Englisch durchführt und beiden Sprachen damit Geltung verschafft. Mehr noch, sie wählt die von Brian im Deutschen nachzusprechenden Sätze mit Blick auf dessen Erstsprache aus und überprüft auf diese Weise den Stand des (fehlerfreien) Zweitspracherwerbs an

---

10 Unter den Varianten der Durchführung des S-ENS in der Praxis der kinder- und jugendärztlichen Dienste in unserem Sample finden wir auch die Praxis einer Ärztin, neue Sätze für diesen Untertest zu erfinden, da sie der Auffassung ist, die Sätze aus dem S-ENS hätten sich unter Eltern inzwischen bereits herumgesprochen. Was auch immer die Testentwickler von dieser Praxis halten mögen: Die Ärztin versucht durch die Modifikation aussagekräftige Ergebnisse im Sinne des Testes zu sichern.

besonders fehlerträchtigen Lautkombinationen. Der entsprechende Untertest aus dem S-ENS („Sätze nachsprechen") wird hier in zweifacher Weise modifiziert – nämlich sowohl im Deutschen wie im Englischen. Daran wird die Differenz zur Humpty-Dumpty-Aufgabe noch einmal deutlich: Sofern Kinder den Text schon kennen, kann er wie dargestellt nicht als funktional äquivalent zu der S-ENS-Aufgabe betrachtet werden. In Brians Fall ist das allerdings anders, er kannte Humpty-Dumpty zuvor offenbar nicht, und so kommt es in seinem Fall zu einer ‚korrekten' Anwendung der Aufgabe ‚Sätze nachsprechen' in *beiden* Sprachen, die er spricht.

Die Beratung der Mutter, die sich an die Sprachüberprüfung anschließt, ist im Kontext der Schuleingangsuntersuchungen bemerkenswert (und übrigens in keinem anderen Fall von uns so beobachtet worden), geht es dabei doch um Optionen für die Form des Abiturs, das Brian machen könnte. Die Art der Thematisierung der Ärztin lässt keinen Zweifel, dass Brian dereinst Abitur (bzw. den höchsten erreichbaren Schulabschluss) machen *wird*, es scheint nur darum zu gehen, in welcher Form; erstaunlich daran ist auch, dass die Ärztin es für ihre Aufgabe hält, den Eltern Optionen für die Bildungslaufbahn des Kindes aufzuzeigen und dass sie meint, aus der sprachlichen Performanz am Schulbeginn eine Prognose auf die Schullaufbahn entwickeln zu können. Erneut gewinne ich als Beobachterin den Eindruck einer symbolischen Relevanzverschiebung für die Schuleingangsuntersuchung: Es scheint im vorliegenden Fall alles andere als um die Feststellung von möglichen Beeinträchtigungen für den Schulbesuch zu gehen, sondern vielmehr um die Herausstellung von besonderen Kompetenzen und Potentialen.[11] In der Gestaltung der Schuleingangsuntersuchung als Bildungslaufbahnberatung vermittelt die Ärztin noch eine andere als die denotative Botschaft: Sie wirbt m. E. um Akzeptanz für die Veranstaltung, die sie auch bei Kindern aus internationalen Kontexten und gehobenen Bildungsschichten gehalten ist durchzuführen.

Bei Halina weist die Mutter im Gespräch mit der Ärztin darauf hin, während diese die Ohren des Kindes untersucht, dass sie, als die Familie noch in England lebte, eine „speech therapy" hatte. „She couldn't pronounce certain words", erläutert die Mutter, ohne dass sie genau sagen würde, welche Wörter das Kind nicht korrekt aussprechen konnte. Die Ärztin fragt, ob das am Daumenlutschen gelegen habe, die Mutter antwortet, nein, das sei eine andere Sache gewesen („a different thing"), aber auch hier geht sie nicht weiter in Details.

---

11 Ironisch gesprochen: Die Ärztin scheint sich ganz an der vielfach postulierten Umorientierung von Defizit- auf Ressourcenorientierung in der Betrachtung der Kinder in der Elementar- und Primarstufenpädagogik zu orientieren.

Mit Humpty Dumpty hat Halina keine Schwierigkeiten: Die Ärztin spricht die einzelnen Zeilen vor, Halina spricht nach, sie scheint den Text zu kennen. Als die Ärztin hinterher sagt, sie sei jetzt fertig, zeigt Halina gestisch, dass sie ganz begeistert ist, so als sei die Schuleingangsuntersuchung schon eine arge Zumutung gewesen. Sie hat auch schon zuvor an bestimmten Stellen ihren Unwillen deutlich zum Ausdruck gebracht: als es an das Blutdruckmessen geht, schüttelt sie den Kopf und lässt die Ärztin dann doch gewähren, sagt aber, als diese die Manschette anlegt, laut „auh" und als die Mutter sie strafend anblickt: „It's horrible".

An Halinas Beispiel wird deutlich, dass die Ärztin hier nicht insistiert und die Mutter bittet, vorgängige Sprachdiagnosen und -therapien zu präzisieren. Sie gibt sich zufrieden mit der Auskunft, die sprachlichen Auffälligkeiten Halinas hätten nichts mit Daumenlutschen zu tun gehabt. Als Halina bei Humpty Dumpty keine Auffälligkeiten zeigt, lässt sie den Fall auf sich beruhen. – Bei den folgenden Untersuchungskindern führt die Ärztin dann noch eine neue Variante der Sprachüberprüfung ein.

Jack and Jill went up the hill
To fetch a pail of water.
Jack fell down and broke his crown,
And Jill came tumbling after.
Up Jack got and home did trot
As fast as he could caper;
And went to bed to mend his head
With vinegar and brown paper.

Mit Britney überprüft die Ärztin die sprachlichen Fertigkeiten anhand von „Jack and Jill". Sie spricht aus dem ersten Vers die einzelnen Zeilen vor und Britney repetiert, so weit ich hören kann, korrekt, wenn auch etwas gelangweilt. Sie scheint das Gedicht zu kennen. Als die Ärztin die zweite Strophe am Stück vorträgt, guckt Britney erstaunt, worauf die Ärztin meint, das sei die „British version" (Britney ist US-Amerikanerin), die würden viele nicht kennen. Sie fordert Britney nicht auf, den zweiten Vers nachzusprechen, bei mir bleibt der Eindruck, dass sie eine Zugabe gegeben und die Testsituation damit wieder aufgelöst hat. „You're finished now", sagt sie zu Britney, und zur Mutter: „She did fine, but she is a bit shy, isn't she?" Die Mutter antwortet: "In the beginning", Britney grinst während des Gesprächs zwischen Ärztin und Mutter. Die Mutter wendet sich schließlich lächelnd an Britney mit den Worten (vermutlich mit Bezug auf die gesamte Schuleingangsuntersuchung): „Wasn't that bad, was it?" Britney schüttelt den Kopf dazu.

An Britneys Beispiel zeigt sich, dass mit Jack and Jill im Vergleich zu Humpty Dumpty noch eine andere kulturelle Differenz markiert werden kann: Während die erste Strophe offenbar international bekannt ist, gibt es für die zweite eine „British version" – die als weniger bekannte sich demnach für spontanes Nachsprechen besser eignen würde. Umso interessanter ist es im vorliegenden Beispiel, dass die Ärztin sie nur für den eigenen Vortrag und zum Ausstieg aus dem sprachdiagnostischen Rahmen nutzt. Sie thematisiert dann abschließend mit der Mutter die

Schüchternheit Britneys, lässt aber gleichzeitig keinen Zweifel, dass die geforderten Leistungen erfüllt wurden („she did fine"). Mit der Rückmeldung wird deutlich, dass die Ärztin nicht nur die schulisch relevanten Fertigkeiten im Blick hat, sondern auch so etwas wie Charaktereigenschaften des Kindes; sie hätte ihre Einschätzung zudem gerne von der Mutter bestätigt („isn't she?"). Die Mutter relativiert dagegen die ärztliche Anschauung („in the beginning") und kontextuiert die kindliche Schüchternheit auch dadurch neu, dass sie Britney einen Kommentar abverlangt zu der Schuleingangsuntersuchung als solcher. An der Nachfrage „wasn't that bad, was it?" wird implizit deutlich, dass es diesbezügliche Befürchtungen (des Kindes) gab oder gegeben haben könnte und die Schüchternheit auch darin begründet liegen könnte. Ohne die Ärztin zu adressieren, gibt die Mutter rhetorisch äußerst geschickt den Ball zurück und vermeidet so eine weitere gemeinschaftliche Typisierung des Kindes, indem sie eine Typisierung der Situation vornimmt. Im Interpretationsrahmen des symbolischen Tauschs lässt sich die mütterliche Aktion so verstehen, dass der Ärztin signalisiert wird, dass die Mutter die Durchführung der Schuleingangsuntersuchung nicht kritisieren wird, wenn die Ärztin davon absieht, das Kind zu stigmatisieren.

Beim indischen Jungen Paul kommt es zum Vortrag von Humpty Dumpty und Jack and Jill, und zwar so: Die Ärztin fragt ihn, ob er Humpty Dumpty oder Jack and Jill kennt, wie sich herausstellt, kennt er beides. Er sagt Humpty Dumpty auswendig auf, noch bevor die Ärztin die Situation weiter steuern kann, es wirkt wie eine seiner leichtesten Übungen, aber eben auch dies: eingeübt. Die Ärztin zollt der Vorführung lachend Anerkennung. Bevor sie dann wieder am Zug ist, fragt Paul: „Could I do Jack and Jill now?" Die Ärztin lässt Paul gewähren, er trägt den ersten Vers lücken- und fehlerlos vor. Danach gibt es für die Ärztin die Chance, wieder zum Zug zu kommen: Sie schließt zur Überraschung von Paul die zweite Strophe an seinen Vortrag an, und ist damit wieder im Spiel. Es geht dann nicht mehr darum, dass Paul auch den zweiten Vers noch nachsprechen soll, er hat schon zuvor das sprachlich Geforderte mehrmals überboten. So hat er z. B. schon zu Beginn der Schuleingangsuntersuchung, während des Gesprächs der Ärztin mit der Mutter, aus dem vor ihm liegenden Buch vorgelesen, es handelt sich um „Stagukan"[12]. Wer schon lesen und auswendig lernen kann, muss vermutlich nicht mehr nachsprechen, um seine sprachlichen Talente unter Beweis zu stellen.

Ganz anders als der eher gelangweilte Duktus von Britney fällt an Paul der Übereifer auf, mit dem er die Aufgabenstellung antizipiert und ihre Erfüllung überbietet, indem er ohne Vorsprechen der Ärztin zum freien

---

12 Das Buch Stagukan ist in drei Teile aufgeteilt und es können Phantasietiere durch unterschiedliches Umblättern der Einzelteile zusammengestellt werden; zur bildlichen Darstellung der Tiere gehören jeweils auch schriftsprachliche Silben, die dann Phantasiewörter ergeben.

Vortrag anhebt. Den ‚Text auswendig können' stellt die Steigerung von den ‚Text kennen' dar. Waren manche der anderen Beispiele noch uneindeutig in Hinblick darauf, ob nicht die englischsprachigen Aufgaben formal äquivalent zu dem Test ‚Sätze nachsprechen' funktionieren, da lässt das Beispiel Pauls keinen Zweifel, dass dies in seinem Fall eben nicht der Fall ist. Bemerkenswert ist dabei auch, dass die Ärztin zeitweilig die Situationssteuerung an Paul abgibt und ihm die ‚Bühne überlässt', sie betritt erst mit ihrer „British version" der zweiten Strophe von Jack and Jill wieder als aktive Darstellerin die Bühne. Der Rahmen der Sprachüberprüfung hat sich bereits en passant erledigt, auch hier geht es nicht mehr um Repetition. Der aufgeführte „Bildungseifer" (Bourdieu 1987, 503 ff.) des Jungen (aus einem aufstrebenden Land) steht dabei in denkwürdigem kulturellen Kontrast zum habituellen *understatement* der gebildeten Schichten (aus dem ‚alten' Europa und den Vereinigten Staaten), wie das folgende Beispiel zeigt.

Bei einem Kind, dem Engländer Michael, verzichtet die Ärztin ganz darauf, mit einem der genannten Gedichte sprachliche Fertigkeiten zu überprüfen. Michael ist während der ganzen Schuleingangsuntersuchung sprachlich so präsent, dass er mehrmals antwortet, wenn die Mutter etwas gefragt wird.[13] Er mischt sich auch mit eigenen Kommentaren in das Gespräch zwischen Mutter und Ärztin ein, als die Mutter z. B. erzählt, dass die Familie aus Unverträglichkeitsgründen kein Schweinefleisch verzehrt, sagt Michael: „Schwein schmeckt lecker, aber ich bin allergisch dagegen". Diese Gespräche laufen auf Deutsch, das Michael sehr gut spricht. Auf die Frage, ob er Blutdruckmessen schon mal gemacht habe, meint Michael: „Ich war schon bei vielen Doktors". Der Aufforderung der Ärztin, von eins bis 10 auf deutsch zu zählen, kommt Michael in monotoner Art und Weise nach, das Angebot, von 10 bis eins rückwärts in englisch zu zählen, lehnt er ab, indem er das auch in deutsch erledigt. Als die Ärztin einen Ausschlag rund um den Mund bemerkt und nach dem Konsum von Süßigkeiten fragt, sagt Michael, dass er um diese Zeit immer mit seinem Bruder zum Kiosk gehe und: „Ich mag Süßigkeiten, das ist mal das erste."

Mir kommt es so vor, als ob Michael um eine sehr coole *performance* bemüht wäre.[14] Jedenfalls scheinen mir all diese Szenen der Hintergrund dafür zu sein, dass die Ärztin es nicht für nötig und passend hält, Michael mit Humpty Dumpty oder Jack and Jill zu kommen.

---

13 Dass die Ärztin dies genau registriert hat, benennt sie im Gespräch mit Sabine Bollig und mir am Ende der Schuleingangsuntersuchungen.
14 Zum Entwicklungsdiskurs in der Gleichaltrigenkultur vgl. Kelle (2001). Michaels Haltung erinnert an etwa 10-jährige deutsche Grundschüler, die in der Studie erforscht wurden und ‚schon älter wirken wollen als sie wirklich sind' und entsprechend von ihren Mitschülern als prätentiös wahrgenommen werden.

Fazit

Abschließend gehe ich noch einmal auf die kulturelle und kontextabhängige Differenz in den Praktiken der Ärztin eines kinder- und jugendärztlichen Dienstes ein, je nach dem, ob sie die Schuleingangsuntersuchungen an einer deutschen Grundschule oder einer *International School* durchführt.

Die beschriebenen Untertests des S-ENS arbeiten mit Verfremdungen der Sprache, in der die Kinder getestet werden sollen: Der erste Untertest benutzt Kunstwörter („Fangofänger"), der zweite verstümmelt deutsche Wörter („Finger_agel") und der dritte sieht zum Teil unsinnige Sätze zur Repetition vor („das grüne Pferd kann schnell rennen"). Für Kinder, die in eine deutsche Grundschule eingeschult werden, wird demnach unterstellt, dass eine semantische Dissoziation in den Aufgaben des Schuleingangstests von sprachdiagnostischem Wert ist, vor allem in Hinblick auf die auditive bzw. lautanalytische Informationsverarbeitung.

Wenn die Ärztin bei den internationalen Kindern mit Humpty Dumpty und Jack and Jill arbeitet, dann wendet sie eine ganz andere Strategie an: Sie setzt auf den Wiedererkennungseffekt vor dem Hintergrund einer angenommenen kulturell-sprachlichen Sozialisation der Kinder und rechnet mit der Wahrscheinlichkeit, dass die Kinder die Texte kennen oder sogar auswendig hersagen können. Sie bereitet so eine Bühne für die Performanz kulturell-sprachlicher Fertigkeiten, aber eben einer anders gelagerten, als im Falle des S-ENS. Zwar ist die Aufgabe „Sätze nachsprechen" im Einsatz von Humpty Dumpty und Jack and Jill aufgehoben, als äquivalent zum Einsatz der entsprechenden Aufgabe mit dem S-ENS kann dieser aber nur gelten, wenn die Kinder die Texte vorher nicht kennen – in unseren Beobachtungsbeispielen war dies nur einmal eindeutig der Fall. Die Ressource, die diesbezüglich in der „British version" der zweiten Strophe von Jack and Jill liegt, nutzt die Ärztin in zwei Beispielen lediglich zur Überraschung der Kinder, aber nicht im sprachdiagnostischen Sinn.

Der Eindruck, der sich deshalb in der Summe der Beispiele verdichtet, ist der, dass die Ärztin eine Überprüfung sprachlicher Fertigkeiten an der *International School* mehr simuliert als ernsthaft durchführt. Sie verwendet Humpty Dumpty und Jack and Jill als Referenz an die Schule und den kulturellen Herkunftskontext der Kinder sowie als Ausweis ihrer eigenen ‚Internationalität'. Mit ihren symbolischen (Überraschungs)Geschenken wirbt sie nicht nur für die Legitimität der Veranstaltung Schuleingangsuntersuchung, sondern auch für die Akzeptanz ihrer Person. Indem sie den Kindern mit bekannten Texten die Bühne für erwartbar fehlerfreie Sprachreproduktionen in der überwiegend von ihnen gesprochenen Sprache bereitet, signalisiert sie gleichzeitig den Eltern, dass sie bereit ist anzuerkennen, dass die sprachlichen Fertigkeiten der Schüler einer *International School* gar nicht zur Disposition stehen. Dafür spricht auch noch das letzte Beispiel, in dem die Ärztin erkennt, dass sie in Michaels Fall auf solche symbolischen Gaben verzichten sollte.

Anhand der besonderen symbolischen Gaben kann so der kulturelle Kontrast zwischen den Schuleingangsuntersuchungen an deutschen Grundschulen und an *International Schools* geschärft werden. Wo die Ärztin für das deutsche Schulsystem (gesetzlich) eindeutig autorisiert ist zur Kontrolle des Entwicklungsstatus der einzuschulenden Kinder und unseren Beobachtungen zufolge auch entsprechend habituell auftritt, da reflektiert ihr Auftreten in der *International School,* dass sie in ihrem institutionellen Status verunsichert ist – sie versucht diese Unsicherheit, so meine Interpretation, mit ihren ‚Gastgeschenken' zu kompensieren. Sie führt auf diese Weise ihre Anerkennung des Umstands auf, dass die internationalen Kinder für die ‚Schuleingangskontrollen' des deutschen Schulsystems letztlich unerreichbar sind, sie bewegen sich vielmehr in einem eigenen, unabhängigen System. In diesem Sinne lässt sich davon sprechen, dass die Ärztin hier nur so tut, als ob sie Sprachüberprüfungen durchführte.

Indem es die internationalen Kinder aus gehobenen Schichten unter eine „Logik des Verdachts" (Bühler-Niederberger 2005) unter umgekehrten Vorzeichen stellt, nämlich nicht eines Verdachts auf Verzögerung, sondern eher auf Akzeleration ihrer sprachlichen Entwicklung, ist dieses So-tun-als-ob in besonderer Weise geeignet, die Forscherin für die habituellen Varianten und die Performanz von sozialen Unterschieden der Klientel in der Durchführung von Schuleingangsuntersuchungen zu sensibilisieren.

Literatur

Bollig, S. (2010): Die Eigenzeiten der Entwicklung(sdiagnostik). In: Kelle, Helga (Hg.): Kinder unter Beobachtung. Kulturanalytische Studien zur pädiatrischen Entwicklungsdiagnostik. Opladen, 95-132

Bourdieu, P. (1987): Die feinen Unterschiede. Kritik der gesellschaftlichen Urteilskraft. Frankfurt

Bühler-Niederberger, D. (2005): Pathologisierung von Kindheit: Das Unternehmen „Legasthenie". In: dies.: Kindheit und die Ordnung der Verhältnisse. Von der gesellschaftlichen Macht der Unschuld und dem kreativen Individuum. Weinheim, 176-197

Gogolin, I. (1994): Der monolinguale Habitus der multilingualen Schule. Münster

Döpfner, M./Dietmair, I./Mersmann, H./Simon, K./Trost-Brinkhues, G. (2005): Screening des Entwicklungsstandes bei Einschulungsuntersuchungen (S-ENS). Theoretische und statistische Grundlagen. Manual. Göttingen

Hessen: Hessisches Sozialministerium (Hg.) (2006): Hessischer Kinder- und Jugendgesundheitsbericht. Wiesbaden

Hessisches Schulgesetz (2005).
http://www.hessen.de/irj/HKM_Internet?cid=c1f7ee3ac049d51fa14df6f30a1b156a [15.9.2010]

Jeuk, St. (2009): Probleme der Sprachstandserhebung bei mehrsprachigen Kindern. In: ZSE, 29 Jg., H.2, 141-156

Kelle, H. (2001): The Discourse of "Development". How 9 to 12-Year-Old School Children construct 'Childish' and 'Further Developed' Identities within their Peer Culture. In: Childhood. A Journal of Global Child Research, 8 Jg., H.1, S. 95-114

Kelle, H. (Hg.) (2010a): Kinder unter Beobachtung. Kulturanalytische Studien zur pädiatrischen Entwicklungsdiagnostik. Opladen

Kelle, H. (2010b): Verfahren der Überprüfung von Sprachkompetenzen im Kontext medizinischer Früherkennung und Schuleingangsdiagnostik. In: Kelle, H. (Hg.): Kinder unter Beobachtung. Kulturanalytische Studien zur pädiatrischen Entwicklungsdiagnostik. Opladen, 207-254

Radtke, F.-O./Hullen, M./Rathgeb, K. (2005): Lokales Bildungs- und Integrationsmanagement. Bericht der wissenschaftlichen Begleitforschung im Rahmen der Hessischen Gemeinschaftsinitiative Soziale Stadt (HEGISS). Frankfurt a. M.
http://www.uni-frankfurt.de/fb/fb04/personen/radtke/Publikationen/Lokales_Bildungs-_und_Integrationsmanagement1.pdf [15.9.2010]

Monika Sujbert

Wenn Kindergarteneltern zu Schuleltern werden

Eine empirische Analyse der elterlichen Wahrnehmung ihres Verhältnisses zu den von ihren Kindern besuchten Bildungsinstitutionen

Die bis heute zumeist im deutschen pädagogischen Diskurs noch stark vernachlässigten Übergänge im Bildungswesen – und insbesondere der erste Bildungsübergang vom Kindergarten in die Schule – verlassen gegenwärtig ihr bisheriges Schattendasein und rücken erneut und sogar verstärkt in den Mittelpunkt des Interesses der Bildungspolitik, der Bildungsforschung, der pädagogischen Praxis sowie der Aus- und Weiterbildung (Diller/Leu/Rauschenbach 2010).

Der Begriff des Übergangs wird in diesem Artikel im Sinne von Welzer verwendet, welcher Übergänge als „komplexe ineinander übergehende und sich überblendende Wandlungsprozesse bezeichnet, die sozial prozessierte, verdichtete und akzelerierte Phasen eines Lebenslaufs in sich veränderte Kontexten darstellen" (Welzer 1993, 37). Ein solches Begriffsverständnis schließt auch den ersten Bildungsübergang mit ein und hebt diesen als einen Prozess hervor, welcher mit kontinuierlichen Veränderungen und Entwicklungsanforderungen verbunden ist und in unterschiedlichen Zusammenhängen im Miteinander der beteiligten Akteure stattfindet. Damit wird auch ersichtlich, dass Übergänge mit Chancen und Belastungen verbunden sind, die in intensivierten, bewussten Prozessen be- und verarbeitet werden müssen (Griebel/Niesel 2004). Diese Begriffsbestimmung macht aber auch deutlich, dass das *Schulkind-werden* keineswegs nur das Kind allein, sondern auch das Elternhaus, die Familie und das soziale Umfeld, in welches sie eingebettet ist, betrifft (Griebel 2004). Die Relevanzen der Übergänge werden auch in den Ergebnissen der vor allem quantitativ angelegten Studien, welche auf die Rolle der Familien fokussieren sichtbar: In diesen Studien wird deutlich, dass die Weichenstellung für Bildungskarrieren von Heranwachsenden an eben gerade diesen Schnittstellen geschieht und dabei die Familie eine nicht zu unterschätzende Rolle spielt. Zentrale Forschungsergebnisse präzisieren vielmehr auch, dass die soziale Lage, das

Milieu, die Ethnie sowie die Bildungsaspiration einer Familie wichtige Einflussfaktoren für den schulischen Werdegang von Kindern sind. Zudem haben gerade die kulturellen Praktiken und Bildungsorientierungen einer Familie einen bedeutsamen Einfluss auf die Bildungsentscheidungen von Eltern für die Bildungslaufbahnen ihrer Kinder und folglich auch auf die Bildungsambitionen der Kinder selber (vgl. Busse/Helsper 2007; vgl. Bohrhardt 2000; vgl. Schlemmer 2000; vgl. Pisa 2000; vgl. Baumert/Stanat/Watermann 2006). All diese Erkenntnisse treffen keineswegs nur für die Schulzeit, sondern in besonderem Maße auch schon auf die Zeit vor dem Schuleintritt zu. Auch wenn diese Annahmen in der aktuellen Forschung und den aktuellen Diskursen grundsätzlich anerkannt sind, stellen Einzelfallstudien, welche einen tieferen Zugang zu diesen Zusammenhängen aus der Perspektive der Eltern ermöglichen könnten, bisher noch immer ein Desiderat dar.

Zum Verhältnis von Elternhaus und Bildungseinrichtung

Um ein besseres Verständnis der aktuellen Zusammenhänge zu gewinnen bzw. um die Konturen der Problematik um das Verhältnis von Bildungseinrichtungen und Elternhäusern sichtbar werden zu lassen, ist es notwendig, eben dieses Verhältnis unter Einbeziehung der historischen Entwicklung, des rechtliche Rahmens sowie der grundlegenden strukturellen Merkmale zu skizzieren.

Zunächst wird die Perspektive der Bildungseinrichtungen umrissen: Die Pädagogik ging und geht bis heute in unterschiedlicher Weise auf Familien bzw. die Erziehung in Familien ein. Gleichwohl lassen sich in Vergangenheit nach Fuhs (2007) in den pädagogischen Ansätzen und Konzepten drei Linien identifizieren: erstens eine Idealisierung der Familie, zweitens eine deutliche Kritik an der Familie sowie drittens die völlige Ignorierung (und Negierung) familiärer Einflüsse auf das Kind bzw. die kindlichen Bildungsprozesse. Schlägt man einen zeitlichen Bogen in die Gegenwart, so ist zwar eine Veränderung des Verhältnisses zwischen Elternhaus und Bildungsinstitution zu beobachten, jedoch wird das Verhältnis stark durch Disparitäten gekennzeichnet.

Wodurch ist das Verhältnis zwischen Eltern und Schule bzw. Kindergarten charakterisiert? Es besteht zwischen Schule/Kindergarten und Familie/Eltern ein nicht zu verkennendes strukturelles und unauflösbares Spannungsverhältnis: beide Lebensbereiche sind zwar zentrale Bestandteile der kindlichen Lebenswelt (vgl. Fölling-Albers/Heinzel 2007; vgl. Böllert 2008), doch unterliegen beide sehr unterschiedlichen Regelwerken, Systemlogiken und folglich auch verschiedenen Perspektiven auf das Kind. Die Struktur beider Sozialisationsinstanzen divergieren stark hinsichtlich ihrer Zielvorgaben: Aus systemtheoretischer Perspektive stellen (post)moderne Familien als primärer Bildungs- und Erziehungsraum einen Hort der privaten Sphäre bzw. einen Ort dar, der durch Intimität und Nähe gekennzeichnet ist. Die Schule sowie der Kindergarten sind dagegen jedoch jeweils ein öffentlicher Bildungs- und Erziehungsraum – und demnach ein Übungsraum für Nähe und Distanz bzw. ein Vermittlungsraum zwischen Familie und Gesellschaft. Dort müssen individuelle Ansprüche mit denen der Gemeinschaft in Einklang gebracht werden (vgl. Korte 2008). Ein weiteres Strukturmerkmal am Übergang in die Grundsschule ist die Schulpflicht. Im Übergang zur Schule müssen Kinder eingeschult werden. In Deutschland ist der Besuch rechtlich seit 1920 bestimmt und für alle Kinder geregelt. In Deutschland und in vielen weiteren Ländern Europas übertragen die Eltern die Rechte auf die Tageseinrichtung. Auch Susan Busse und Werner Helsper (2007) markieren den historischen Beginn des Spannungsverhältnisses mit der Einführung der allgemeinen Schulpflicht. Diese brachte nachhaltige Veränderungen für die Familien und für Kinder. Die Familie befand sich der historisch neuen und andersartigen Sozialisationsinstanz Schule gegenüber in einem gewandelten und neuartigen Verhältnis. Mit der Einführung der allgemeinen Schulpflicht wurden den Eltern teilweise ihre Erziehungs- und Sozialisationsfunktionen entzogen und der Schule übertragen. Dies galt für den Unterricht sowie auch für den Erziehungsbereich (ebd.). Ein genauerer Blick auf die kodifizierte Regelungen macht auf juristischer Ebene das (Macht-)Verhältnis zwischen Familie und Schule deutlich (vgl. Avenarius 2000). In Artikel 6 Abs. 2 des Grundgesetzes steht: Die „Pflege und Erziehung der Kinder sind das natürliche Recht der Eltern und die zuvörderst ihnen obliegende Pflicht". Umgekehrt besagt Artikel 7 des Grundgesetzes, dass das Schulwesen unter der Aufsicht des Staates steht. Bei genauer Betrachtung bedeutet dieser Umstand nach Busse und Helsper (2007): Die Eltern haben zwar das Recht und die Pflicht ihre Kinder zu erziehen und somit das primäre Erziehungsrecht, jedoch haben sie beispielsweise keinen Einfluss auf die Ausbildung der Lehrer oder die Gestaltung des Unterrichts (ebd.). Auf der anderen Seite nimmt auch die Schule Erziehungsaufgaben wahr. Hier sei auf die extrafunktionale Qualifikation der Schule hingewiesen (vgl. Fend 2006). Daraus könnten weitere divergierende Erwartungen von Eltern und Kindergarten/Schule entstehen, wie beispielsweise hinsichtlich der unterschiedlichen Kultur- und Werteorientierung der Familien. Die juristische Regelung scheint eine Aporie konstruiert zu haben, welche die Konturen des formalen Machtgefälles deutlich und bis heute geltend markiert. Zwar werden den Eltern heute scheinbar mehr Mitwirkungsrechte eingeräumt und die Kooperationen zwischen Schule und Elternhaus aus pädagogischen und psychologischen Gründen angestrebt, jedoch bleiben echte Partizipations- und Gestaltungsmöglichkeiten für Eltern bis heute eher eine Ausnahme. Umso irritierender erscheint dieses vor dem Hintergrund, dass Eltern in den Bildungsplänen als Spezialisten (Hessen) oder gar als Experten (Baden-Württemberg) bezeichnet werden (vgl. Orientierungsplan 2006; Fthenakis 2007). Denn zumeist beschränkt sich die Zusammenarbeit der Schule mit den Eltern letztlich nur allzu häufig auf die Hausaufgaben und auf Pflichtrituale.

Die obige Darstellung weist zum einen auf ein Desiderat hin, nämlich die Erforschung der elterlichen Perspektive im Übergang zur Schule anhand von Einzelfallstudien. Zum anderen kristallisiert sich in den Ausführungen zum Verhältnis zwischen Elternhaus und Bildungsinstitution das Differenztheorem auf der strukturellen Ebene deutlich heraus (Pekrun 2001). Der vorliegende Beitrag knüpft nun thematisch an die genannten Aspekte an und fokussiert auf den Zeitabschnitt, in dem das Verhältnis von Eltern und Schule noch im Entstehen und folglich noch (scheinbar) formbar ist. Gefragt wird nach der je individuellen Perspektive von Eltern auf das Verhältnis zur Schule in dieser Phase.

Empirische Rekonstruktion der elterlichen Perspektiven auf das Verhältnis zwischen Elternhaus und Schule

Fragestellung und methodologische Überlegungen

Das Ziel des folgenden Kapitels besteht in der rekonstruktiven Erkundung des Verhältnisses zwischen der Familie und den Institutionen Schule und Kindergarten aus einer interaktionistisch- konstruktivistischen Perspektive. Analysiert werden soll, wie Eltern die im Kindergarten erlebten Praktiken und die Einstellungen von Erzieher(inne)n im Unterschied zu dem darstellen, beschreiben und bewerten, was sie von der Schule erwarten. Zentrale Fragen sind in diesem Zusammenhang: Wie artikulieren Eltern das Verhältnis zwischen sich selbst und den Bildungsinstitutionen in der real gegebenen Lebenssituation des Übergangs? Welche Qualitäten lassen sich in diesem Zusammenhang näher bestimmen? Ferner stellt sich die Frage, inwiefern das Verhältnis durch gemeinsame Ziele und Partnerschaft oder aber durch Konkurrenz und Gegnerschaft charakterisieren lässt?

Für die Klärung dieser Fragen ziehe ich das Datenmaterial[1] heran, welches im Rahmen des Forschungsprojekts „Orientierungsrahmen von Eltern im Übergang zur Grundschule in unterschiedlichen Milieus" mit Hilfe von narrativ fundierten, Leitfäden gestützten Interviews mit Müttern und Vätern vor und nach der Einschulung ihrer Kindern gewonnen wurde (Sujbert 2009, 2010). Der vorliegende Beitrag fokussiert auf die Erhebungen *vor* dem Schulanfang, womit das Verhältnis zum Kindergarten und zur Schule sowie die darin eingeflochtene Grundeinstellung bereits in der Kindergartenzeit aus der Perspektive von *Kindergarteneltern* erkundet wird.

Zur Auswertung dieser Daten ziehe ich die dokumentarische Methode der Interpretation heran. Es sollen Orientierungen, welche sich in der jeweiligen Praxis der einzelnen Eltern dokumentieren, herausgearbeitet werden. Mit der von Ralf Bohnsack entwickelten dokumentarischen Methode (vgl. Bohnsack 1999; Bohnsack/Nentig-Gesemann/Nohl 2007; Nohl 2006) lassen sich die Orientierungsrahmen der Mütter und Väter sowie Gegenhorizonte prozess- und sequenzanalytisch rekonstruieren. Dabei wird auf die erlebnisorientierte Darstellung sowie die Erzählungen und Beschreibungen der Praktiken Bezug genommen (vgl. Bohnsack 2003, 61). Dieses Interpretationsverfahren erscheint mir aufgrund der systematischen Differenzierung zwischen unterschiedlichen Interpretationsebenen und der Einbeziehung der komparativen Analyse als geeigneter Ansatz, sich den Grundeinstellungen der interviewten Eltern gegenüber Kindergarten und Schule anzunähern. Die dokumentarische Methode leitet eine methodische Rekonstruktion impliziter Orientierungsmaßstäbe und „Habitus" der Beforschten an. Die ihr eigene *genetische Einstellung*, also die Hinwendung zum *Wie* der Herstellung von kulturellen und sozialen Phänomenen, korrespondiert in besonderer Weise mit der Suche danach, mit welchen Mitteln die Eltern selbst die Übergangssituation meistern. Im Vordergrund stehen ihre diesbezüglichen Wahrnehmungs-, Entscheidungs- und Handlungsdispositionen im Vergleich[2] (ebd.). Mein Vorhaben zielt damit weder darauf ab, den Übergang beispielsweise einer einzelnen Mutter noch auf die Themen,

---

1 Das Projekt wird von der Pädagogischen Hochschule Ludwigsburg unterstützt. Die Ergebnisse dokumentieren nicht nur Meinungen und Stellungnahmen, es wurden durch die Fragen vielmehr auch Erzählungen zu den eigenen Erfahrungen hervorgebracht, welche für die Auswertungsmethode ein konstitutives Element bilden (vgl. Nohl, 2006). Die Befragten nutzten die von dem Interviewer eingeräumte Möglichkeit, den Befragungsgegenstand selbst zu strukturieren (vgl. Friebertshäuser 2003; vgl. Hopf 2008). Die Leitfragen wurden im Forschungsprozess lediglich als Gerüst betrachtet.

2 Ein Bezugspunkt gilt als Voraussetzung jener für die Reflexion notwendigen Distanz.

die im Gespräch expliziert werden zu beschreiben.

Rekonstruktive Analyse von Textpassagen aus zwei Interviews

Im Folgenden soll die rekonstruktive Analyse von zwei Sequenzen aus zwei im Rahmen des oben genannten Projekts erhobenen Interviews erfolgen. Das methodische Vorgehen soll gemäß den für die dokumentarische Methode maßgeblichen Schritten veranschaulicht werden. Ermittelt werden sollen der von beiden Müttern eingenommene Habitus sowie die zum Ausdruck gebrachten Orientierungsrahmen und Gegenhorizonte. Aus den verschiedenen Habiti wird dann auf die Grundeinstellungen der beiden Mütter zum Kindergarten bzw. zu Erzieher(inne)n, den Erziehungspraktiken und -methoden sowie zur Grundschule bzw. zu Lehrer(inne)n rückgeschlossen.

Die Auswahl der nachstehenden Passagen erfolgte anhand zweier Kriterien: Zum einen soll das in der Passage behandelte Thema bzw. dessen Bedeutung einen Bezug zur obigen Ausgangsfragestellung aufweisen. Zum anderen müssen diese Passagen durch erzählerische Dichte bzw. Detailliertheit gekennzeichnet sein (vgl. Bohnsack 2003).

Zunächst sollen die ausgewählten Sequenzen formulierend interpretiert werden. Anschließend sollen auf der Basis einer reflektierenden Interpretation gemeinsame Erfahrungsräume ermittelt werden.

Rekonstruktive Analyse des Falls Frau A

Frau A ist 37 Jahre alt, verheiratet und ihr Sohn Felix wird bald eingeschult. Frau A und ihr Mann sind gegenwärtig berufstätig. In der aus dem 60-minütigen Gespräch ausgewählten Textpassage[3] (Z. 374-424) sollen mithilfe der rekonstruktiven Analyse die Grundeinstellungen von Frau A zum Kindergarten und zur Schule eruiert werden.

1 I: Mhm (1) ähm (2) was ist für dich heute wichtig (1) im Kindergarten, vielleicht (1) wenn du an Felix denkst? (1) Seine Schule beginnt circa in sechs Monaten.
3 P: ⌊Mhm
4 I: ( ) Was wirklich wichtig
5 P: ⌊(2) A::ls::, für mich ist wichtig, jetzt so mh, unabhängig davon, dass der jetzt eingeschult wird, (3) was ich schon ganz gern hätt´, ist ich Gewissen, mh (1), dass es ´ne stärkere Struktur gibt, als er die zum Beispiel in der alten Kita erfahren hat, also dass es äh,

---

3 Bei der Transkription wurde das Transkriptionssystem nach Przyborski/Wohlrab-Sahr (2009, 166f.) angewandt.

dass es klare Vorgaben gibt, was geht, was geht nicht.. Ähm, (1) auch, was man macht, also womit man sich beschäftigt so am Tag. Und da habe ich den Eindruck, haben die jetzt in der Kita doch 'nen relativ guten Blick dafür

11 I: Kannst du das beschreiben?
12 P: └ Ja, zum Beispiel, also die haben so ähm, (1) in der alten Kita ist Felix morgens rein gekommen, hat seine Sachen in sein Fach gestopft und ist in den Fitnessraum gerannt, ne, und hier gibt es morgens wenn ich die bring. Es gibt ein Raum, da gehen alle Kinder hin und dort verhandelt er erst mal mit den Erzieherinnen, was er machen kann und zum Beispiel, äh, war es gestern morgen so, ich hab ihn hingebracht, ne, und dann sagte Felix: „ich würde gern mit dem Max im Flur bleiben." Und Max und Felix gemeinsam, das weiß man inzwischen, ist ähm ein recht explosives Gemisch.
I: └ Mhm
P: Das geht relativ schnell ab, ne. Da hat die Erzieherin auch gesagt:" Nee, ich hätt gern, dass ihr erstmal in der Gruppe bleibt und sonst macht ihr gleich nur Party; das ist zu viel
I: Mhm
P: Bleibt erst mal hier." Und das find ich eigentlich ganz gut.
I: └ (( ))
P: Das find ich nicht wirklich. Das ist 'n Punkt, der mir nicht so gut. Das findet nicht wirklich vorhanden statt, sondern (1) es findet so ähm. (2) aber die haben, find ich 'n *guten Blick dafür, (.) was geht und was geht nicht.* Und ähm,
29I: ⌈ Was wär dieser gute Blick?
P: └ Ja, der gute Blick, dass die sehen dass hm sich Felix und Max dann aufschaukelt, und dass das äh für die Dynamik in der Kita nicht gut ist, aber auch für die zwei (.) nicht gut ist.
I: └ Mhm
34P: Das kippt oft dann auch, ne. Was ich manchmal schwierig finde ist, dass die ähm, (2) an der Kita, dass die bestimmte Dinge: zu sehr *rigide Handhaben,* also @(.)@ zum Beispiel (1) mit Raus gehen, müssen sie die, die Matschhose anziehen. Wenn der Felix dann sagt, er schwitzt sich kaputt da drin, und es, und es ihm steht schon das Wasser da drin. Es geht aber dann nicht die Matschhose auszuziehen. Also, da sind die sehr unflexibel, so, und was mich am Anfang an der Kita auch total gestört hat, (.) ähm, was ich aus der alten Kita kenne und auch sehr wertgeschätzt hab: Die Erzieherinnen hier in der Kita, die stehen ((Klopfgeräusche)) immer so mit verschränkten Armen am Sand-

	kasten,
I:	˪ Mhm
P:	Gucken so, ne, (.) mit äh übergeordnetem Blick @(.)@ ,
I:	˪ Mhm
45P:	ob das seinen geregelten Gang geht, aber das sich da mal eine mit in den Sandkasten setzt, das ist irgendwie, geht auch gar nicht, weil die alle Lackschuhe und weiße T-Shirts anhaben @(1)@ Und das fand ich so sehr abschreckend am Anfang. Also, wo ich den Eindruck hab, die ham da schon eher so die (1) Rolle Aufsicht zu sein.
I:	˪ Mhm
P:	˪ nicht Begleiter irgendwie
I:	˪ Mhm
P:	Aber trotzdem glaube ich, dass Felix, dieses (.) ähm etwas, etwas rigidere eigentlich ganz gut tut. So.

Um einen Überblick bzw. einen ersten Zugang zum thematischen Verlauf des Diskurses zu erhalten, wurden im ersten Schritt der Rekonstruktion die von Frau A angesprochenen Themen in einem chronologischen Ablauf festgehalten, deren Interpretation im Rahmen des Gesagten – im Sinne der formulierenden Interpretation (vgl. Bohnsack 2003, Przyborski/Wohlrab-Sahr 2009; Nohl 2006) – bleibt. Teilweise wurde ein Themenwechsel in der Narration durch die Leitfragen angeregt[4]. Die gebildeten Themen oder Passagen wurden als Ober- und Unterthemen (OT, UT) geordnet:

Als Oberthema des obigen Ausschnitts wird die Kindergartenbetreuung identifizierbar. Dieses Oberthema lässt sich seinerseits wiederum in zwei Unterthemen gliedern: der strukturierte Blick der Erzieherinnen (UT Z. 1-33) auf der einen Seite und die rigiden Erziehungsmethoden der Erzihrinnen (UT Z. 34-48)[5] auf der anderen Seite. Im ersten Unterthema fragt die Interviewerin Frau A, was ihr im Kindergarten wichtig ist. Darauf legt die Gefragte zunächst die klare Struktur mit ihren Vorgaben dar. Ihr ist es unabhängig von der Einschulung wichtig, dass es eine stärkere Struktur als in ihrer alten Einrichtung gibt. Erzieherinnen sollen einen guten Blick haben. Dieses beschreibt die Mutter nach einer Nachfrage des Interviewers damit, dass die Erzieherinnen einschätzen können mit wem und was die Kinder spielen können, damit

---

4 In den. Gesprächen wurden 4 Leitfragen und weitere immanente Nachfragen gestellt, welche über Meinungen und Stellungnahmen hinausgehende persönliche Erzählungen der Befragten anzuregen versuchten.
5 Alle Stufen der formulierenden Interpretation (vgl. Bohnsack 2003, 135) können an dieser Stelle nicht ausgeführt werden.

sich (Interaktions- und Spiel-)Situationen nicht aufschaukeln. Des Weiteren findet Frau A es im zweiten Unterthema schwierig, dass die Erzieherinnen im Kindergarten bei bestimmten Dingen einen rigiden Umgang an den Tag legen. Dies zeigt sich beispielsweise in der Handhabung der Matschhose, welche die Kinder anziehen müssen um hinausgehen zu dürfen. Die Erzieherinnen sind unflexibel mit der Hose bei schlechtem Wetter. Ihren Sohn dürfe die Hose auch dann nicht ausziehen, wenn er sich darin nicht gut fühle und sie auch nicht ihren Zweck erfülle. Frau A hat es anfangs sehr gestört, dass die Erzieherinnen eher als Aufseherinnen statt als Betreuerinnen mit den Kindern tätig waren und nicht selbst mit den Kindern an der Sandkiste spielten. Daran seien sie gehindert, weil sie Lackschuhe und ein weißes T-Shirt am Sandkasten anhaben. Frau A glaubt aber trotzdem, dass Felix das Rigide gut tut.

Rekonstruktive Analyse des Falls Frau B

Frau B ist 42 Jahre alt, verheiratet und ihre Tochter Kirstin wird im Herbst eingeschult. Sie und ihr Mann sind beide berufstätig. Ich fokussiere aus dem mit ihr geführten Gesamtgespräch auf die Abschlusspassage (Z. 750-803), in welcher vier Unterthemen identifizierbar sind, von denen mir die Unterthemen 3 und 4 besonders signifikant erscheinen. Daher wird in diesem Abschnitt nur auf die beiden letzten Unterthemen eingegangen.

Frau B

1I: Ist Schule wichtig? (3) Also die Schule funktioniert anders als der Kindergarten, wo sind die Unterschiede?
3P: Ä:hm, (1) ich mein jetzt nicht so in die Richtung der Ernst des Lebens, oder son Blödsinn, ähm @2@ das nicht, aber es ist nun mal, ähm tja, (2) es istnn *vorgegebener Rahmen* es ist nen gesetzter Rahmen, ein Rahmen den man nicht mehr so beeinflussen kann, wie gesagt ich versuch jetzt natürlich auch mein Kind regelmäßig in den Kindergarten zu bringen, aber es ist völlig wurscht ob wir um 8, viertel nach 8 oder um halb 9 kommen, ich hab Gleitzeit dann bin ich erst um 9 am Schreibtisch (), das heißt wenn wir verschlafen haben oder nen schlechten Tag oder mein Kind morgens trödelt ppfff,
10I: L mh
11P: L also der Rahmen ist einfach gesetzt in der Schule, da kann ich nicht dran rütteln, dass ist ((klatscht mehrmals)) dann um 8 nicht um viertel vor und nicht viertel nach, ne Punkt 8, daran müssen wir uns gewöhnen und ich denk da müssen wir

179

	beide auch nen bisschen mehr Gas geben, ne, wir sind beide keine Morgenmenschen, das ist zum Beispiel ein Punkt, anderer Punkt ist äh (1) ( ) Das ist einfach, der Rahmen ist da. Und der ist nicht von uns zu beeinflussen und ich krieg viel weniger mit als im Kindergarten, im Kindergarten hab ich jeden Morgen die Chance noch nen Schwätzchen zu halten mit den Erzieherinnen oder jeden Mittag, ähm, ich krieg viel mehr *Informationen*, in der Schule bekomme ich so gut wie gar keine außer ich engagiere mich wieder als Elternteil, allein um die Chance zu
20I:	(Warum ist das so?)
21P:	Na, a) ist es ja so, das Kind geht ja alleine in die Schule, das ist ja auch gewünscht, ne, die Eltern sollen nicht das Kind in die Schule begleiten
23I:	∟Von wem gewünscht?
24P	Von der Schule?
25I:	()
26P:	() die haben mit den Eltern gesprochen () also ich weiß das es an dieser Schule üblich ist, das man das Kind <u>nicht</u> in die rein begleitet, sondern das wird dann am Tor abgegeben (2)
28I:	∟mh
29P:	Das heißt ich seh die Lehrerin ja gar nicht, kann ja gar nicht () kommunizieren, ich weiß von meinen Freunden, also es gibt Sprechzeiten über 10 Minuten über was soll ich denn in 10 Minuten sprechen
31I:	In dieser Schule?
32P:	∟Ähm, generell, generell so wie bei diesen Elternsprechtagen 10 Minuteneinheiten die vergeben werden
34I:	∟Ja
35P:	∟Ähm, (1) ansonsten kann man glaub ich nur bei Problemen ()das heißt ich krieg sehr wenig mit
37P:	Ähm, na ich hab das Glück das mein Kind relativ viel erzählt, aber son Kind erzählt ja aus seiner eigenen Wahrnehmung heraus, ne das ist ihre Welt, die sie mir dann ähm mitteilt, aber das muss ja nicht () sein
40I:	∟mh
41P:	Ähm, (.) das heißt ich bekomm von ihr bestimmt einiges ähm mit, aber sehr wahrscheinlich auch nicht alles, das heißt ähm, ich arbeite nen Stück weit mit mit nem Umfeld, was ich gar nicht kenne…wo ich gar nicht so recht weiß im Detail wo ich dann auch nachfassen kann soll, ne?
44I:	∟mh

45P: also im Kindergarten ist die Kommunikation viel offener () (Ja, da ist jetzt grad schon sone gewisse Ungewissheit oder Unsicherheit),ne?

Die formulierende Interpretation im Fall von Frau B wird folgend dargestellt: Das Oberthema des obigen Ausschnitts ist der Vergleich der Einrichtungen Grundschule und Kindergarten. Der obige Textausschnitt beschränkt sich lediglich auf die beiden Unterthemen: Unterschiede Kindergarten und Schule (UT Z. 1-15) und Schule als für die Eltern schwer zugänglicher Raum (UT Z. 16-46).

Im ersten Unterthema fragt die Interviewerin nach der Wichtigkeit der Schule und nach den Unterschieden zwischen Kindergarten und Schule. Frau B nennt den von der Schule gesetzten Rahmen, den man nicht in der Weise beeinflussen kann wie im Kindergarten. Man muss morgens um 8 Uhr da sein und darf nicht trödeln. Daran müssen sich Frau B und ihre Tochter noch gewöhnen. Den Rahmen der Schule können sie selbst oder ihre Tochter nicht ändern. Im zweiten Unterthema wird die Kommunikation von Frau B genannt. Frau B bekommt im Kindergarten mehr Informationen, sie kann morgens oder mittags kurz mit den Erzieherinnen reden und so an Informationen kommen. In der Schule bekommt sie keine Auskünfte, es sei denn sie wird wieder als Elternteil aktiv. Auf die Frage der Interviewerin warum das so sei antwortet Frau B, dass die Kinder alleine in die Schule gehen sollen und von den Eltern am Tor abgegeben werden Die Schule hat dies bereits mit den Eltern besprochen. Kommunikation ist so gar nicht bzw. nur zu Elternsprechtagen für 10 Minuten oder aber wenn es konkrete Probleme gibt möglich. Frau B hat Glück, dass ihre Tochter relativ viel erzählt, aber eben aus ihrer Wahrnehmung heraus. Schule ist für Frau B ein Umfeld, welches sie gar nicht im Detail kennt und welches sie nicht „nachfassen" kann. Im Kindergarten ist die Kommunikation viel offener.

<u>Zweiter Schritt der Rekonstruktion: Reflektierende Interpretation</u>

In dem zweitem Schritt des Interpretationsverfahrens erfolgt nun mit Hilfe der reflektierenden Interpretation aufbauend auf der formulierenden Interpretation die „Rekonstruktion und Explikation des Rahmens, innerhalb dessen das Thema abgehandelt wird" (Bohnsack 2003, 135). Der Orientierungsrahmen wird durch Gegenhorizonte ermittelt. Diese Rekonstruktion löst sich von der expliziten und paraphrasierenden Ermittlung des Ausdrucksinn(-gehalt)s mit kommunikativer Absicht. Stattdessen steht hier die gestalterische, figurative oder stilistische (vgl. Bohnsack 2003, 67f.) Bildung des Dokumentsinns im Zentrum.

Als Orientierungsfacette von Frau A kristallisiert sich Folgendes heraus: Sie thematisiert zunächst als Antwort auf die Frage mit propositionellem Gehalt (hier zudem auch mit festgelegten Zeitstimulus) der Interviewerin danach, was ihr bezogen auf den Kindergarten mit Blick auf die Schule wichtig sei, den Gegenhorizont eines Kindergartens, in welchen ihr Sohn gegenwärtig nicht mehr gehe. In dem Kindergarten, welchen ihr Sohne nun besuche, gebe es eine „stärkere Struktur" (Z. 7) als in dem alten. Die Fokussierungsmetapher[6] der „klaren Vorgaben" (Z. 8) wird noch einmal betont und dadurch belegt, dass es für das alltägliche Handeln und die Beschäftigungen hier „klare Vorgaben" gebe. Es wird auch noch eine weitere Fokussierungsmetapher angewandt: der „gute Blick", welcher einen gut strukturierten Alltag gewährleiste. Auf die begründungsgenerierende Frage (Z. 11) der Interviewerin nach weiteren Erklärungen, gestaltet Frau A den genannten Gegenhorizont noch weiter aus, indem sie die Ausgestaltung der Übergabesituation im Kindergarten als ausschließlich dem Kind sowie seinen Eltern überlassen beschreibt. Im jetzigen Kindergarten (positiver Gegenhorizont) gebe es einen Raum, in dem sich die Erzieher(innen) befänden und in dem das ankommende Kind begrüßt werde und seine nächsten Beschäftigungen besprochen würden. Das professionelle Handeln der Erzieherinnen gewinnt nun durch Beschreibungen Konturen. Dabei begründet Frau A ihre Einstellung nicht, auf die Hintergründe ihrer Einstellung geht sie nicht ein. Die Passage zeichnet sich durch Engagement und Dichte aus. Das erste Unterthema wird mit Interesse und einer relativ lebhaften Geschwindigkeit hervorgebracht. Dagegen wird im weiteren Diskursverlauf das zweite Unterthema in verlangsamtem Sprechtempo und mit einer gedehnten langsameren Aussprache vorgebracht. Frau A bringt den Gegenhorizont in Form einer Erzählung zur Sprache, da sie die morgendliche Übergangssituation zwischen zwei Zuständen (denn jeden Morgen löst sich ein Kind aus der Familiensituation und wird zum Kindergartenkind) in den spezifischen Ort- und Zeitbezug setzt. Frau A selbst formuliert (Gegen-)Propositionen, welche sich im Gespräch entfalten.

Die Passage von Frau B beginnt ebenso mit einem Input der Interviewerin. In ihrer Frage gibt sie mehrere Stimuli vor: a) den Stellenwert der Schule in einer Frage mit propositionellem Gehalt; b) das Vorgehen der beiden Einrichtungen (Funktion), das an die von Frau B hervorgebrachten Proposition in der vorangegangenen Passage anschließt; c) die Unterschiede der beiden Einrichtungen in Form einer Frage mit proposi-

---

6   Die Fokussierungsmetaphern werden im Textauszug durch Kursivdruck deutlich gemacht.

tionellem Gehalt. Zunächst nennt Frau B „die Richtung der Ernst des Lebens" (Z. 3) und bewertet diesen Leitsatz scheinbar als unernst, unzutreffend oder unangemessen für die beginnende Schulzeit. Diese Vermutung wird durch ihr Lachen nahe gelegt. Die Fokussierungsmethapher „Rahmen" wird als „vorgegeben" und „gesetzt[..]" (Z. 4) betont. Man könne den Rahmen der Schule nicht mehr so beeinflussen wie den Rahmen des Kindergartens. Somit rückt der Kindergarten in den positiven Gegenhorizont. In der anschließenden Darstellung gestaltet Frau B den genannten Gegenhorizont weiter aus indem sie die allmorgendliche Routine mit Fokus auf die Ankommenszeit als sehr flexibel beschreibt. Im Kindergarten gebe es keine feste Uhrzeit, zu der sie ankommen müsse, da täte sich ein halbstündiger zeitlicher Freiraum auf. Dieser halbstündige Freiraum wirke sich wiederum positiv auf ihre Arbeitszeitreglung aus. Verschlafen, einen schlechten Tag haben oder sich Zeit lassen sind im Kindergarten angemessene Gründe für die Inanspruchnahme dieser zeitlichen Flexibilität. In der Schule wird die Unveränderbarkeit des dortigen Rahmens im Diskurs zunehmend deutlicher, da daran weder „man" (Z. 5) noch Frau B selbst (Z. 12) noch ihr (familiäres) Umfeld („von uns" Z. 15) etwas ändern könne. Der Rahmen als starres Gerüst und die Hilf- und Machtlosigkeit von Frau B gegenüber dessen Unveränderbarkeit ist ersichtlich. Allerdings wird der Rahmen nur am morgendlichen Schulzeitbeginn festgemacht. Dies bleibt im weiteren Diskursverlauf unverändert. Mit den „Informationen", von denen sie im Kindergarten mehr bekäme als in der Schule, wird eine weitere Fokussierungsmetapher genannt. Die Schule bleibt weiterhin im negativen Horizont, da es im Kindergarten morgens und mittags die Möglichkeit bestehe mit den Erzieherinnen ein lockeres „Schwätzchen" zu halten.

Frau A wünscht sich offenbar einen durch Rituale und Aufmerksamkeit der Pädagog(inn)en strukturierten Alltag in der Bildungseinrichtung, welchen sie am Begrüßungsritual und an den Regeln mit Gegenständen im Miteinander festmacht. Eine besondere Bedeutung scheint sie einem, wie sie es nennt, „guten Blick" zuzuschreiben. Fachsprachlich könnte man hier wohl vom „pädagogischem Takt" (vgl. Muth 1967) sprechen. Dabei ist die zentrale Rolle der Erzieher(innen) unverkennbar. Aufsicht zu sein entspricht nicht ihrer Vorstellung, Begleiter sein wäre hingegen die von ihr gewünschte Haltung von Erzieher(innen). Gleichzeitig stehen scheinbar beide in einem Zusammenhang, der in Verlauf von ihr entwickelt wird: Das Rigide wird im Hinblick auf den Sohn scheinbar gebilligt. Ihre Grundeinstellung zu der Bildungsinstitution ist eine fordernde, sie geht in ihrer Darstellung in aktiver Handlung über. Im Mittelpunkt der Forderungen steht ihr Sohn, ihre persönlichen Bedürfnisse als Mutter, d.h. die mit dieser Rolle verbundenen Aufgaben, der Verantwortungsbereich etc. kommen nicht zum Ausdruck. Im Diskursverlauf von Frau B offenbart sich dagegen deren absolut ohnmächtige Rolle gegenüber Schule, welche sie an der morgigen „Übergabesituation" exemplifiziert. Scheinbar wünscht sie sich zukünftig für sich als Mutter mehr Kommunikations- und Artikulationsmöglichkeiten in der Schule. In diesem Fall ist der organisatorische Rahmen der Schule von zentraler Bedeutung, der sich an der Einhaltung von Bring- und Sprechzeiten abstecken lässt.

Bezogen auf den Antwortmodus in der Passage von Frau B sind weder die Nennung singulärer Ereignisse, noch eine Erzählung, sondern eher Argumentation und Beschreibung zu finden. Die Gestaltung des Gesprächs durch Frau B ist eher kopflastig und wird im Modus der Argumentation hervorgebracht. Frau B reflektiert vorwiegend und ihre Darstellung zeigt – abgesehen von ihrer Ohnmacht – wenig emotionale Bezüge. Anders als Frau B stellt Frau A ihre Darstellung mehr im Modus der Erzählung dar, wobei auch Reflexionen und der Modus der Beschreibungen zu finden sind. Im Diskursverlauf wird der Fokus von Frau A vordergründig auf ihren Sohn gelegt, während hingegen Frau B ihre Darstellung auf sich und auf ihre Tochter bezieht[7]. Ein weiterer Bezugpunkt des Vergleichs sind die Quellen, aus denen sie ihre Erfahrungen für die Darstellungen herbeiführen. Sie basieren bei Frau A auf den Erfahrungen aufgrund des Kindergartenwechsels sowie ihren Beobachtungen des Kindergartenalltags, welche sich offenbar und überwiegend auf das Übergangsritual beschränken. Frau B bezieht sich ebenfalls auf ihre Erlebnisse im Kindergarten. Für die Beschreibungen der Schule/des Schulischen nutzt sie außerdem Informationen von Eltern, deren Kinder bereits eingeschult sind. Als Treffpunkt zwischen Institutionen und den Müttern offenbart sich bei beiden Müttern das allmorgendliche Eintreffen in der Einrichtung. Dieses wird zur Grundlage des weiteren Gesprächverlaufs herangezogen.

---

7   Ein Grund dafür mag in der Formulierung der Ausgangfrage zu finden sein, dennoch hat sie sich auf die Frage eingelassen und ihre Relevanzsystemen entwickelt.

Vorgaben, Grenzen & Kommunikation – drei zentrale Aspekte für Eltern

In den Ausführungen der Mütter über ihre Einstellung zu den Institutionen dokumentiert sich ein immer wiederkehrendes „homologes Sinnmuster" (Bohnsack 2003, 54), wodurch der Zugang zum konjunktiven Erfahrungsraum, dem „Rahmen" eröffnet wird. In der methodischen Auswertung der Äußerungen sind folgende Habitus von den Müttern am Übergang herausgearbeitet worden:
Frau Bs Habitus stellt eine zu *erfüllende* Haltung im Übergang dar. Dies zeigt eine per se nicht gegebene Gleichstellung zwischen Frau B und den schulischen Akteuren und deutet zudem auf ihre Einflusslosigkeit gegenüber der Schule hin. Demgegenüber zeichnet sich Frau As Habitus durch ihre *fordernde* Erwartungshaltung aus. Die Suche nach habituellen Gemeinsamkeiten und Übereinstimmung erweist sich als eine strukturorganisatorische Suche nach einem Raum für einen kontrollierten partizipativen Zugang zu den Einrichtungen. Die unterschiedlichen Strukturelemente (vgl. Pekrun 2001; Busse/Helsper 2007) werden von den Eltern auf der untersuchten Ebene wahrgenommen und thematisiert. Die Struktur als solche ist von besonderer Bedeutung.

Der gemeinsame und fallübergreifende (Orientierungs-)Rahmen nämlich der *Rahmen*, welcher sich in den beiden Einzelfällen identifizieren lässt, bestimmt grundsätzlich die Einstellung zu den Institutionen. In zeitlicher Dimension bezieht sich dieser auf die Gegenwart bzw. auf die nähere Zukunft. Es ist ersichtlich, auf welche Aspekte sich der Rahmen bezieht bzw. welche Facetten hier erkennbar werden. Während sich der Rahmen im Fall von Frau A auf die Vorgaben bezieht, bezieht er sich hingegen bei Frau B auf die Grenzen. Der Rahmen bringt Spannungsmomente mit sich, welche in den Wahrnehmungen auf der untersuchten individuellen Ebene zu erkennen sind. Diese beziehen sich in den analysierten Abschnitten auf die Kommunikationsstruktur. In der Wahrnehmung der Mütter steht dem für den Kindergarten charakteristischen alltäglichen und mehr informellen Informieren („Schwätzchen" zu Abholzeiten) der formalisierte, zeitlich geplante und gerahmte Austausch („10 Minuten"), welcher für die schulische Kommunikation kennzeichnend erscheint, gegenüber. Der informelle jedoch regelmäßige Austausch wird von den Müttern positiv bewertet. In ihren Entscheidungen verlassen sich beide Mütter auf ihre eigene Reflexion des Beobachteten und Erlebten. Ihre Handlungsdispositionen erleben und bewerten sie offensichtlich als eingeschränkt. Die Artikulation des Verhältnisses ist lebendig, flüssig und zeigt eine Bereitschaft, sich auf die Inhalte in der real gegebenen Lebenssituation des Übergangs einzulassen bzw. einen eigenen Gedankengang hierzu zu entwickeln.

Diskussion und Ausblick

Eltern im Übergang zur Grundschule erleben bereits vor der Einschulung, dass es in der Schule einen „Rahmen" gibt, der zum einen über Komponenten verfügt, welche sie im Kindergarten bislang noch nicht erlebt haben, mit dem sie sich zum anderen aber auch arrangieren müssen. Die Komponenten des schulischen Rahmens werden mit dem bekannten Rahmen des Kindergartens kontrastiert. Dabei werden von den Müttern Spannungsmomente erlebt, welche die weitere Gestaltung des Verhältnisses maßgeblich beeinflussen.

Gleichzeitig öffnet die Analyse ein aus pädagogischer Sicht relevantes Spannungsfeld, welches die Fachdiskussion anregen kann: Wieviel Rahmen ist überhaupt notwendig und möglich beim Übergang? Wo ist er notwendig? Wie lassen sich tragfähige und nachhaltige Beziehungen zu den Akteuren im Übergang aufbauen? Wie lassen sich Wege finden, welche die zwei Instanzen – im Bezug auf ein gemeinsames Ziel – verbinden?

Die Aufgabe der weiteren Forschung wird sein, diese Analyse weiter auszubauen und zu bearbeiten sowie deren Ergebnisse zu prüfen, abzusichern und ggf. auch zu modifizieren. Zunächst ist es von Interesse – auf Grundlage der Längsschnittstudie – die Thematiken bzw. Orientierungsrahmen der Mütter nach der Einschulung ihres Kindes im Hinblick auf das Verhältnis zu eruieren.

Die vorliegende Analyse bezog sich auf den Teil des Gesamtsamples, welches sich durch die Zugehörigkeit der Familien zu einer höheren sozialen Schicht sowie zu einem höheren Bildungsmilieu auszeichnet. Es stellt sich nun insbesondere die Frage, ob und inwiefern Eltern mit einem niedrigen sozialen Status und Milieu, neben geringeren Bildungsressourcen auch ganz andere Orientierungsrahmen entwickeln als die Eltern mit sozial höherem Status. Die Konsequenzen einer solchen Forschung besitzen eine höchst bedeutungsvolle und fundamentale Relevanz bzw. bilden unter anderem auch eine wichtige Grundlagen zum besseren Verständnis des Phänomens *Übergang*, für die konzeptionelle und systematische Reflexion sowie für die Entwicklung pädagogischer Maßnahmen für die Praxis.

Literatur

Avenarius, Hermann (2002): Einführung in das Schulrecht. Neuwied.
Baumert, Jürgen/Deutsches PISA - Konsortium (2003): PISA 2000. Ein differenzierter Blick auf die Länder der Bundesrepublik Deutschland. Opladen.
Baumert, Jürgen/Stanat, Petra/Wattermann, Rainer (2006): Herkunftsbedingte Disparitäten im Bildungswesen. Vertiefende Analysen im Rahmen der PISA 2000. Wiesbaden.
Bohnsack, Ralf (1999): Rekonstruktive Sozialforschung. Opladen.
Bohnsack, Ralf/Nentwig/Gesemann, Iris/Nohl, Arnd-Michael (2007): Die Dokumentarische Methode und ihre Forschungspraxis. Grundlagen qualitativer Sozialforschung. Opladen.
Bohnsack, Ralf (2003): Rekonstruktive Sozialforschung. Opladen.
Bohrhardt, Ralf (2000): Familienstruktur und Bildungserfolg. Stimmen die altern Bilder? In: Zeitschrift für Erziehungswissenschaft. 3. Jg.1., 189-208
Böllert, Karin (Hrsg.) (2008): Von der Delegation zur Kooperation, Bildung in Familie, Schule, Kinder- und Jugendhilfe. Wiesbaden.
Busse, Susann/Helsper, Werner (2007): Familie und Schule. In Ecarius, J. (2007): Handbuch Familie. Wiesbaden, 321-341
Diller, Angelika/Leu, R. Hans/Thomas Rauschenbach (Hrsg.): Wieviel Schule verträgt der Kindergarten. Annäherungen zweier Welten. Wiesbaden
Fend, Helmut (2006): Neue Theorie der Schule. Wiesbaden.
Fölling-Albers, Maria/Heinzel , Friederike (2007): Familie und Grundschule. In: Ecarius, J. (2007): Handbuch Familie. Wiesbaden, 300-319
Friebertshäuser, Barbara (2003): Handbuch qualitative Forschungsmethoden in der Erziehungswissenschaft Weinheim: Juventa
Fuhs, Burkhardt (2007): Zur Geschichte der Familie. In: Ecarius, J. (Hrsg.): Handbuch Familie. Wiesbaden, 17-36
Fthenakis, Wassilios Emmanuel/Bergwanger, Dagmar/Reichert- Garschhammer, Eva (2007): Bildung von Anfang an. Bildungs- und Erziehungsplan für Kinder von 0 bis10 Jahren in Hessen. Hessisches Sozialministerium, Hessisches Kultusministerium
Griebel, Wilfried (2004): Schulanfang aus der Familienperspektive. In: Diskowski, D./Hammes-Di Bernardo E. (Hrsg.): Lernkulturen und Bildungsstandards: Kindergarten und Schule zwischen Vielfalt und Verbindlichkeit. Hohengehren, 217-223
Griebel, Wilfried/Niesel, Renate (2004): Transitionen: Fähigkeit von Kindern in Taggeseinrichtungen fördern, Veränderungen erfolgreich zu bewältigen. Weinheim
Hopf, Christel (2008): Qualitative Interviews ein Überblick. In: Flick, U./ Kardoff, E./ Steinke, I. (Hrsg): Qualitative Forschung: ein Handbuch. 6. Aufl. - Reinbek bei Hamburg, 349-360
Korte, Jochen (2008): Erziehungspartnerschaft Eltern – Schule. Von der Elternarbeit zur Elternpädagogik. Weinheim

Ministerium für Kultus, Jugend und Sport Baden-Württemberg (2006): Orientierungsplan für Bildung und Erziehung für die baden-württembergischen Kindergärten – Pilotphase. Weinheim
Muth, Jacob (1967): Pädagogischer Takt. Monographie einer aktuellen Form erzieherischen und didaktischen Handelns. 2. durchgesehene Auflage. Heidelberg
Nohl, Arnd-Michael (2006): Interview und dokumentarische Methode : Anleitungen für die Forschungspraxis. Wiesbaden
Pekrun, Reinhard (2001): Familie, Schule und Entwicklung. In R. Pekrun & S. Walper (Hrsg.), Familie und Entwicklung: Perspektiven der Familienpsychologie. Göttingen, 84-105
Przyborski, Aglaja/Wohlrab-Sahr, Monika (2009): Qualitative Sozialforschung. Ein Arbeitsbuch. Oldenbourg
Schlemmer, Elisabeth (2000): Pädagogischer Familienalltag und Schule. In: Herlth, (et.al.) (Hrsg.): Spannungsfeld Familienkindheit - neue Anforderungen, Risiken, Chancen. Opladen, 78-91
Sujbert, Monika (2009): Soziale Herkunft, Bildungsnähe und Bildungserfolg: Eltern im Übergang zur Schule. Unveröff. Manuskript
Sujbert, Monika (2010): Der Übergang vom Elementar- zum Primarbereich unter besonderer Berücksichtigung von Eltern. Ringvorlesung „Übergänge" an der Pädagogischen Hochschule Ludwigsburg
Welzer, Harald (1993): Transitionen: zur Sozialpsychologie biographischer Wandlungsprozesse. Tübingen

4. Kapitel
Verschiebungen

Patrick Sunnen

Lernen

Ausführungen zum erziehungswissenschaftlichen Lernbegriff bei Gerold Scholz

Bereits seit vielen Jahren untersucht Gerold Scholz, wie Kinder in offenen Situationen von- und miteinander lernen. Sein Beitrag besteht hier u. a. in der Konstruktion einer Reihe von gut dokumentierten Fällen von Lern- bzw. Lehr/Lernsituationen (vgl. Scholz 1991, 1996, 1998). Diese gründen auf Beobachtungen, die im Rahmen von Untersuchungen an den Freien Schulen Marburg und Frankfurt gemacht wurden[1] (vgl. Lambrich/Scholz 1992), sowie auf Daten, die aus einer vierjährigen Langzeitbeobachtung einer Grundschule stammen (vgl. Beck/Scholz 1997). Auf diese, wenn man so will, eher empirischen Texte sind stärker theoretische Beiträge gefolgt (2000a, 2002b, 2003, 2009), die sich maßgeblich am Diskurs beteiligen, was – aus einer erziehungswissenschaftlichen Perspektive – als ‚Lernen' zu verstehen ist. Ein Meilenstein stellt hier m. E. der Artikel „Der Sprung über die Bank" dar, der anhand einer Szene aus einem Dokumentarfilm (Simon 1992) zeigt, wie Lernen innerhalb des von ihm entwickelten theoretischen Rahmens beobachtbar ist (Scholz 2008a).

Der Lernbegriff ist bis auf wenige Ausnahmen in den letzten Jahrzehnten in den Erziehungswissenschaften vernachlässigt worden (vgl. Göhlich/Zirfas 2007, 7). Und dies obwohl „man durchaus vom Lernen als einem ‚einheimischen Begriff' (Herbart) in der Pädagogik sprechen kann" (Göhlich u. a. 2007, 13). Lernen ist im Laufe des 20. Jahrhunderts vor allem zum Gegenstand der psychologischer Lernforschung geworden (Meyer-Drawe 1996, 85; Wiesemann/Amann 2002, 134). Vornehmlich die Popularität der behavioristischen Lerntheorien seit Ende der 1940er Jahren hat der Psychologie zu dieser dominanten Stellung verholfen (Göhlich u. a. 2007, 9f.). In letzter Zeit nehmen jedoch „die Bio-

---

[1] Es handelt sich um die Untersuchungsprojekte „Soziale Erfahrungen und Lernen" (Hans-Jürgen Lambrich) und „Die Bedeutung des ‚anderen' Kindes in den Freien Schulen Marburg und Frankfurt" (Gerold Scholz), die von 1988 bis 1990 liefen (Lambrich/Scholz 1992, 287).

wissenschaften der Psychologie die Rolle der hegemonialen Referenzwissenschaft für Fragen des Lernens im öffentlichen Diskurs" ab (ebd., 11). Auch wenn man eher den Standpunkt vertritt, dass die Grenzen zwischen den verschiedenen Disziplinen nicht immer eindeutig festzulegen und somit verhandelbar sind, lenkt eine disziplinäre Sichtweise doch die Aufmerksamkeit darauf, dass Vorstellungen zu Lernen, wie auch zu anderen Konzepten, sich immer in einen bestimmten Diskurs einschreiben. Auch wenn dieser nicht immer explizit gemacht wird, so wird er doch permanent mitgedacht und muss deshalb mit berücksichtigt werden. Daran ändern auch die Forderungen nach einer interdisziplinären Vorgehensweise nichts, denn eine Auseinandersetzung zwischen verschiedenen wissenschaftlichen Disziplinen kann nur gelingen, wenn diese die Spezifik ihrer Konstruktion des Gegenstandes – hier: Lernen – transparent machen können.

Selbst ungeachtet der kritischen Auseinandersetzung mit neurobiologischen und psychologischen Lerntheorien seitens der Erziehungswissenschaften (z. B. Meyer-Drawe 2008, Scholz 2009), bleibt die Notwendigkeit eines erziehungswissenschaftlichen Lernbegriffs bestehen. Diese kann man an der gegenwärtigen Diskussion um die sogenannte ‚Wissensgesellschaft' festmachen. Gerold Scholz (2000b, 2006a, 2008b) hinterfragt diesen Begriff und plädiert stattdessen für die Metapher der ‚Lerngesellschaft'.

Gleichwohl beschreibt ‚Wissensgesellschaft' für ihn zutreffend die aktuelle gesellschaftliche Situation (Scholz 2006a, 34), die in etwa Liessmann's (2010, 39) ernüchternder Analyse entspricht, dass „gegenwärtig nicht die Wissensgesellschaft die Industriegesellschaft ablöst, sondern umgekehrt das Wissen in einem rasanten Tempo industrialisiert wird". Dieses Wissen um industrielle, organisatorische oder Sozialtechniken muss „nicht mehr mit den Erfahrungen von Personen" verbunden sein, sondern kann „in von Personen losgelösten Institutionen oder Systemen aufbewahrt" werden (Scholz 2006a, 34). Den Erwerb dieses technologischen Wissens zum großen Projekt einer Gesellschaft bzw. ihrer Bildungsinstitutionen zu machen ist problematisch und riskant.

Ein Beispiel: Im Kontext der Einführung einer CO_2-Steuer in Luxemburg, äußerte der Schreiber eines Leserbriefes seinen Unmut darüber, dass sein Wagen auf 160 Gramm Kohlendioxid pro Kilometer besteuert wurde, wo doch nur 54,11 Gramm Diesel verbraucht würden[2]. Um zu dieser Aussage zu kommen, hatte er die erforderlichen Informationen aus einer technischen Datenbank im Internet abgerufen und die

---

2 Vgl. Ausgabe vom 13. Februar 2009 der luxemburgischen Tageszeitung ‚Tageblatt'.

entsprechenden Berechnungen durchgeführt. Allerdings hatte er nicht verstanden, was beim Prozess der ‚Verbrennung' aus einer chemischen Perspektive passiert und dass eben diese Perspektive hier, neben einer politischen, relevant ist. Seine Theorie beruht möglicherweise auf der – im Alltag gültigen Erfahrung –, dass nach der Verbrennung von z. B. Holz ‚weniger übrigbleibt'. Darauf, dass ein solcher Gedankengang kein Einzelfall ist, haben neben Gerold Scholz (1995) auch andere Autoren wie Howard Gardner (2001) oder Martin Wagenschein (z. B. 2002) hingewiesen.

In einer Lerngesellschaft wären die Menschen sich bewusst, „dass es nicht nur wichtig ist, etwas zu wissen, sondern zu wissen, was dieses Wissen bedeutet" (Scholz 2000b, 4). Dies gilt umso mehr, als es zurzeit völlig unmöglich ist, vorherzusagen, mit welchen ökonomischen, ökologischen, politischen oder sozialen Problemen sich die Kinder von heute befassen müssen, wenn sie erwachsen sind (Scholz 2006a, 35). Bezieht Wissen sich auf bereits Vorhandenes, das zudem wirtschaftlich verwertbar sein muss (ebd., 34f.), dann kann das Erlernen dieses Wissens nicht ausreichen, konstruktiv mit den Herausforderungen der Zukunft umzugehen.

In diesem Sinne, besteht aus der Sicht von Gerold Scholz (2004, 85) eine der Aufgaben von Erziehungswissenschaftlern darin, die zukünftigen Interessen der nachfolgenden Generationen in der Gegenwart zu repräsentieren. Sie tun dies u. a. dadurch, dass sie eine Expertise „für stellvertretende Deutungen von Kinder" entwickeln und diese in die Auseinandersetzung über die Frage mit einbringen, was in einer Gesellschaft sein soll (ebd., 88). Hierzu muss der Blick auf „die Qualität der Beziehung zwischen Mensch und Welt und die Möglichkeiten einer Verbesserung dieser Beziehung im Interesse beidseitiger Weiterentwicklung" gelenkt werden (Göhlich u. a. 2007, 11). Gerade die Sichtweise auf diese Zusammenhänge fehlt etwa Lerntheorien aus anderen Disziplinen (ebd.).

Folglich ist es für die Erziehungswissenschaften unabdingbar einen eigenständigen Lernbegriff zu entwickeln, der die Interessen von Kindern wahrt, indem er ihre Perspektive mit einbezieht. Dies geschieht, indem Lernen als biografischer Prozess begriffen wird, d. h. „als einen Prozess, der an die Person des Lernenden gebunden ist" (Scholz 2006a, 36) und ihm ermöglicht, „den Zusammenhang von Frage und Antwort sinnvoll herstellen zu können" (ebd., 39).

Im Folgenden skizziere ich nun die Anforderungen, die Gerold Scholz an einen erziehungswissenschaftlichen Lernbegriff, wie eben dargestellt, erhebt. Da kein Begriff ohne seinen theoretischen Rahmen interpretierbar ist, gebe ich einige erkenntnistheoretische Hinweise und umreiße einen entsprechenden Kulturbegriff. Diese Überlegungen ermöglichen dann die Konstruktion eines Lernbegriffes, der Lernen als einen vielschichtigen kommunikativen Prozess beschreibt. In der Schlussfolgerung werfe ich die Frage auf, inwieweit der hier vorgestellte Ansatz hilfreich für die Bildungspraxis bzw. für die Beobachtungspraxis sein kann und versuche den Lernbegriff zusammenzufassen.

Anforderungen an einen erziehungswissenschaftlichen Lernbegriff

Da für die Erziehungswissenschaft traditionsgemäß das Praxisverhältnis zu den Konstruktionen ihrer Theorie gehört, macht eine erziehungswissenschaftlich verankerte Lerntheorie im Grunde nur Sinn, wenn sie Hinweise auf die Lernbarkeit bzw. Lehrbarkeit des Lernens geben kann. Damit dies wiederum gegeben ist, muss Lernen als ein Prozess gedacht werden, der beobachtbar ist und von anderen Phänomenen abgegrenzt werden kann. Dies wird möglich, wenn man Lernen als kulturellen Vorgang versteht (Scholz 2002a, 2002b, 2009).

Diese ineinandergreifenden Anforderungen sind im Folgenden kurz dargestellt:

- Lernen muss als Prozess aufgefasst werden. In Anlehnung an eine Metapher von Horst Rumpf (2008, 23) kann man das folgendermaßen ausdrücken: Wenn ich nur am Gipfel des Berges und nicht am Aufstieg interessiert bin, dann erfahre ich wenig über die Qualität des Ausblicks: „Auch der Benutzer der Bergbahn kommt oben an und genießt die Aussicht. Aber er ist anders oben und er sieht anders in die weite Ebene als der, der mit eigener Kraft hochgestiegen ist." (ebd.) Zudem erfahre ich nichts über den Weg dorthin bzw. was sich bei einer anschließenden Bergbesteigung ändern ließe.
- Dieser Prozess muss empirisch beobachtbar sein um der Reflexion zugänglich zu werden. Nur so kann der Lernende sich selbst steuern oder besser sich selbst bestimmen. Wenn der Lehrende sehen und verstehen kann, wie dieser Prozess sich vollzieht, dann kann er auch darüber nachdenken, inwieweit seine Interaktionen mit dem Lernenden und der von ihm mitgestaltete Rahmen den Lernenden unterstützen.
- Lernen muss als Phänomen von anderen Phänomenen abgrenzbar sein. Mit Phänomen ist gemeint, dass „es etwas gibt, das vor aller Beschreibung oder wissenschaftlicher Erfassung existiert, über das

man aber nur reden kann, wenn man eine Theorie der Beschreibung heranzieht" (Scholz 2009, 162). Ein Gleichsetzen von ‚Lernen' mit ‚Leben' mag als Hinweis darauf, dass es auch ein Lernen außerhalb von Unterricht gibt, hilfreich sein, allerdings wäre dies aus begriffssystematischen Gründen problematisch. Eine Verallgemeinerung des Lernverständnisses würde dazu führen, dass „die Differenz zu anderen Veränderungen und die Lerninhalte keine Rolle mehr spielen" (Meyer-Drawe 2008, 17f.). Wenn ‚Lernen' keine spezifische Situation darstellt, dann kann der Lernende seine Aufmerksamkeit nicht auf die Situation richten und es wird schwierig eine Distanz zum Lerngegenstand einzunehmen.
- Eine erziehungswissenschaftliche Lerntheorie wird Lernen nicht als einen biologischen, sondern als einen kulturellen Vorgang konzeptualisieren. D. h. sie konzentriert sich auf menschliches Lernen als kommunikativen Akt, der sich als solcher im Laufe eines historischen Prozesses entwickelt hat, worauf ich noch etwas weiter unten zurückkommen werde.

Vor allem die letzte Forderung macht deutlich, dass es hier nicht um ein objektivistisches Verständnis von Lernen gehen kann. Aus diesem Grund wende ich mich nun dem erkenntnistheoretischen Rahmen zu, in dem sich der Lernbegriff von Gerold Scholz verorten lässt.

Erkenntnistheoretische Anmerkungen

Die Erziehungswissenschaft ist eine Wissenschaft unter anderen Wissenschaften (z. B. Pädagogische Psychologie, Neurobiologie), die versuchen mit ihren jeweils spezifischen Methoden und Theorien das Phänomen ‚Lernen' zu versachlichen. Die ‚Ergebnisse' verschiedener Untersuchungen sind notgedrungen verschieden und deren Legitimation kann nicht durch einen Anspruch auf Wahrheit begründet werden, sondern aufgrund ihrer Tauglichkeit.

Im konstruktivistischen Jargon heißt dies „Viabilität" (vgl. von Glasersfeld 1997, 67). Es wird gefragt, ob die Theorie zu den Zwecken oder Beschreibungen passt, für die sie benutzt wird? Hier: Erlaubt die Theorie es, Phänomene relativ kohärent und widerspruchsfrei als ‚Lernen' zu interpretieren? Kann ‚Lernen' als beobachtbarer Vorgang so beschrieben werden, dass er „für den Zusammenhang von Lernen und Lehren fruchtbar gemacht werden kann" (Scholz 2009, 161)?

Die Abwendung von einer „forensischen" Vorstellung von Wissenschaft, wie Dowling (2009) den Versuch bezeichnet, die Dinge so zu enthüllen ‚wie sie sind', wird keineswegs von allen Wissenschaftlern geteilt. So sehen Blakemore/Frith (2006, 197) den Beitrag der Neurowissenschaften zu Erziehung und Unterricht in der „Aufklärung über die *Natur* des Lernens selbst" (meine Hervorhebung). Bednorz/Schuster (2002, 25) monieren, dass Autoren von Fachbüchern die Tendenz haben „die eigene theoretische Orientierung [in der Definition von Lernen] zu verankern". Beiden Aussagen kann man eine objektivistische Erkenntnistheorie unterstellen: Es gibt eine ‚Natur des Lernens' bzw. Lernen ist auch jenseits von Theorie erfassbar.

Objektivität verlangt nach der Trennung des Beobachters vom Beobachteten. Aus der hier vertretenen Perspektive ist dies nicht zulässig. Beobachtungen werden immer von einem Beobachtenden gemacht, d. h. Beobachten ist kein schlichtes Wahrnehmen von dem ‚was ist', sondern ein (notwendiger) hochselektiver und konstruktiver Vorgang, der Komplexität reduziert (Breidenstein/Kelle 1998, 140). Dieser Prozess wird von den Interessen, Einstellungen und Theorien des Beobachtenden geleitet sowie von dessen sozial-emotionaler Situation (Martin/Wawrinowski 2003, 9).

Wahrnehmung und Interpretation sind somit nur reflexiv voneinander zu trennen. Aussagen über Phänomene sind grundsätzlich interpretativ. Wenn ich sage ‚Jessica hilft Paula das Gesicht einer Prinzessin am Computer zu zeichnen', dann handelt es sich hierbei nicht um eine einfache Beschreibung. So beschreibt ‚helfen' nicht einfach eine Handlung, sondern deutet Gesprochenes, Gesten, Mimiken, Bewegungen und Manipulationen von Gegenständen als ‚helfen'. Sowohl der Forscher als auch die Erforschten nehmen Interpretationen vor, die es ihnen erlauben, die Situation zu gestalten und entsprechend miteinander umzugehen.

Das beobachtbare Zeichen, z. B. die Aufforderung die ‚hilfsbedürftige' Hand auf die ‚helfende' Hand auf der Maus zu legen, kann nicht „als Ausdruck eines allgemeinen Zusammenhangs gelesen" werden, „der durch die richtige Interpretation des Zeichens als allgemeine Regel eines von dem Beobachter unabhängigen Kausalzusammenhanges" gelten kann (Scholz 2009, 163). Die gleiche Aufforderung könnte in einer anderen Situation eine völlig andere Bedeutung haben oder sogar in einer ähnlichen Situation anders gedeutet werden, denn alle Teilnehmer verfügen über einen Interpretationsfreiraum (ebd.). Menschen sind keine „trivialen Maschinen", die nach einem konstanten Reiz-Reaktions-Muster funktionieren (von Foerster 1996, 20ff.).

Es gibt keine der Theoriebildung vorausgehende ‚unschuldige' bzw. ‚unmittelbare' Datenerhebung, denn der Beobachter beobachtet bereits theoriegeleitet und bestimmt so, was zu einem ‚Datum' wird. Empirie und Theorie stehen in einem dialogischen Verhältnis zueinander, das

Brown/Dowling (2010, 102) folgendermaßen beschreiben: „The theoretical sets up a bias in the way that the empirical is to be viewed; the empirical challenges questions, asks more of the theory." Die Beobachtung von Lernprozessen wird also immer schon von – mehr oder weniger ausgereiften – theoretischen Vorstellungen über diese geleitet. Die Empirie dient dann dazu, die diesbezüglichen Vorstellungen zu verändern bzw. zu verfeinern.

Wissenschaftlichkeit wird dadurch gewährleistet, dass die angewandten Rekontextualisierungs-Regeln – also die Prinzipien wie und warum welche Daten zurückbehalten werden, sowie die ihrer Interpretation – einer interessierten und kompetenten Leserschaft transparent und plausibel gemacht werden können (Brown/Dowling 2010, 57). Oder in den Worten von Gerold Scholz (1998, 78): „Wissenschaftliches Wissen unterscheidet sich von anderem Wissen dadurch, daß es die Methode der Wissenserzeugung begründen kann."

Aus der eben dargestellten Perspektive ist es nicht möglich, den Sachverhalt ‚Kultur' an sich zu bestimmen und Kulturgegenstände von anderen Gegenständen zu unterscheiden (vgl. Luhmann 1999, 54).

Zum Kulturbegriff

Kultur kann im Grunde nur auf der Kommunikationsebene bestimmt werden, d. h. man kann untersuchen, welche Erzählungen über sie generiert werden und wie diese sich entwickeln. Luhmann (ebd., 47) konstatiert: „Kultur ist [...] das Gedächtnis sozialer Systeme, vor allem des Gesellschaftssystems. Kultur ist, anders gesagt, die Sinnform der Rekursivität[3] sozialer Kommunikation." Dies entspricht einer Position der historisch-pädagogischen Anthropologie, die menschliche „Erscheinungs- und Ausdrucksweisen unter bestimmten historisch gesellschaftlichen Bedingungen" untersucht (Wulf 1994, 14f.).

Um Luhmanns eigentümliche Formulierung zu verdeutlichen, greift Gerold Scholz (2009, 164f.) auf Norbert Elias zurück. Für Elias (1988, XII) ist menschliches Wissen „das Ergebnis des langen anfanglosen[4] Lernprozesses der Menschheit. Jeder einzelne Mensch [...] baut auf einem schon vorhandenen Wissensschatz auf und setzt ihn fort." Wissen meint hier nicht das Wissen eines Individuums. Wissen entwickelt sich in einer Gruppe von Menschen als Wissen über die Form des Zusam-

---

3   Rekursivität bedeutet bei Luhmann, dass die Ergebnisse vorhergehender Operationen zur Grundlage von sich anschließenden Operationen werden (Krause 2001, 193).
4   ‚Anfanglos' bedeutet hier nicht, dass es keinen Anfang gegeben hat, sondern dass dieser sich nicht bestimmen lässt (Scholz 2009, 164).

menlebens und des Umgangs mit der Natur, wobei die Natur und die soziale Organisation des Zusammenlebens in einem Wechselverhältnis zueinander stehen. Als Ausdruck einer Verarbeitung von Wahrnehmungen durch wissende Menschen, erlauben es Symbole, allen voran die Sprache, Wissen von den Ereignissen zu trennen und von einem Menschen zum anderen zu kommunizieren (vgl. Elias 1988, XVIII, 15).

Lernen ist für Elias die „Individualisierung des sozialen Wissens" (ebd., XXIX), d. h. der einzelne Mensch erhält

„erst durch das Lernen von anderen, durch die Aneignung sozial vorgegebener Muster der Selbstregelung die Möglichkeit [...], sich zu einer relativ autonomen Person mit einer individuell ausgeprägten [...] mehr oder weniger einzigartigen Persönlichkeitsstruktur zu entwickeln" (ebd., XXVIIIf.).

Lernen ist also ein individueller Prozess, der die anderen als kollektiv voraussetzt (Scholz 2009, 167). Doch wie kann es zu einer Veränderung des Wissens kommen?

Dieser Frage kann man sich mit Geertz' (1987) semiotischen Kulturbegriff annähern. Für Geertz ist menschliches Handeln zumeist symbolisches Handeln, das sich erst im Rahmen von Kultur – einem selbstgesponnenen Bedeutungsgewebe oder ineinander greifenden Systemen auslegbarer Zeichen – verständlich beschreiben lässt. Daraus ergibt sich für die Menschen eine existenzielle Notwendigkeit zu deuten, zu bedeuten oder anders ausgedrückt: Sinn zu geben. Kultur ist für Geertz (1987, 16ff.) ein öffentliches Dokument oder Text, und zwar öffentlich deshalb, weil Bedeutungen öffentlich sind. Damit wendet er sich sowohl gegen Vorstellungen von Kultur, als eine in sich geschlossenen ‚überorganische' Realität mit eigenen Kräften und Absichten, wie auch als individuelle psychologische Strukturen, mit deren Hilfe einzelne Menschen oder Gruppen ihr Verhalten lenken.

Nicht der ontologische Status der Dinge oder Phänomene (z. B. Gespräche, Verhaltensweisen, Regeln, Gewohnheiten) interessiert Geertz (ebd.), sondern ihre Bedeutung, die untrennbar mit den Handlungen oder dem Ereignis verknüpft sind, ohne mit diesen deckungsgleich zu sein. Es gibt kein von den Erfahrungen oder Empfindungen getrenntes Symbol- oder Zeichensystem, auf das Menschen zurückgreifen können, um ihre Erfahrungen zu deuten. Menschliche Erfahrung beruht nicht auf unmittelbarer Empfindung, sondern ist immer schon mit Symbolen und Texten durchwebt.

Ein Beispiel: Zwei Schüler und zwei Schülerinnen einer zweiten Klasse haben in der Schule die Aufgabe, aus einem Buch auf einem Blatt aufzuschreiben, welche Waffen die Piraten hatten. In der Szene geht es um die Frage, wer das Blatt besitzen und darauf schreiben darf.

Ein Junge, der bisher nicht schreiben durfte, macht mit seiner Hand eine
– entgegen dem Uhrzeigersinn laufende – Kreisbewegung. Dies bedeutet: Jeder soll drankommen. Die anderen Kinder, die nicht wollen, dass
er schreibt, machen aus der Kreisbewegung, zu seinen Ungunsten, die
Symbolisierung der Bewegung des Uhrzeigers. Dann führen sie auch
noch einen Abzählreim durch und zwar immer so, dass der Junge nicht
dran kommt. Von dem Moment an, wo der Junge sich auf die Umkehrung seiner Symbolik eingelassen hat, hat er bereits ‚verloren'. Nicht nur
durch Worte, sondern vor allem durch den Ablauf von Handlungen, fand
hier ein Kommunikationsprozess darüber statt, was es bedeuten soll, was
sie gerade taten (vgl. Sunnen 2006, 107; Scholz 2002a, 13).

Kultur ist kein vorhandenes Produkt, sondern wird als Kontext in
einem transformativen Prozess zwischen den Menschen und ihren Gegenständen hergestellt. Die Bedeutung eines Symbols (z. B. Uhrzeigersinn) ergibt sich aus dessen Gebrauch, was nicht ohne Rückgriff auf das
kulturelle Gedächtnis einer Gemeinschaft geht (Scholz 2009, 166). Allerdings ist der Gebrauch eines Symbols nicht identisch mit dem Inhalt
des kulturellen Gedächtnisses. Kultur ist also ein Prozess, der auf schon
vorhandenen Produkten aufbaut, diese aber umwandelt (ebd.).

Diese kulturelle Perspektive liefert die Voraussetzung dafür, dass
Lernen als Kommunikationsprozess beobachtbar bzw. interpretierbar
wird. Jede Handlung besitzt nun neben einer Inhalts- und Beziehungsdimension (vgl. Watzlawick u. a. 2000, 53ff.) auch eine Metadimension,
d. h. eine mitlaufende, meist implizite und auch geteilte, Mitteilung,
über die Bedeutung der Handlung (Scholz 1996, 78; 2009, 166). Bei
Als-ob-Spielen etwa, wird folgende Information mitgeteilt: Diese Handlungen, in die wir jetzt verwickelt sind, bezeichnen nicht das, was sie
bezeichnen würden, wenn sie außerhalb des Als-ob-Spiels stattfinden
würden (vgl. Bateson 1985, 241-61). Diese Rahmung (Bateson) bzw.
dieser Kontext (Geertz) wird durch das Zusammenwirken von mehreren
Menschen gemeinsam produziert und ist untrennbar mit den subjektiven
Sinndeutungen der einzelnen Individuen verbunden.

Im Anschluss an diese Perspektive kann man sagen, dass Lernen eine mögliche Deutung der Rahmung ist, die aus den Kommunikations-
und Aushandlungsprozessen der beteiligten Menschen hervorgehen
kann. Ausgehend von dieser Prämisse entwickelt Gerold Scholz einen
erziehungswissenschaftlichen Lernbegriff, den ich im Folgenden in
sechs Schritten darzustellen versuche.

Hinweise zum Entwurf eines erziehungswissenschaftlichen Lernbegriffs[5]

Lernen als Haltung

Lernen ist also eine bestimmte erlernte Art und Weise, sich zu verhalten oder an einer kulturellen Praxis teilzunehmen. Will z. B. jemand lernen, eine Kuh zu melken, dann steht in der Situation nicht das Erlebnis beim Melken zuzusehen, oder das Assistieren im Vordergrund, sondern die Absicht, es lernen zu wollen. Um diese Beziehung zu fassen, benutzt Gerold Scholz (2009, 168) den Begriff der Haltung: „Mensch 1 (Lehrer) und Mensch 2 (Lernender) nehmen wechselseitig eine Haltung ein, die sie jeweils als Lehrende oder Lernende konstituiert und die Welt als lehrbare bzw. lernbare."

Mit dieser Metapher lehnt Gerold Scholz sich an Theodor Litt (1952) an, der sich kritisch mit der für ihn problematischen Vormachtstellung der „mathematischen Naturwissenschaft" (ebd., 14) auseinandersetzt. Er unterscheidet im Grunde zwei Haltungen „in denen der Mensch der Welt gegenübersteht" (ebd., 38), die man vereinfachend als ‚naturwissenschaftlich' und ‚sinnlich' bezeichnen kann. Gerold Scholz verallgemeinert diesen Gedanken ein Stück weit:

> „Man kann gegenüber seiner Umgebung ganz unterschiedliche Haltungen einnehmen. Man kann sie zerstören wollen, erforschen wollen, gar nicht wahrnehmen wollen, genießen wollen, produktiv umschaffen wollen, also bearbeiten; aber auch unter der Haltung wahrnehmen, etwas über sie lernen zu wollen." (Scholz 2009, 169)

Nicht nur die Beziehung zwischen den Menschen, sondern auch ihre Beziehung zu einem Sachzusammenhang und zu sich selbst kann so beschrieben werden (Scholz 2006b, 240).

Neben den Momenten der Deutung der Situation stecken in dem Begriff der Haltung „auch leibliche Momente" (Scholz 2005, 404). So erlaubt es diese Metapher, Dimensionen zu berücksichtigen, die über Kognitionen hinausgehen und Gefühle, Einstellungen oder Erfahrungen mit einschließen.

Ferner weist Litt (1995, 34f.) darauf hin, dass „nicht nur der Weltaspekt" sondern „auch *der Mensch selber* [...] ein anderer" wird, „indem er nicht mehr die Welt als sinnliche Gestalt auf sich wirken lässt, sondern sie als das zu denkende und zu erkennende Objekt visiert" (Hervorhebung im Original). Ergänzend kann man auch hier sagen, dass derjenige,

---

5   Vor allem in diesen Teil fließen auch Überlegungen aus einem Workshop mit ein, der im Rahmen des Forschungsprojektes ‚ProCLaS' (Fixmer/Sunnen 2007) im März 2009 mit Gerold Scholz als Experten stattfand.

der eine bestimmte Haltung zu seiner Umwelt einnimmt, auch sich verändert, indem er sich z. B. als Zerstörer, Forscher oder als Lerner konstituiert. U. a. dadurch dass Menschen eine bestimmte Haltung einnehmen schaffen sie Situationen.

Lernen in Situationen

Lernen findet immer in bestimmten Situationen statt, „die sowohl für den Lehrenden als auch für den Lernenden Bedeutung haben" (Meyer-Drawe 1996, 87). Diese Aussage kann sowohl bedeuten, dass das Gelernte für die Beteiligten von Bedeutung ist, als auch, dass die Situation die Bedeutung ‚Lernen/Lehren' hat (Scholz 2002b, 123). Gerold Scholz stellt für seinen Ansatz letztere Auslegung in den Vordergrund. Doch was sind Situationen?

„Menschen schaffen Situationen", wenn sie „mit ihren Leibern in einer bestimmten Umgebung mit anderen Menschen zusammen sind" (Scholz 2003, 18), etwas zusammen tun und sich darüber verständigen, was das bedeuten soll, was sie gerade tun (ebd.). Ein Vorzug des Situationsbegriffes besteht darin, dass er Komplexität zulässt, da er im Prinzip nichts ausklammert und als ganzheitlich zu verstehen ist: „Zu einer Situation [...] kann alles Beliebige gehören, als obligatorischer Kern aber ein binnendiffuser, d. h. nicht vorgängig in lauter Einzelnes aufgegliederter Hof der Bedeutsamkeit" (Schmitz 2002, 46). Menschen bringen u. a. ihre Erfahrungen, ihre Gefühle, ihr Wissen, ihre Absichten (Scholz 2003,18), ihre Sachverhalte („dass etwas ist"), ihre Programme („dass etwas sein soll [...] oder sein möge") und ihre Probleme („ob etwas ist") mit (Schmitz 2010, 47). Sie müssen sich zueinander und zu den vorhandenen Gegenständen in Beziehung setzen (Scholz 2006b, 236) und sich darauf einigen, der Situation eine bestimmte Bedeutung zu geben. Dabei darf auch die kulturelle Historizität von Situationen nicht aus dem Blick geraten (vgl. Scholz 2006b, 236).

Mit diesen Bedeutungszuweisungen sind auch bestimmte, erlernte Erwartungen verbunden, wie mit den beteiligten Menschen und den vorhandenen Dingen umzugehen ist (Scholz 2005, 404). Cazden u. a. (1979, 200ff.) beschreiben z. B. wie ein Mädchen, das die Rolle der Hilfslehrerin von der Lehrerin zugewiesen bekommt, den Versuchen ihrer Freundin widersteht, die Besonderheit ihrer freundschaftlichen Beziehung auch in dieser, von der Schule inszenierten, Lehr/Lernsituation hervorzustreichen. Mit der Lehrerrolle ist auch die Erwartung verknüpft kein Kind zu bevorzugen (vgl. Scholz 1996, 76f.).

Situationen verdichten sich zu Atmosphären (Scholz 2003, 18). Diese zeichnen sich dadurch aus, dass man sie wahrnimmt, bevor man etwas anderes wahrnimmt (Scholz 2000c). Atmosphären entstehen, wenn alle Beteiligten eine gemeinsame Haltung gegenüber ihrem Tun einnehmen (Scholz 2005, 404). Die Atmosphäre wird u. a. mitbestimmt „durch Körperhaltung, durch Mimik und Gestik, durch die Stimmlage, die Stimmhöhe, die Redegeschwindigkeit" (ebd.), wobei diese Ausdrucksmöglichkeiten in einem Spannungsverhältnis zueinander stehen (Scholz 2006b, 236).

Ein Beispiel: In der Videoszene „Le saut" (Simon 1992), die von Gerold Scholz (2006a, 2008a) ausführlich beschrieben und interpretiert wurde, lernt ein fünfjähriges Mädchen während der Pause im Schulhof von einer kleinen Mauer über eine Bank zu springen. Als die Klingel läutet, geraten sie und ihre Mitspringerinnen unter Zeitdruck, ihre Ziele noch vor dem Ende der Pause zu erreichen. Diese Atmosphäre, die Gerold Scholz (2008a, 94) als „Kick" bezeichnet, setzt den Rahmen für die entscheidende Leistungssteigerung des Mädchens[6]. Sie kann gerade noch rechtzeitig mit zwei anderen Mädchen über die Bank springen. Der Druck geht nicht nur von ihr selbst und von der Klingel aus, sondern auch von den beiden Mitspringerinnen, die sie dazu drängen zu springen.

Untersucht man ‚Lernen unter Kindern', so kann man zwischen Situationen unterscheiden, die von Erwachsenen didaktisch inszeniert wurden und solchen, die von den Kindern inszeniert wurden (Scholz 2003). Letztere kann man behelfsweise als ‚natürlich' bezeichnen. Didaktisch inszenierte Situationen beruhen auf einer Kultur des Umgangs mit Kindern bzw. Schülern, die von persönlichen, institutionellen und gesellschaftlichen Aspekten geprägt ist.

Beispiele für ‚natürliche' Situationen wären der bereits erwähnte „Sprung über die Bank" (Scholz 2008a) und die etwas weiter unten aufgegriffene Szene von Vorschulkindern, die Versuche mit Gouache-Farben im Waschbecken durchführen (Sunnen 2009). Die Beobachtung von solchen Situationen zeigt, „dass Kinder sich innerhalb einer gegebenen Situation so bewegen, dass sie ihr Verhalten variieren", d. h. sie probieren aus, „was sich in der Situation machen lässt" (Scholz 2003, 20).

---

6 Hiermit ist nicht der Leistungsdruck gemeint, der so oft in der Schule anzutreffen ist, wenn es darum geht eine Leistung anhand der Zeit zu messen, die verbraucht wurde, um sie zu erreichen (Scholz 2008a, 94).

Lernen findet also in komplexen spezifischen Situationen statt. Zu dieser Komplexität gehören neben den bereits thematisierten Haltungen der Teilnehmenden u. a. auch die materielle Umgebung sprich Gegenstände, aus der sich Lernaufgaben ergeben, die zur Abarbeitung auffordern (Scholz 2003, 20f.).

Lernen an einer Anforderung

In einer Situation werden die Teilnehmenden mit Gegenständen konfrontiert. In Anlehnung an Langeveld (1968, 146f.) kann man sagen, dass irgendeine Eigenschaft des Gegenstandes die Teilnehmenden auffordert, etwas mit ihm zu tun und ihn auch entsprechend zu deuten. Wasserverdünnbare Farbreste in Kombination mit einem Waschbecken fordern z. B. Vorschulkinder dazu auf, mit ihnen Versuche zu machen (Sunnen 2009).

Das Waschbecken kann potentiell vieles sein: ein Ort zum Reinigen der Pinsel, eine Fläche für Farbkreationen, ein Suppentopf, ein Hexenkessel, eine Wettkampfarena usw. Mit den Potentialitäten kommen jedoch auch Beschränkungen einher, die mitbestimmen, was mit einem Gegenstand gemacht wird und was nicht.

Das Material selbst gibt Nutzungsmöglichkeiten und Einschränkungen vor. Keramik ist wasserundurchlässig und kann als Behälter dienen, ist aber nicht mehr formbar. Gouache-Farben sind wasserlöslich und breiten sich im Wasser aus. Die Gegenstände befinden sich an einem bestimmten Ort. Das Waschbecken kann man nicht einfach so bewegen. Es ist an einer Wand fixiert und so können die Kinder sich auch nicht um es herum stellen. Folglich haben nur einige von ihnen in der ersten Reihe Platz.

Gegenstände sind Objektivationen einer Kultur, d. h. sie sind von einer Gemeinschaft hergestellt und werden von dieser genutzt (Beck/Scholz 1995, 193). Sie sind immer schon in eine Ordnung der Erwachsenen eingebunden (Scholz 2000d, 7), ehe Kinder sich ihnen zuwenden und es gibt bestimmte kulturelle Vorgaben, wie man mit ihnen umzugehen hat. Waschbecken sind zum Waschen der Hände da. Wasser verschwendet man nicht. Auch wenn Kinder sich hier größere Freiheiten als Erwachsene herausnehmen können, müssen sie sich dennoch mit diesen Bedeutungen auseinandersetzen, indem sie z. B. ihre Versuche als Pinsel-Reinigen ‚tarnen' (Sunnen 2009, 46).

Menschen, hier Vorschulkinder, handeln mit ihrem Leib, der wie Langeveld (1968, 143) schreibt „Sprungbrett" und „Fußfessel" zugleich ist, denn „er wird müde, braucht Nahrung; er befindet sich an einem bestimmten Ort usw." Vorschulkinder reichen mit ihren Armen in das

Waschbecken hinein und an den Wasserhahn. Sie können von einer bestimmten Höhe aus hineinsehen.

Diese unvollständige Aufzählung macht deutlich, dass das, was mit einem Gegenstand getan wird, in einem komplexen Zusammenspiel vieler Dimensionen entsteht. Entscheidend für das Herausbilden einer Lernsituation, erscheint mir, dass die Teilnehmer von einem Gegenstand bzw. einem Verbund von Gegenständen etwas als eine Herausforderung wahrnehmen und diese auch annehmen. Eine Bank in Verbindung mit einer Mauer fordert Kinder zum Springen auf, eine Wippe zum gemeinsamen Wippen, ein Baumstamm zum Daraufbalancieren (Scholz 2008a, 81f.), Stufen fordern einen Säugling dazu auf, diese auf- und abwärts zu überwinden usw. Diese Gegenstände stellen spezifische Anforderungen an Körperhaltung und Bewegungsablauf, die sich aus deren materiellen Gesetzen ergeben und die man respektieren muss (ebd., Scholz 2006a, 41).

Bei dem Beispiel mit den Farben, sind es weniger körperliche Anforderungen, die im Vordergrund stehen. Die Lernaufgabe besteht hier darin, die Gouache-Farben durch ihr Tun zu befragen und sie in eine Vielfalt von Beziehungen zu setzen: Was passiert mit der einen Farbe, wenn ich eine andere hinzufüge? Welche Farbe ist stärker? Kommt eine ekelige oder schöne Farbe? Wird sie meinem Freund gefallen? Diese Vorschulkinder untersuchen, was sich machen lässt und was nicht, und geben den hier beobachtbaren Phänomenen Sinn und Bedeutung (vgl. Sunnen 2009).

Damit die Beschaffenheit eines Gegenstandes zum Ausgangspunkt einer Lernsituation bzw. eines Lernprozesses werden kann, muss dieser in soziale Beziehungen eingebunden sein, die es für den bzw. die Lernenden als sinnvoll erscheinen lassen, sich der wahrgenommenen Anforderung zu stellen. Folglich sind hier andere Menschen unabdingbar, seien es Erwachsene oder, wie in meinen Beispielen, Kinder.

Lernen mit anderen Kindern

Kinder leben in einer Beziehungswelt, d. h. beim Lernen sind andere Kinder – oder auch Erwachsene – entweder real oder mitgedacht mit dabei (Scholz 2000d, 9). So sind auch die Gründe sozial, warum es für Kinder (und wohl auch für die meisten Erwachsenen) Sinn macht etwas lernen zu wollen. Sie wollen sich als einen veränderungsfähigen Menschen erfahren, der etwas kann, was er zuvor nicht konnte; sich selbst und anderen etwas beweisen; anerkannt werden; mit anderen etwas tun können; jemandem eine Freude machen; jemanden ärgern, angeben oder ‚cool' sein (Scholz 2008a, 94f.). Oft sind diese Motive miteinander ver-

woben. In jedem Fall wollen sie in der Situation ‚drin' bleiben.
Lernen ist also ein sozialer Vorgang, d. h. alle Lernprozesse geschehen „im Kontext sozialer Beziehungen" (Scholz 1991, 42). Im Folgenden versuche ich nun, mich dieser Dimension anzunähern, indem ich der Frage nachgehe, wie sich das ‚andere' Kind zum lernenden Kind verhalten bzw. in Beziehung setzen kann.

Im Rahmen eines ‚Peer Teachings', wie im obigen Beispiel von Cazden u. a. (1979), übernimmt das andere Kind die Funktion des Hilfslehrers. Kinder scheinen grundsätzlich hierzu in der Lage zu sein[7], z. B. indem sie wie ein Lehrer die Situation mit einem Hinweis auf die Schwierigkeit der Aufgabe eröffnen oder Fragen stellen, auf die sie die Antwort schon kennen (ebd., Scholz 1996, 75ff.). Der Lehr-Lernprozess wird also von den Erwartungen an die Lehrerrolle sowie von den Vorgaben der Erwachsenen bestimmt (ebd., 77).

Auch in ‚natürlichen' Situationen, können Kinder sich als Lehrende positionieren und sich bemühen, andere Kinder etwas zu lehren. Nur wird die zeitweilige Verteilung der verschiedenen Rollen, dann im gegenseitigen Einverständnis vorgenommen und nicht durch die externe Zuweisung eines Pädagogen. Das Bemühen, etwas zu lehren, mischt sich dann mit „dem Bemühen, die Beziehung zu den anderen Kindern aufrechtzuerhalten. Eine Trennung in Rolle und Freundschaft wie in dem Beispiel von Cazden u. a. (1979) ist nicht nötig." (ebd.)

Das lehrende Kind verhält sich dann gewissermaßen als Vorbild (Scholz 1990, 38). Wird etwa ein ‚feststehender' Stoff gelehrt, wie das Falten eines Papierflugzeuges, dann macht das lehrende Kind dies vor, spricht dazu einen Begleitkommentar, der der Linearität des Handlungsablaufes folgt, und achtet darauf, dass das lernende Kind alles ‚richtig' macht. Das lernende Kind achtet auf die Bewegungen und ahmt sie nach. Bei diesem Vor- und Nachmachen erfährt das lernende Kind die richtige Reihenfolge der Handlungen und nicht die Struktur der Aufgabe, d. h. es wird nicht nach den vielen verschiedenen Möglichkeiten gefragt, die es gibt, ein Flugzeug zu bauen. Das lehrende Kind will zeigen, was es kann und das lernende will es können, um zu den Kindern zu gehören, die Flugzeuge bauen können (Scholz 1990, 39; 1991, 41; 1996, 74f.).

Gelernt wir also etwas von jemandem der etwas kann, was man selber (noch) nicht kann. Eine besondere Bedeutung kommt hier den ‚Experten' zu. Hiermit sind Kinder gemeint, von denen unter den anderen Kindern bekannt ist, dass sie über ein besonderes Wissen bzw. über

---

7 Allerdings gelingt dies nicht immer, worauf auch Cazden u. a. (1979) und Scholz (1996) verweisen.

besondere Fähigkeiten verfügen. Auch in dem Verhältnis zwischen dem Experten und dem lernenden Kind lassen sich Nachahmungstendenzen beobachten, wobei diese aber nicht darauf hinauslaufen, genau das zu können, was der Experte kann. Es wird nur ein Teil übernommen, der dann assoziativ ausgebaut wird. Es kommt also zu einer Diversifikation des Expertenwissens und es geht in der Regel nicht darum, den Experten in seinem Bereich einzuholen (Lambrich/Scholz 1992, 296f.; Scholz 1996, 111ff.).

Außerhalb der Schule oder in einem offenen Unterricht können einzelne Kinder bzw. Gruppen, die etwas tun, auch in einem unverbindlicheren Sinne zum ‚Vorbild' werden. Dies passiert, wenn andere anwesende Kinder ihre Arbeit unterbrechen und ersteren aus einer gewissen Distanz interessiert zusehen. Sie beobachten, fragen, regen an, werden aufgeklärt und eingeweiht. Manchmal geschieht dieses Zuschauen auch über eine stille Teilhabe, in der das betroffene Kind aber durchaus eine lernende Haltung einnehmen kann. Der Sinn des Zuschauens besteht einerseits darin, dass Kinder neue potentiell bedeutsame Horizonte erschließen können und andererseits darin, etwas aus einer sicheren Distanz mit vollziehen zu können (Lambrich/Scholz 1992, 295; Scholz 1996, 133ff.).

Lernen unter Kindern geschieht aber nicht nur in Lehr/Lernsituationen sondern auch im Umgang miteinander (Scholz 1996, 79). So kann sich eine Gruppe von Kindern zusammenfinden, um gemeinsam etwas zu tun, d. h. einer bestimmten Tätigkeit nachgehen oder eine bestimmte Aufgabe zu erledigen (Scholz 1992, 145), wie über die Bank springen (Scholz 2008a), eine Blockhütte bauen, etwas lesen oder etwas schreiben (Scholz 1996, 120ff., Lambrich/Scholz 1993, 293f.). In solchen Situationen haben die Kinder die Gelegenheit, eine Realität selbst zu erschaffen und in Auseinandersetzung untereinander selbst Strukturen zu entwerfen, die sich von den bereits vorhandenen der Erwachsenen unterscheiden (Scholz 1990, 41).

Dies ist vor allem beim ‚gemeinsamen Forschen' der Fall, das eine besondere Form des gemeinsamen Tuns darstellt (vgl. Lambrich/Scholz 1992, 297f.). Diese Lernform beginnt normalerweise mit der Entdeckung von etwas Überraschendem, das eine Vielfalt von Handlungsmöglichkeiten bietet. Die Kinder am Waschbecken z. B. entdecken, dass die verschiedenen Farben, die von ihren benutzten Pinsel stammen, im Wasser miteinander reagieren (Sunnen 2009). Ihre Leistung besteht darin, das ‚Abfallprodukt' eines Arbeitsprozesses – hier: die ‚Farbreste im Wasser' – aus der etablierten Ordnung herauszureißen (vgl. Scholz 1996, 130) und sie in einen Forschungsgegenstand zu transformieren. Sie gehen kontinuierlich der Frage nach, was passiert, wenn *sie* die verschiedenen Farben im Waschbecken miteinander vermischen (s.o.). Derartige Prozesse werden auch häufig in Fantasiegeschichten eingewoben und die Weiterentwicklung der Versuche kann sich entweder aus den beobachteten Phänomenen ergeben oder aus den Assoziationen, die die Geschichte ermöglicht (Lambrich/Scholz 1992, 298). Beim Umrühren ihres Farbwassers im Waschbecken kochen die Kinder eine Suppe, erfinden Zauberformeln und führen so eine Art Hexenspiel auf (Sunnen 2009, 38, 42f.).

In solchen Situationen findet man regelmäßig Kinder die dominieren, die wissen, wie etwas gemacht wird (Scholz 1992, 45) und durchaus autoritär bestimmen, wer „was mit wem machen darf und was das bedeutet, was getan wird" (Scholz 2008a, 83). Hieraus ergibt sich dann auch eine andere Funktion als die des Vormachens, nämlich die des Forderns und daran hängend, die des Bewertens.

In der Szene mit der Bank (s.o.) ist es das älteste Mädchen, das neben der dinglichen Anforderung der Bank, die unerbittliche Anforderung stellt, über die Bank zu springen um dazuzugehören. Es verweist dabei auch auf die hier relevanten Bewertungskategorien: die Größe und das Alter. Für das Mädchen, das noch nicht springen kann, sind aus dieser Sicht keine mildernden Umstände zu erwarten, denn es gibt kleinere und jüngere Mädchen in der Gruppe, die den Sprung über die Bank bereits beherrschen. Neben dieser Demonstration von Härte, lässt das große Mädchen dem lernenden aber auch Unterstützung zuteil werden, indem es z. B. die Hand gibt, tröstet oder sich freut, wenn ein Stück geschafft ist (ebd., 81ff.).

Zusammenfassend kann man sagen: Das andere Kind kann fragen wie ein Lehrer, vormachen wie etwas gemacht wird, Experte sein, Interesse wecken und stellvertretend handeln, mit gestalten und mit forschen, mit Geschichten erfinden und assoziieren, bestimmen was zu tun ist, etwas einfordern und bewerten, eine Leistung anerkennen, unterstützen, einen trösten und sich mit einem freuen.

Aus den hier dargestellten und von Kindern wahrgenommenen Handlungsmöglichkeiten, wird deutlich, dass sie in der Lage sind, in den verschiedenen Situationen Lehr- bzw. Lernprozesse zu organisieren.

Lernen als Prozess

Den Fokus auf Lernen als Prozess zu legen, bedeutet, die Aufmerksamkeit auf die kleinen Zwischenschritte zu lenken, die zwischen dem ‚Können' und dem ‚Nicht-Können' liegen. Anhand seiner Interpretationen von beobachteten oder videografierten Szenen kann Gerold Scholz (1996, 1998, 2008a) zeigen, dass Kinder in der Lage sind ihre Lehr- und

Lernprozess zu strukturieren, d. h. für sie sinnvolle Zwischenschritte zu entwerfen. Das Mädchen, das lernt, über die Bank zu springen, kann diese Aufgabe in kleine Teile zerlegen und das älteste Mädchen aus der Gruppe ist in der Lage diese zu erkennen. Wie bereits erwähnt, lobt sie nach jedem geschafften Teilstück und macht ihr Mut. Die Methode der Zerlegung orientiert sich aber nicht an einer erwachsenen Sachlogik, sondern „an einem Verständnis einer Beziehung zwischen sich und der Aufgabe" (Scholz 2008a, 90). So „rutscht, gleitet, fällt und rollt [sie] sich gewissermaßen über die Bank" und macht so deutlich, dass es nicht nur die Füße sind, die springen, sondern der „ganze Leib" (ebd., 90f.).

Noch deutlicher wird diese Dimension der Beziehungswelt bei dem Beispiel mit den Farbresten im Waschbecken (Sunnen 2009, 41): Ein Junge und ein Mädchen stellen gemeinsam fest, dass Schwarz stärker als Rosa ist, und etwas später freut sich der Junge darüber, dass auch Blau stärker ist. Damit ist zunächst die Feststellung gemeint, dass sich Magenta unter dem Einfluss der beiden Farben verdunkelt. Das Mädchen kehrt diese Deutung um und deklariert, dass „Rosa (...) ja stärker geworden" ist, d. h. für sie entspricht das entstandene Violett einem kräftigen Rosa. Durch diesen Vergleich wird auch deutlich, dass die Kinder die Beziehung nicht zwischen den Gegenständen (den Farben) suchen, sondern die Beziehung zwischen den Gegenständen und sich. Hinter der Frage, was stärker ist, verbirgt sich auch die Person des Kindes, das sich auf seine körperlichen Erfahrungen beruft, die es in Situationen gemacht hat, wo es stärker oder schwächer als ein anderes Kind bzw. ein Erwachsener war.

Aus der Erwachsenenperspektive erscheinen diese Strukturierungen oft als unsystematisch, nebensächlich, unsachlich und willkürlich. Erst bei genauerem Hinsehen wird deutlich, dass „der Umgang der Kinder mit dem Lerngegenstand darin besteht, ihn in einer Vielfalt von Untersuchungsmethoden und Methoden der Einbindung in vorhandenes Wissen zu unterwerfen" (Scholz 1992, 138). Anders als Erwachsene versuchen sie nicht „Phänomene in ihrer Eigenschaft als Element eines Modells zu verstehen" sondern orientieren sich „an dem, was sich als Phänomen betrachten läßt" (ebd).

Kinder sind also nicht nur in der Lage ihre Lehr- und Lernprozesse untereinander zu organisieren, sondern sie gestalten diese auch selbstbestimmt und wirksam: Selbstbestimmt, weil sie „über Anfang und Ende und über den Sinn der Handlung selbst bestimmen" können (Scholz 2008b, 48), was natürlich nicht bedeutet, dass es keine Zwänge, Einschränkungen oder Machtkämpfe gibt. Wirksam, weil die Lernprozesse aus den Beispielen auf neue Möglichkeiten sich in der Welt zu verhalten hinauslaufen bzw. diese zu deuten.

Vor allem aus Gründen der Plausibilität kann man bei aller Fokussierung auf den Lernprozessprozess die Dimension des ‚Ergebnisses' bzw. Veränderung nicht vernachlässigen.

Lernen als Erweiterung der Handlungs- und Deutungsmöglichkeiten

Grundlage für das Lernen ist die Widerständigkeit zwischen dem, was wahrgenommen wird und der Theorie, die der Wahrnehmende sich diesbezüglich macht (Scholz 2000d, 9). Während des Lernprozesses wird die Beziehung zwischen Wahrnehmung und Wahrnehmenden verändert: „Lernen ist so gesehen eine Erweiterung der Möglichkeiten der Wahrnehmung, wobei in der ‚Wahrnehmung' auch schon immer die Deutung und Gestaltung mit enthalten ist." (Scholz 2009, 167) Folglich wird Lernen als sinnvolle Möglichkeit der Erweiterung der Handlungs- und Deutungsmöglichkeiten des bzw. der Lernenden (Scholz 2006c, 8) verstanden.

Das Mädchen, das lernt über die Bank zu springen, kann am Ende der Pause etwas, was es vorher nicht konnte: alleine über die Bank springen. Dies gibt ihm die Möglichkeit, anders am gemeinsamen Bankspringen teilzunehmen als zu Beginn der Pause. Dies ist sowohl physisch gemeint wie auch sozial: Es gehört jetzt zu den Könnern und kann nun z. B. frech mit denen werden, die nicht schnell genug weitermachen. Zudem hat es die Erfahrung gemacht, etwas geschafft zu haben, was sie sich vorgenommen hat, oder anders ausgedrückt: selbstwirksam zu sein. Aber auch die Gruppe hat nun andere Handlungsmöglichkeiten, denn nun können alle Kinder gemeinsam springen. Der Sinn des Lernprozesses liegt nämlich gerade darin, dass „alle beteiligten Kinder über die Bank springen können und aus dem Klettern und Springen ein Spiel machen können" (Scholz 2008a, 94).

Auch die Vorschulkinder, die mit den Gouache-Farben experimentieren, explorieren eine Vielfalt von Handlungs- und Deutungsmöglichkeiten. Sie erfahren nicht nur etwas über Farben und deren Mischverhalten, sondern kreieren zu einem gewissen Moment eine besondere und einmalige Farbe, die sie enthusiastisch als „Mega-Orange" bezeichnen (Sunnen 2009, 42f.).

Vielleicht sind diese Erfahrungen der Selbstwirksamkeit oder des Selbstvertrauens, etwas Allgemeines, dass die Kinder tatsächlich über die bereichsspezifischen Fähigkeiten hinaus lernen, und auf andere Situationen übertragen können (Scholz 2003, 21).

Der Begriff der ‚Erweiterung' kann allerdings in die Irre führen, denn nicht immer führt das Einnehmen einer lernenden Haltung zum gewünschten Erfolg. Es kann sein, dass dieser sich erst nach weiteren intermittierenden Situationen einstellt oder eben nie. In diesem Fall lernt der Lernende, dass sein Platz in der Welt eingeengter ist als er vorher gedacht hatte. Die Veränderung kann also für den Betroffenen wünschenswert oder weniger wünschenswert sein.

Schlussbemerkungen

Rückblickend will ich noch einmal untersuchen, inwieweit sich von dem hier vorgestellten Lernbegriff ausgehend, Hinweise auf die Lernbarkeit bzw. Lehrbarkeit des Lernens geben lassen und ob Lernen beobachtbar ist.

Das Verhältnis von wissenschaftlicher Forschung und Praxis ist vor allem, aber nicht nur, im Bildungsbereich ein schwieriges, denn es ist von Missverständnissen und falschen Versprechungen geprägt (vgl. Scholz 2006d, 77f.; Dowling/Brown 2006). Aus diesem Grund vertritt der britische Soziologe Paul Dowling hier eine vorsichtigere Position, der auch ich mich anschließe:

„Rather, what research does is provide a new position from which the teacher can interrogate their own practices. [...] The research, ultimately, doesn't tell the teacher what to do; it simply provides new questions that they might put to their practice to stimulate its development." (Dowling 2006, 67)

Aus diesem Verständnis heraus kann ein Lehrer oder ein Erzieher seine eigene Praxis reflektieren, indem er Fragen an diese stellt, die sich aus dem hier vorgestellten Lernbegriff ableiten lassen: Haben die Kinder Gegenstände zur Verfügung, die eine Anforderung an sie stellen? Macht es für sie Sinn diese Herausforderung anzunehmen? Haben sie genügend Zeit und Raum sich damit und untereinander auseinanderzusetzen? Wird den Kindern zugetraut einen eigenen Lernweg zu gestalten? Dürfen sie eigene Strukturen entwerfen? Werden diese anerkannt? Was kann man tun, um eine geeignete Atmosphäre zu schaffen? Wer ringt gerade um wessen Freundschaft? Wer kann etwas, was andere noch nicht oder nicht so gut können?

Auch ein Lerner kann sich ähnliche Fragen stellen, um seinen Lernprozess zu reflektieren: Warum will ich etwas Bestimmtes lernen? Welches sind die Teilstücke meines Lernprozesses? Wie kann ich diese ggf. anders gestalten? Mit wem lerne ich und warum? Was habe ich gelernt? Welche neuen Möglichkeiten ergeben sich aus dem Gelernten?

Natürlich stellt wohl kaum ein Kind diese Fragen in dieser elaborierten Form. Gleichwohl kann es sich ein Ziel setzen, „über sich nachdenken, einen Entschluss fassen und einen Plan machen und diesen verfolgen" (Scholz 2008a, 95). Die aufgelisteten Fragen kann aber sehr wohl ein Lehrender, in angepasster Form, an das Kind stellen und ihm durch entsprechende Rückmeldungen bewusst machen, wie es z. B. seinen Lerngegenstand zerlegt hat. Dies setzt voraus, dass Lernen beobachtbar ist.

Folglich wird Lernen hier als kommunikativer Akt interpretiert, d. h. wenn Kinder zusammen lernen, dann müssen sie sich darauf einigen und sich gegenseitig sowie ihrer Umwelt kommunizieren, dass sie dem, was sie gerade tun die Bedeutung ‚Lernen' geben (Scholz 2009, 169). Ein teilnehmender Beobachter kann an diesem Prozess teilhaben und diese Bedeutungszuschreibung erfahren. Alternativ zur teilnehmenden Beobachtung können Videoaufnahmen es ermöglichen diese Bedeutungen zu rekonstruieren (vgl. Scholz 2008a).

Bei der Beschreibung und Deutung einer Situation können Fragen, die man mit Hilfe der oben aufgeführten Begriffe stellen kann, das Interpretieren leiten: Welche Anforderung nehmen die Beteiligten hier wahr? Was ist der Lerngegenstand? Wie strukturieren die Lernenden diesen? In welche Beziehungen wird dieser gesetzt? In welche Beziehungen stehen die Lernenden zueinander? Können Sie etwas, was sie vorher nicht konnten? Gleichwohl bleibt die Entscheidung eine Situation als Lern- bzw. Lehr/Lernsituation zu deuten beim Beobachter und somit auch in dessen Verantwortungsbereich.

Dieses gilt auf einer allgemeinen Ebene sowohl für den Praktiker als auch für den Forscher, wobei es natürlich auch fundamentale Unterschiede gibt. So steht der Praktiker unter Handlungsdruck und seine Interpretation einer Situation als ‚Lernen' oder etwa als ‚unstrukturiertes Durcheinander' entscheidet darüber, ob die Situation weiter existieren kann oder nicht. Als Forscher muss man derartige Entscheidungen nicht treffen, ist aber dafür stärker Begründungszwängen ausgesetzt und muss spezifischen Anforderungen gerecht werden, die in der Gemeinschaft der Wissenschaftler Gültigkeit haben, denen er angehören will.

Abschließend will ich nun versuchen, das hier diskutierte Verständnis von Lernen in Bezug auf Kinder zusammenzufassen. Lernen findet in Situationen statt, in denen die teilnehmenden Kinder sich implizit oder explizit darauf geeinigt haben, dass sie ihrem Tun die Bedeutung ‚Lernen' geben. In einer solchen ‚Lernsituation' nehmen sie eine lernende Haltung ein, um eine für sie sinnvolle Anforderung zu bewältigen, die sich für sie aus einem präsenten Gegenstand in Beziehung zu Anderen ergibt. Zuweilen kann auch ein Kind eine lehrende Haltung einnehmen, um den Prozess voranzutreiben. Während der Auseinandersetzung mit diesem Gegenstand strukturieren sie ihren Lernprozess auf ihre Art und Weise, die sich an ihrem spezifischen Verständnis der Beziehung zwischen sich und der Aufgabe orientiert. Der Sinn des Lernprozesses liegt für sie darin, ihre Handlungs- und Deutungsmöglichkeiten in Bezug zu Anderen und in Bezug auf Welt zu erweitern.

Literatur

Bateson, G. (1985): Ökologie des Geistes. Anthropologische, psychologische, biologische und epistemologische Perspektiven. Frankfurt am Main.
Beck, G./Scholz, G. (1995): Beobachten im Schulalltag. Ein Studien- und Praxisbuch. Frankfurt am Main.
Beck, G./Scholz, G. (1997): Wie Kinder von Kindern lernen. Zum sozialen Lernen in der Grundschule – Ergebnisse einer Langzeitstudie über vier Jahre. In: Forschung Frankfurt, Jg. 15, H. 1, 60-70.
Bednorz, P./Schuster, M. (2002): Einführung in die Lernpsychologie. 3. Aufl. München/Basel.
Blakemore, S.-J./Frith, U. (2006): Wie wir lernen. Was die Hirnforschung darüber weiß. München.
Breidenstein, G./Kelle, H. (1998): Geschlechteralltag in der Schulklasse. Ethnographische Studien zur Gleichaltrigenkultur. Weinheim/München.
Brown, A./Dowling, P. (2010): Doing Research/Reading Research. Re-interrogating Education. Second Edition. Abingdon/New York.
Cazden, C.B. u. a. (1979): „You All Gonna Hafta Listen": Peer Teaching in a Primary Classroom. In: Collins, W.A. (Hg.): Children's Language and Communication. The Minnesota Symposia on Child Psychology. Vol 12. Hillsdale, NJ, 183-231.
Dowling, P. (2006): Research and the Theoretical Field. Master of Research (Online). Handbuch. Download:
http://homepage.mac.com/paulcdowling/ioe/rtf/rtf.pdf.
Zugriff am 28.09.2010.
Dowling, P. (2009): Sociology as Method. Departures from the Forensics of Culture, Text and Knowledge. Critical Essays across Education. Vol. 1. Rotterdam.
Dowling, P./Brown, A. (2006): The Divorce of Schooling and Research. Towards a reconciliation in teacher education. In: Preparing Teachers for a Changing Context – An international conference, 3-6 May 2006, Institute of Education, University of London. Download:
http://homepage.mac.com/paulcdowling/ioe/publications/dowling%26 brown2006/divorce.pdf. Zugriff am 28.09.2010.
Elias, N. (1988): Über die Zeit. Arbeiten zur Wissenssoziologie II. Frankfurt am Main.
Fixmer, P./Sunnen, P. (2007): ProCLaS – Processes of Collaborative Learning among Siblings. Projektantrag. Universität Luxemburg.

Foerster, H. von (1996): Lethologie. Eine Theorie des Erlernens und Erwissens angesichts von Unwißbarem, Unbestimmbarem und Unentscheidbarem. In: Voß, R. (Hg.): Die Schule neu erfinden. Systemisch-konstruktivistische Annäherungen an Schule und Pädagogik. 3., durchgesehene Aufl. Neuwied/Kriftel/Berlin, 14-32.

Gardner, H. (2001): Der ungeschulte Kopf. Wie Kinder denken. Vierte Aufl. Stuttgart.

Geertz, C. (1987): Dichte Beschreibung. Beiträge zum Verstehen kultureller Systeme. Frankfurt am Main.

Glasersfeld, E. von (1997): Radikaler Konstruktivismus. Ideen, Ergebnisse, Probleme. Frankfurt am Main.

Göhlich, M./Wulf, C./Zirfas, J. (2007): Pädagogische Zugänge zum Lernen. In: Dies. (Hg.): Pädagogische Theorien des Lernens. Weinheim/Basel, 7-19.

Göhlich/Zirfas (2007): Lernen. Ein pädagogischer Grundbegriff. Stuttgart.

Krause, D. (2001): Luhmann-Lexikon. Eine Einführung in das Gesamtwerk von Niklas Luhmann. 3., neu bearbeitete und erweiterte Aufl. Stuttgart.

Lambrich, H.-J./Scholz, G. (1992): „Schau mal ... ". Kinder lernen mit Kindern. In: Neue Sammlung, Jg. 32, H. 2, 287-300.

Langeveld, M.J. (1968): Studien zur Anthropologie des Kindes. 3., durchges. u. erg. Aufl. Tübingen.

Liessmann, K.P. (2010): Theorie der Unbildung. Die Irrtümer der Wissensgesellschaft. München/Zürich.

Litt, T. (1952): Naturwissenschaft und Menschenbildung. Heidelberg.

Luhmann, N. (1999): Gesellschaftsstruktur und Semantik. Studien zur Wissenssoziologie der modernen Gesellschaft. Bd. 4. Frankfurt am Main.

Martin, E./Wawrinowski, U. (2003): Beobachtungslehre. Theorie und Praxis reflektierter Beobachtung und Beurteilung. 4., überarb. Aufl. Weinheim/München.

Meyer-Drawe, K. (1996): Vom anderen lernen. Phänomenologische Betrachtungen in der Pädagogik. In: Borelli, M./Ruhloff, J. (Hg.): Deutsche Gegenwartspädagogik: Baltmannsweiler, 85-98.

Meyer-Drawe, K. (2008): Diskurse des Lernens. München.

Rumpf, H. (2008): Lernen als Vollzug und als Erledigung. In: Mitgutsch, K. u. a. (Hg.): Dem Lernen auf der Spur. Die pädagogische Perspektive. Stuttgart, 21-32.

Schmitz, H. (2002): Die sprachliche Verarbeitung der Welt. In: Ders. (Hg.): Begriffene Erfahrung. Beiträge zur antireduktionistischen Phänomenologie. Bd. 7. Rostock, 44-53.

Schmitz, H. (2010): Kurze Einführung in die Neue Phänomenologie. 2. Aufl. Freiburg/München.

Scholz, G. (1990): Kinder lernen von Kindern. Sie haben ihre eigene Vorstellungen vom Lernen. In: päd extra & demokratische erziehung, Jg. 3, H. 5, 37-41.

Scholz, G. (1991): Kinder lernen voneinander. In: Schule und Beratung, Jg. 2, H. 2, 38-43.

Scholz, G. (1992): Lernprozesse unter Kindern. Erfahrungen der wissenschaftlichen Begleitung an den freien Schulen Frankfurt und Marburg. In: Bundesverband der Freien Alternativ Schulen (Hg.): Freie Alternativschulen: Kinder machen Schule. Innen- und Außenansichten. Wolfratshausen, 134-154.
Scholz, G. (1995): Offen, aber nicht beliebig. Materialien für den Sachunterricht. In: Die Grundschulzeitschrift, Jg. 9, H. 88, 6-12.
Scholz, G. (1996): Kinder lernen von Kindern. Grundlagen der Schulpädagogik. Bd. 19. Baltmannsweiler.
Scholz, G. (1998): Kinder lernen voneinander. In: Carle, U./Kaiser, A. (Hg.): Rechte der Kinder. Baltmannsweiler, 77-85.
Scholz, G. (2000a): Überlegungen zu einem erziehungswissenschaftlichen Lernbegriff. Lernen lehren. Hochschulpublikationen. Frankfurt am Main. Download: http://publikationen.ub.uni-frankfurt.de/volltexte/2005/1417/, Zugriff am 8.09.2010.
Scholz, G. (2000b): Schule in der Lerngesellschaft. Hochschulpublikationen. Frankfurt am Main. Download:
http://publikationen.ub.uni-frankfurt.de/volltexte/2005/1418/,
Zugriff am 8.09.2010.
Scholz, G. (2000c): Die Schulklasse als Feld – Anmerkungen zu einem naturalistischen Missverständnis. Vortrag vom 30. Oktober 2000 im Rahmen der Kröllwitzer Kamingespräche im Wintersemester 2000/01 an der Martin-Luther-Universität Halle-Wittenberg.
Scholz, G. (2000d): Kinder sind unbelehrbar. In: TPS – Theorie und Praxis der Sozialpädagogik. H. 3, 6-11.
Scholz, G. (2002a): Lernen als kommunikative Haltung. Überlegungen zu einem erziehungswissenschaftlichen Lernbegriff. In: Online Zeitschrift Grundschulforschung. H. 5.
Scholz, G. (2002b): Lernen als Kommunikation. In: Gold, A./Scholz, G. (Hg.): Lernen als Verhaltensänderung – Lernen als Kommunikation. Überlegungen zu einem erziehungswissenschaftlichen Lernbegriff. Vorträge zur Vorlesung im Sommersemester 2001. Eigendruck der Arbeitsgruppe Lernzentrum. Frankfurt am Main, 57-141.
Scholz, G. (2003): Lernen in Situationen. In: TPS – Theorie und Praxis der Sozialpädagogik. H. 8, 18-21.
Scholz, G. (2004): Bildungsrecht für Kinder. In: Pädagogische Korrespondenz. Jg. 14, H. 32, 85-90.
Scholz, G. (2005): Teilnehmende Beobachtung: Eine Methodologie oder eine Methode? In Mey, G. (Hg.): Handbuch Qualitative Entwicklungspsychologie. Köln, 381-412.
Scholz, G. (2006a): Kinder brauchen ein Dorf zum Lernen – Über Kinder und Kultur. In: Scholz, G. (Hg.): Bildungsarbeit mit Kindern: Lernen ja – Verschulung nein! Mühlheim an der Ruhr, 32-56.
Scholz, G. (2006b): Was ist eigentlich ein Schüler? Pädagogische Ansätze für eine ethnologische Bildungsforschung. In: Andresen, S./Diehm, I. (Hg.): Kinder, Kindheiten, Konstruktionen. Erziehungswissenschaftliche Perspektiven und sozialpädagogische Verortungen. Wiesbaden, 229-247.

Scholz, G. (2006c): Vorwort. In: Scholz, G. (Hg.): Bildungsarbeit mit Kindern: Lernen ja – Verschulung nein! Mühlheim an der Ruhr, 6-8.
Scholz, G. (2006d): Experimente mit Kindern. In: Scholz, G. (Hg.): Bildungsarbeit mit Kindern: Lernen ja – Verschulung nein! Mühlheim an der Ruhr, 72-101.
Scholz, G. (2008a): Der Sprung über die Bank. In: Mitgutsch, K. u. a. (Hg.): Dem Lernen auf der Spur. Die pädagogische Perspektive. Stuttgart, 78-96.
Scholz, G. (2008b): Die Differenz zwischen Wissensgesellschaft und Lerngesellschaft. In: Giest, H./Wiesemann, J. (Hg.): Kind und Wissenschaft. Welches Wissenschaftsverständnis hat der Sachunterricht? Probleme und Perspektiven des Sachunterrichts. Bd. 18. Bad Heilbrunn, 35-50.
Scholz, G. (2009): Lernen als kommunikative Haltung. Überlegungen zu einem erziehungswissenschaftlichen Lernbegriff. In: Strobel-Eisele, G./Wacker, A. (Hg.): Konzepte des Lernens in der Erziehungswissenschaft. Phänomene, Reflexionen, Konstruktionen. Beiträge zur Theorie und Geschichte der Erziehungswissenschaft. Bd. 31. Bad Heilbrunn, 157-171.
Simon, C. (1992): Récréations. DVD. Paris
Sunnen, P. (2006): Lernprozesse am Computer. Theoretische und empirische Annäherungen. Europäische Hochschulschriften. Reihe XI. Pädagogik. Bd. 936. Frankfurt am Main.
Sunnen, P. (2009): „Wir haben das Mega-Orange gemacht!" – Vorschulkinder inszenieren sich als Lernende an der Schnittstelle von Schul- und Gleichaltrigenkultur. In: de Boer, H./Deckert-Peaceman, H. (Hg.): Kinder in der Schule. Zwischen Gleichaltrigenkultur und schulische Ordnung. Wiesebaden, 35-49.
Wagenschein, M. (2002): Was bleibt? Verfolgt am Beispiel der Physik. In: Rumpf, H. (Hg.): „... zäh am Staunen" Pädagogische Texte zum Bestehen der Wissensgesellschaft. Seelze-Velber, 81-98.
Watzlawick, P. u. a. (2000). Menschliche Kommunikation. Formen, Störungen, Paradoxien. 10., unver. Aufl. Bern u. a.
Wiesemann, J./Amann, K. (2002): Situationistische Unterrichtsforschung. In: Breidenstein, G. u. a. (Hg.): Forum Qualitative Schulforschung 2. Interpretative Unterrichts- und Schulbegleitforschung. Opladen, 133-156.
Wulf, C. (1994): Zur Einleitung: Grundzüge einer historisch-pädagogischen Anthropologie. In: Wulf, C. (Hg.): Einführung in die pädagogische Anthropologie. Beltz Grüne Reihe. Weinheim/Basel, 7-21.

Gerhard de Haan

Sieben Thesen zur Erosion der Schule

Blickt man auf die Maßnahmen, mit denen von Seiten der Bildungspolitik und -administration versucht wird, auf die Ergebnisse der PISA-Studien durch Bildungsstandards, innere und äußere Schulreformen, Qualitätsindikatoren und Inspektionen zu reagieren, so scheint sicher: Die allgemeinbildende Schule ist und bleibt jene Einrichtung der formellen Bildung, über die sich Gesellschaft reproduziert, individuelle Lebenschancen verteilt und auf eine von Innovations- und Beschleunigungszwängen gezeichnete Zukunft systematisch vorbereitet wird. Dagegen wird im Folgenden versucht argumentativ zu vertreten, dass die Gegenwart der Schule von Erosionserscheinungen geprägt ist und dass es zudem plausibel ist, dass sich diese Erosion in Zukunft fortsetzen wird.

In sieben Thesen wird diese Behauptung entfaltet, indem auf den subjektiven Relevanzverlust der formellen Bildung, fundamentale Leistungsschwächen der Schule in Bezug auf die Vermittlung zukunftsfähiger Kompetenzen, ihren Bedeutungsschwund durch die Abgabe von Funktionen nach außen, die Marginalisierung von Schule aufgrund des demografischen Wandels, die Konkurrenz zu den Massenmedien und die Effekte selbstregulierten Lernens eingegangen wird. Eine Vollständigkeit der zusammengetragenen Phänomene wird dabei nicht behauptet wie es auch nicht als zwingend angesehen wird, dass die Erosionsprozesse die aktuellen Stabilisierungsaktivitäten künftig majorisieren werden. Es geht lediglich darum, eine *plausible Zukunft* zu entwerfen.

Zukünfte

Wenn es um einen – immer riskanten – Vorgriff auf Zukunft geht, dann muss vorab deutlich gemacht werden, um welche Variante des Vorgriffs auf Künftiges es sich handelt. In der Zukunftsforschung unterscheidet man traditionell zwischen wahrscheinlichen, möglichen und bevorzugten Zukünften (vgl. Kreibich 2006), denen ich eine vierte Variante hinzufügen möchte: die *plausiblen Zukünfte*. Von Zukünften anstatt von Zukunft zu sprechen ist im deutschsprachigen Raum nicht üblich – und

dennoch erforderlich, denn es gibt – aus der Perspektive der Gegenwart
– nicht nur *eine* oder *die* Zukunft. Sie gilt als offen und damit als variabel – mithin ist es angemessener, von Zukünften zu sprechen. Dabei wird – so möchte ich das definieren – von *wahrscheinlichen Zukünften* gesprochen, wenn sich mit Hilfe der Stochastik nach wissenschaftlichen Gütekriterien Daten aggregieren lassen, die künftige Entwicklungen voraussagen. So sagen die im IPCC zusammengeschlossenen Klimaforscher, dass eine weltweite Erwärmung um 1,1 bis 6,4°C bis zum Jahr 2100 wahrscheinlich ist und dass dieser Temperaturanstieg mit 90prozentiger Wahrscheinlichkeit anthropogene Ursachen hat (vgl. Solomon u. a. 2007). *Plausible Zukünfte* dagegen basieren in erster Linie auf Begründungen, die zwar auch mit stochastischen Daten angereichert sein können, aber primär mit guten Argumenten präsentiert werden, deren Stichhaltigkeit geprüft werden kann. Man kann die folgenden sieben Thesen als Beispiel für plausible Zukünfte verstehen.

Mögliche Zukünfte sind charakterisiert durch erhebliche spekulative Anteile. So mag sein, dass in den nächsten 20 Jahren Signale einer außerirdischen Spezies empfangen werden oder alle derzeit bekannten Krankheiten der Menschheit erfolgreich bekämpft werden können, wahrscheinlich oder plausibel erscheint das derzeit allerdings nicht. *Bevorzugte Zukünfte* sind gekennzeichnet durch positive Konnotationen: So mag man es bevorzugen, dass Kinderarmut und Hunger in den nächsten Jahren weltweit gebannt werden und man wird sicherlich viel Zustimmung dafür finden, dass beides in Zukunft nicht mehr sein sollte. Soweit zu den Zukünften.

These 1: Die Schule leidet unter internem Aufmerksamkeitsverlust

2006 wurden die Ergebnisse der Studie PISA 2003 I Plus veröffentlicht (vgl. Prenzel u. a. 2006). Darin ging es um die Lernzuwächse der Schülerinnen und Schüler von der 9. zur 10. Klassenstufe in der Mathematik und in den Naturwissenschaften. 2003 wurden die 15jährigen in Bezug auf ihre Kompetenzen in den Naturwissenschaften und der Mathematik getestet. Ein Jahr später befragte man die sich nunmehr in der 10. Klasse befindenden Schülerinnen und Schüler erneut. Dabei wurden Hauptschulen nicht berücksichtigt, da diese Schülerinnen und Schüler in manchen Ländern die Schule schon verlassen hatten. Die Tests waren nunmehr curriculumnah konzipiert, das heißt, man hatte sich an den deutschen Lehr- und Rahmenplänen orientiert – was bei den internationalen PISA-Tests natürlich nicht der Fall sein konnte.

Die Ergebnisse waren erstaunlich. In der Mathematik wissen nur 60 Prozent der Jugendlichen in der 10. Klasse mehr als in der 9. Klasse. 40 Prozent stagnieren oder wissen weniger als ein Jahr zuvor in diesem Fach. Noch dramatischer lesen sich die Werte in Bezug auf die Naturwissenschaften. Hier wissen nur 45 Prozent mehr, fast 20 Prozent wissen weniger als sie im 9. Schuljahr schon einmal wussten – und alle anderen stagnieren. Das Thüringische Kultusministerium bewertet die Ergebnisse so: „Da sich ein solcher Prozentsatz sicherlich nicht mit besonderen individuellen Krisen und Problemstellungen erklären lässt, weist er auf Handlungsbedarf hin." (Thüringer Kultusministerium o.J., o.S.) Die Ergebnisse lassen sich *nicht* in Beziehung setzen zu einem möglichen Verlust an Selbstwirksamkeitserwartungen unter den Jugendlichen. Dieser Wert nimmt über das Schuljahr hinweg sogar zu. Aber die Schülerinnen und Schüler wiederholen den durchgenommenen Stoff im Laufe des Schuljahrs weniger gern, Ängste und Langeweile prägen sich insbesondere in jener Gruppe stärker aus, die keinen Lernzuwachs oder Wissensverluste erleiden. Das „affektive (…) Engagement für den fachbezogenen Kompetenzerwerb" (ebd.) ist einem großen Teil der Schülerschaft abhanden gekommen. Dafür lassen sich sicherlich viele Gründe identifizieren: Persönlich vermutete Perspektivlosigkeit (obschon in der Erhebung neben den schon Ausgeschiedenen auch Wiederholer nicht befragt wurden), kein Bezug des Lerninhaltes zum Alltagsleben oder keine Einsicht in die Möglichkeit, dass es sich um ein Lernen auf Vorrat handelt und vieles mehr.

Was sich aber in jedem Fall in diesen Daten ausdrückt ist, dass eine große Zahl der Jugendlichen nicht den Eindruck hat, es möchte sich lohnen, mehr in das schulische Lernen zu investieren. Denn an der Lernfähigkeit, dem kognitiven Bewältigen des Stoffs und am Lerntempo scheint es nicht zu liegen, dass in den Naturwissenschaften selbst jene, die etwas hinzulernen, große Kompetenzzuwächse auch nicht aufweisen. Der subjektive Bedeutungsschwund der Schule (der sich auch an der kontinuierlich über den Schulverlauf sinkenden Lernfreude bei den Schüler/innen nachweisen lässt – so schon Helmke 1992) jedenfalls spricht nicht dafür, dass diese Schule mit den herrschenden Lern- und Motivationsformen sowie den dominanten Fachinhalten für die allermeisten Jugendlichen eine hohe Anziehungskraft ausübt.

These 2: Formelle Bildung bedient die wichtigsten Kompetenzen nicht.

In den Jahren 1996/98 realisierte das BMBF eine Delphi-Befragung zur Wissensgesellschaft und zur Entwicklung im Bildungssystem (vgl. Bundesministerium 1998). Die Delphi-Befragung ist ein etabliertes Instrument in der Zukunftsforschung (vgl. Cuhls 2009; de Haan/Huck/Schröder 2009). In diesen Befragungen, die – zumeist und wie in diesem Fall – von Experten beantwortet werden, geht es um vermutete und erwünschte Entwicklungen in spezifischen gesellschaftlichen, wirtschaftlichen oder technischen Handlungsfeldern. Der Zeithorizont ist oftmals auf fünf bis fünfundzwanzig Jahre festgelegt. So auch in diesem Fall. Gefragt wurden die Experten, welche Wichtigkeit sie spezifischen Kompetenzen im Jahr 2020 beimessen. Am „Bildungs-Delphi" von 1996/1998 beteiligten sich 450 Experten. Das Ergebnis war zunächst irritierend: Nicht die spezifischen Fachkompetenzen – wie sie damals die Lehrpläne und heute die Bildungsstandards in aller Breite festhalten – galten als zentral für das schulische Lernen. Sie waren von der Bedeutung her weit abgeschlagen. Primär wurden lerntechnische und lernmethodische Kompetenzen für wichtig erachtet, gefolgt von psycho-sozialen Kompetenzen – heute würde man sagen, von der Kompetenz, autonom handeln und in heterogenen Gruppen agieren zu können. Dann hielt man auch die Fremdsprachen- und Medienkompetenz sowie interkulturelle Kompetenzen noch für wichtiger als spezifische Fachkompetenzen.

Das spiegelt sich im schulischen Curriculum freilich nicht wider. Was spricht für die Erwartung der Experten, dass es gar nicht so sehr um den Erwerb von Fachkompetenzen gehe in der Schule? Man kann durchaus einen Bezug zur ersten These herstellen: Wenn die Lernfreude im Laufe der Schulzeit sinkt, zugleich aber das Bevorratungskonzept schulischen Lernens nicht hinreichend sein kann für die Lebensspanne, weil immer wieder hinzugelernt werden muss im Laufe des Arbeitslebens und um sich gesellschaftlich auf der Höhe der Zeit zu bewegen, dann hat das Lernen des Lernens oberste Priorität. Ist die Lernfreude hoch, dann darf man unter spezifischen Voraussetzungen erwarten, dass auch das individuelle Aneignen von neuen Kenntnissen, Fertigkeiten und Fähigkeiten im Rahmen eines aufsuchenden Lernens gelingen kann. Zu diesen spezifischen Voraussetzungen sind sicherlich die oben erwähnten Selbstwirksamkeitserwartungen, Abwesenheit von Langeweile und Ängsten hinzuzuzählen.

Dass der Erwerb von Kompetenzen zur Aneignung von Wissen und darin wiederum das Problemlösungswissen favorisiert wird, lässt sich unmittelbar aus der Beschleunigung gesellschaftlicher Veränderungen und Anforderungen an das Individuum herauslesen. Es soll an dieser Stelle nicht behauptet werden, dass Schule es prinzipiell nicht leisten könnte, sich in Bezug auf die Priorität der zu vermittelnden Kompetenzen umzuorientieren. Doch spricht derzeit nicht viel dafür, dass dieses in substanziellem Ausmaß geschieht. Denn die von den Experten herausgestellten lernmethodischen Kompetenzen wurden von diesen verbunden mit einer Lernform, die Interdisziplinarität und überfachliche Lernarrangements, projektbezogenes Lernen mit Praxisbezug, selbstregulierte, eigeninitiative Lernformen in heterogenen Gruppen und Teams zusammenbringt (vgl. Bundesministerium 1998, 58).

Von all dem ist Schule weit entfernt. Ein fundamentaler Wandel der Schule im Vergleich zu 1996 wurde von den Experten selbst für das Jahr 2020 auch gar nicht erwartet – wie übrigens auch nicht die Auflösung des Anspruchs der Vermittlung von Allgemeinbildung durch die Schule. Dennoch zeigt sich auch in diesen schon vor fast 15 Jahren formulierten Diskrepanzen zwischen vermuteter Notwendigkeit und (aktueller) faktischer Situation die Erosion dieser Bildungseinrichtung: Sie ist nicht mehr zeitgemäß und schon gar nicht zukunftsfest.

These 3: Die Schule löst sich durch ihre Öffnung auf

Das neue Schlagwort der Schulreform heißt „Duales Lernen". In Berlin wurde das Konzept im Zuge der Einrichtung von „Integrierten Sekundarschulen" lanciert. Dieser neue Schultyp integriert Haupt- und Realschulen – nicht aber die Gymnasien. Man will mit dem Dualen Lernen die „Schülerinnen und Schüler intensiv auf die Arbeits- und Berufswelt vorbereiten und Jugendliche so früh und so professionell wie möglich anleiten, eigene Interessen zu entwickeln und sich mit der eigenen Berufswahl auseinanderzusetzen (Berufs- und Studienorientierung)." (Senatsverwaltung 2009) Schulisches Lernen soll dabei mit dem Lernen über das Wirtschafts- und Arbeitsleben verbunden werden. „Diese Verknüpfung kann zum Beispiel in einer betrieblichen Werkstatt, einer Schülerfirma, einem Betrieb, einer überbetrieblichen oder außerbetrieblichen Bildungsstätte, einer beruflichen Schule oder einer Hochschule erfolgen." (Ebd.)

Das Duale Lernen beginnt in der Jahrgangsstufe 7. Alle Schülerinnen und Schüler der neuen Schule müssen daran teilnehmen. Im 7. Jahrgang stehen Betriebserkundungen, im 8. Jahrgang Betriebspraktika an. Wenn am Ende der 8. Klasse abzusehen ist, dass kein Schulabschluss erreicht wird, dann greifen „besondere Organisationsformen [...] mit verstärktem Praxisanteil an außerschulischen Lernorten." (Ebd.) Dieses „Praxislernen" kann sich über bis zu drei Schultage in der Woche erstrecken, wenn die Klassenkonferenz oder der Jahrgangsausschuss der Schule so entscheidet. Berlin ist mit dieser Initiative nicht allein. Auch andere Bundesländer folgen dieser Idee. Die Öffnung der Schule ist eine alte Forderung jeglicher Reformbewegung – und soll in ihrer Sinnhaftigkeit an dieser Stelle nicht in Zweifel gezogen werden. Traditionell wurde sie aber so gedacht, dass mit dem Aufsuchen der außerschulischen Lernorte das innerschulische Lernen bereichert würde. Das scheint sich aber in diesem Konzept des „Dualen Lernens" nicht mehr ganz wieder auffinden zu lassen.

Mehr und mehr scheint die Kompetenzentwicklung gerade dort, wo der Eindruck herrscht, man könne diesen Jugendlichen keinen höherwertigen Schulabschluss oder auch gar keinen Schulabschluss sichern, die Priorität in der positiven Beantwortung der Frage zu liegen: Denkst du gut genug für Deutschlands Unternehmen? Das markiert eine reduzierte Funktionalität des Individuums für das ökonomische System, ohne dabei auch nur zu berücksichtigen, für welche Arbeitsprozesse man über funktionale Kompetenzen verfügt – zum Beispiel, ob diese im individuellen wie gesamtgesellschaftlichen Sinne zukunftsfähig sind. Diese Kompetenzen mögen in vielen Fällen sogar universell einsetzbar sein (das müsste man prüfen). Sie sind allerdings normativ aufgeladen, da sich die Segmente der Funktionalität nicht (mehr) trennen lassen: Wirtschaft beeinflusst nicht nur die Gestaltung des Tagesablaufs, modifiziert und influiert die Lebensverhältnisse, sondern durchdringt alle Lebenssphären (vgl. Sennett 1998). Wenn nun drei der fünf verfügbaren Tage schon in der neunten Jahrgangsstufe in Unternehmen verbracht werden, fragt sich, wie aus der Perspektive einer allgemeinen Bildung, die schließlich mit der Reflexion über die Wirtschaftsstrukturen, die Funktion der Ökonomie und ihre Beeinflussung des alltäglichen Lebens einhergehen müsste, noch hinreichend Kompetenzen zu erwerben wären.

Zumindest scheint man die Erwartung aufgegeben zu haben, dass eine Vorbereitung auf das (nicht nur) berufliche Alltagsleben (mit den dafür notwendigen Kompetenzen) sich noch innerschulisch bewältigen lässt. Hier delegiert man offensichtlich das Problem, spezifische soziale und personale Kompetenzen zu vermitteln, an andere Einrichtungen – die das vielleicht besser und wenn, dann sicherlich in ihrem Sinne leisten können. Deutlicher formuliert: Ein Teil der Schülerschaft, nämlich jener, den man nach dem 8. Schuljahr in die Betriebe schickt, wird damit als nicht mehr ganzwöchentlich beschulbar erklärt. Man muss schon große Hoffnungen auf eine dreitägige Tätigkeit in Unternehmen setzen, wenn diese dermaßen die Lernfreude steigern sollen, dass in den verbleibenden zwei Schultagen pro Woche die Lernleistungen erbracht werden können, die ein Wochenpensum ausmachen, um noch zu einem Schulabschluss zu gelangen.

These 4: Der demografische Wandel marginalisiert die Bedeutung von Schule

In Hinblick auf künftige Entwicklungen kommt den Daten zum demografischen Wandel in Deutschland das Prädikat *wahrscheinliche Zukünfte* zu, denn diese Daten sind auch über Zeiträume von 50 Jahren (also bis zum Jahr 2060) hochgerechnet als außerordentlich zukunftsfest zu bezeichnen (vgl. exemplarisch und zusammenfassend Schinkel 2007; Statistisches Bundesamt 2009), es sei denn, eine große Katastrophe (Krieg, Kollaps der Natur, Seuchen etc.) verändern die Situation fundamental. Woraus resultiert die hohe Wahrscheinlichkeit, dass die Prognosen sich bewahrheiten werden? Erstens aus dem Faktum, dass einerseits die meisten Menschen, die 2050 leben werden, heute schon geboren sind. Das Durchschnittsalter der deutschen Bevölkerung liegt derzeit bei über 40 Jahren – mit steigender Tendenz. Das Durchschnittsalter erhöht sich immer mehr, denn einerseits werden die Menschen immer älter (wer als Frau 1950 geboren wurde, kann im Durchschnitt etwa 68 Jahre alt werden, wer als Frau im Jahr 2000 geboren wurde, hat eine Lebenserwartung von über 80 Jahren – so die Prognose).

Zweitens verändern sich die durchschnittlichen Geburtenraten pro Frau nur sehr langsam. Derzeit erleben wir in Deutschland noch einen Geburtenrückgang. Wenn man eine große Einwanderungswelle starten würde, zum Beispiel jedes Jahr eine Zuwanderung von 500.000 Personen zulassen würde, würde sich selbst dann an der Geburtenrate und dem Altersdurchschnitt kaum etwas ändern. Man kann also von einer hohen Aussagekraft der vorliegenden Daten ausgehen. Und diese besagen: Die Zahl der Kinder, die bis 2020 eingeschult werden, nimmt in Deutschland gegenüber dem Jahr 2000 im Durchschnitt um 20 Prozent ab. Davon betroffen sind besonders die neuen und weniger die alten, südlichen Bundesländer. Insgesamt werden aber 2050 nahezu ebenso viele Menschen in Deutschland leben, die über 80 Jahre alt sein werden als jene, die unter 20 Jahre alt sind. Das Durchschnittsalter wird dann bei ca. 50 Jahren liegen.

Über die Konsequenzen ist viel geschrieben worden. Szenarien hinsichtlich der Konsequenzen lassen sich leicht ausmalen: Die Auswirkungen entvölkerter Landstriche für die kommunale Infrastruktur liegen auf der Hand: Muss man manche Orte einfach aus Kostengründen (weil sich die Ver- und Entsorgung, soziale und Transportsysteme nicht aufrecht erhalten lassen) entsiedeln?

Plausibel ist, dass die Lebensarbeitszeit notgedrungen verlängert werden muss – und dass es in diesem Zusammenhang zu vermehrten Fort- und Weiterbildungen kommen muss. Dabei ist es nicht allein damit getan, die Fort- und Weiterbildung durch „training on the job" oder durch „just in time learning" zu realisieren. Mehr und mehr scheint ein sogenanntes „second chance"-Konzept notwendig zu sein: Hochqualifizierte müssen die Chance bekommen, in ihrem Arbeitsleben noch ein weiteres Hochschulstudium absolvieren zu können. Sie werden vielleicht ganz etwas anderes studieren, wenn sie im Alter von 40 bis 50 Jahren ein neues Tätigkeitsfeld suchen (müssen). Das macht neue Pfade der Bildungsökonomie denkbar (Bildungskonten, Stipendienprogramme etc.), lässt es aber zugleich als plausibel erscheinen, dass sich die Budgets und Aufmerksamkeiten im Bildungsbereich generell verschieben. Monetäre Bildungsressourcen sind generell knapp.

Auch wenn man die Bildungsetats für die allgemeinbildende Schule trotz Rückgang der Schülerzahlen *nicht* reduzieren würde (dass man hier einsparen will, wird allerdings von einigen Bundesländern schon signalisiert), ergibt sich die Notwendigkeit, in die Erwachsenenbildung mehr zu investieren. Dies nicht nur bezogen auf die berufliche Bildung, sondern auch in Hinblick auf die Gesundheitsbildung, Medienkompetenz, Erhalt von Kreativität und Innovationsfreude, Konzepte zur Weitergabe von Erfahrungswissen älterer Personen an jüngere etc. Kurz: Die Schule, so scheint mir *plausibel* zu sein, erhält einen Aufmerksamkeitsverlust aufgrund der Bedeutung, welche die Masse der arbeitenden Bevölkerung gegenüber dem geringer werdenden Nachwuchs haben wird. Das liegt auch insofern nahe, als in der Bildungsplanung und -ökonomie immer wieder sogenannte „trade offs" zu beobachten sind: Geld, das in einen Bereich investiert werden soll, wird in der Regel aus einem anderen Bereich abgezogen – wenn die Ressourcen nicht überproportional ansteigen. Maßgeblich ist dabei immer noch das Bruttoinlandsprodukt. Man kann ja sagen, wir erhöhen die Steuern – aber das reduziert die familiär verfügbaren Budgets – auch für Bildung. Man kann auch den Bildungsetat umschichten, aber das erhöht die gesamte verfügbare Geldsumme nicht. Man kann auch Schulden machen – aber derzeit sind Bildungsausgaben keine Investitionen und damit können hier keine Schulden gemacht werden von denen man sagt, sie amortisierten sich künftig durch Erträge, die es erlauben, die Schulden auch wieder abzutragen.

These 5: Standardisierte Kompetenzen kann man auch andernorts erwerben

Seit die Studie „PISA 2000" publiziert wurde, hat sich im Bereich der Bildungspolitik ein deutlicher *Umorientierungsprozess* gezeigt. PISA 2000 war und ist für die allgemeine Bildung das, was man in der Zukunftsforschung eine „wild card" (Steinmüller/Steinmüller 2004) nennt: Ein Großereignis, das zu radikalen Veränderungen im politischen Diskurs und in der Organisation der Institutionen führt – mit kaum reversiblen Konsequenzen. Hier soll im Folgenden nur die Umstellung von Lehrplänen auf Bildungsstandards näher betrachtet werden, weil sich damit eine plausible, künftige Veränderung im Erwerb von Kompetenzen verbinden lässt. Der Gedanke ist recht einfach. Lehrpläne legten fest, was gelehrt werden musste. Die Erwartung war, dass das Gelehrte im Durchschnitt zu befriedigenden Lernerfahrungen bei den Schülerinnen und Schülern führt. Daher gab (und gibt) es Tests, Prüfungen etc. Nun hat man in der Nachfolge der PISA-Ergebnisse umgestellt: Von den am Input orientierten Lehrplänen auf am Output orientierte Rahmenpläne und Bildungsstandards (vgl. Klieme u. a. 2003). In ihnen wird festgelegt, was zu einem bestimmten Zeitpunkt in einer spezifischen Domäne bzw. einem spezifischen Fach *gelernt* sein sollte. Beschrieben wird dieses Vermögen in Form von Kompetenzen der Lernenden (vgl. de Haan 2008).

Man kann sich nun fragen, warum diese Kompetenzen, über die man in einem spezifischen Alter verfügen sollte, unbedingt in der Schule erworben werden sollten. So lange ein Lehrplan gilt, ist verständlich, wenn von Seiten der Regierenden eine Institution vorrätig gehalten wird, in der das zu Lehrende auch angeboten wird. Wenn es aber ums Lernen geht, das zu Kompetenzen führt, der Fokus also auf dem Wissenserwerb von Kindern, Jugendlichen und Erwachsenen liegt, könnte schließlich auch ein – wie immer ausdifferenzierter – Test genügen, in dem man den Nachweis über die Kenntnisse, Fähigkeiten und Fertigkeiten erbringt. *Wo* und *bei wem* die Kompetenzen erworben werden, kann denen, die feststellen, in welchem Maße jemand über Kompetenzen verfügt, schließlich gleichgültig sein. Recht besehen, müsste die Schule dann in Konkurrenz mit anderen Kompetenzvermittlern treten: Private Anbieter, die die gleichen Leistungen für weniger Geld, angstfreier, in kürzerer Zeit etc. anbieten, selbständig Lernende, Aneignung durch informelle Bildung – all dieses könnte zum Kompetenzerwerb führen.

Erste Hinweise dafür, dass darin eine *plausible Zukunft* liegt, bietet die berufliche Fort- und Weiterbildung. Denn die Europäische Union bemüht sich um die Entwicklung der Struktur für ein Portfolio, in dem möglichst umfassend alle Kompetenzen von Arbeitskräften aufgeführt werden können – unabhängig davon, ob die Kompetenzen in formellen Bildungsprozessen oder über andere Wege erworben wurden. Die Bildungsstandards für die Schule lassen sich dagegen eher anders lesen: Als habe man geahnt, dass mit der Formulierung von Kompetenzen die Frage aufkommen könnte: Warum diese in der Schule erwerben? sind die Standards so differenziert ausgefallen, dass sie sich von einem Lehrplan kaum unterscheiden – womit man die Hoheit über das jeweilige Fachgebiet wiederum für die Schule reklamieren kann.

These 6: Die Massenmedien okkupieren die Wach- und Lernzeit

Ist es tatsächlich nur eine Spekulation, wenn gesagt wird, das recht gute Abschneiden der Grundschülerinnen und -schüler bei den länderübergreifenden Tests sei der *Sendung mit der Maus* geschuldet? Ursachenforschung ist kaum möglich, Selbstbewertungen sind gerade in dieser Altersgruppe kaum das Instrument der Wahl. Jedoch ist es sinnvoll, sich die Zeiten genauer anzuschauen, die pro Tag mit den Massenmedien verbracht werden. ARD und ZDF führen seit den 1960er Jahren in dieser Hinsicht repräsentative Erhebungen durch (vgl. Engel/Ridder 2010a; 2010b). Die Ergebnisse: Im Jahr 2010 verbringt jeder Bundesbürger ab 14 Jahren im Schnitt 9:43 Stunden pro Tag mit den Medien: Das ist innerhalb von nur zehn Jahren ein Zuwachs um rund eine Stunde (2000 lag der Wert bei 8,5 Stunden) – und es zeigt sich im Vergleich zu 1964 eine exorbitante Veränderung, denn damals lag der Wert bei 3,3 Stunden pro Tag. Wie schlüsselt sich dieser Wert auf? 3:40 Stunden verbringt man vor dem Fernsehapparat und 3:07 Stunden mit dem Radio – ein Anstieg für das Fernsehen um 19 Prozent gegenüber 2000. Gelesen wird zirka 1 Stunde lang – ein gegenüber 2000 nahezu gleich gebliebener Wert. In schnell wachsendem Maße wird das Internet genutzt: 2010 war man 1:23 Stunden im Netz, wobei die 14-29jährigen darauf 2:24 Stunden verwendeten, ältere Menschen ab dem 50. Lebensjahr nutzen das Internet weitaus weniger (vgl. ebd.), dafür reduziert sich der Fernsehkonsum wie die Nutzung des Radios im jüngeren Segment auf jeweils rund 2:30 Stunden. Nun wird man vielleicht einwenden, dass man alles gleichzeitig nutzt: das Fernsehen läuft, das Radio bildet eine Hintergrundkulisse, und man liest nebenbei noch in der Zeitung. Die Summe der sich überschneidenden Nutzungszeiten beträgt allerdings nur rund eine Stunde. Also verbringt man durchschnittlich fast neun Stunden am Tag mit den Massenmedien. Das ist mehr Zeit, als etwa 16jährige in der Schule verbringen.

Über die Lerneffekte weiß man allerdings noch nicht sehr viel. Da man aber nicht *nicht* Lernen kann, wird man von Einflüssen ausgehen müssen. Hilft das Wissen über Nutzungsmotive dabei weiter? Schaut man sich nur die Gruppe an, die noch am ehesten in Bildungs- und Ausbildungsprozessen steckt, so ergeben sich folgende Werte: für die Nutzungsmotive bezüglich des Fernsehens geben die 14-29-jährigen 2010 (in Klammern: Werte für 2000) an: Mitreden können 50 Prozent (52 Prozent), Denkanstöße bekommen 36 Prozent (41 Prozent), sich informieren 72 Prozent (83 Prozent), entspannen 85 Prozent (82 Prozent), Spaß haben 87 Prozent (90 Prozent), aus Gewohnheit 68 Prozent (64 Prozent). Spaß und Entspannung dominiert den Medienkonsum bezüglich des Fernsehens deutlich. Das Informationsmotiv schwächt sich ab, wie auch das Motiv, Denkanstöße zu bekommen. Spaß dominiert übrigens auch die Nutzung des Internets (2010: 94 Prozent), allerdings gefolgt vom Interesse an Informationen (2010: 90 Prozent).

Da man aber auch in Entspannungssituationen nicht *nicht* lernen kann und dort, wo man Spaß hat, zudem noch leicht lernt, sind die – kaum schätzbaren – Kompetenzzuwächse (auch in Hinblick auf den Gewinn von normativen Orientierungen, wie die Forschungen zum Modelllernen zeigen) sicherlich nicht unbeachtlich. Auch wenn man Quantitäten der verbrachten Zeit nicht im engen Zusammenhang mit Lerneffekten sehen darf (allerdings lehrt die Kognitionspsychologie: im Langzeitgedächtnis bleiben Kenntnisse aufgrund von Wiederholungen und Ähnlichkeiten am ehesten bestehen), so kann man aufgrund eines einfachen Vergleichs die Beunruhigung in Hinblick auf massenmedial induzierte Kompetenzzuwächse noch deutlicher machen: zehn bis 15.000 Zeitstunden Schule stehen 70.000 Stunden Arbeitsleben, aber 250.000 Stunden Medienkonsum in einem Menschenleben gegenüber.

Heute noch über ein Schulportal zu schreiben, wie dieses in den 1950er Jahren zu lesen war: „Die Schule ist das Tor zur Welt", kann man in Anbetracht der massenmedialen Welterschließung kaum noch aufrecht erhalten wollen. Plausibel ist, dass speziell mit den Möglichkeiten des Internets, aber auch durchs Fernsehen erhebliche Kompetenzzuwächse realisiert werden. Und da die neuen Medien in ihren interaktiven Möglichkeiten und ihrer Fortentwicklung noch exorbitant wachsende Lerngelegenheiten bieten werden, wird man in Zukunft verstärkt davon ausgehen müssen, dass *die Sendung mit der Maus* nur ein singulärer Indikator für den medial induzierten Kompetenzerwerb ist. Wenigstens *ein* empirisches Datum soll an dieser Stelle angeführt werden, um den medial induzierten Kompetenzerwerb für jenes Wissen zu belegen, das auch Gegenstand schulischen Lernens ist.

In einer Sekundärauswertung der PISA-Studie von 2006 wurde von Seiten der OECD gesondert erfasst, über welches Umweltwissen die 15-jährigen verfügen – und woher dieses Wissen stammt. Abhängig vom einzelnen Thema (ob es ums Artensterben, den Klimawandel oder das Ozonloch geht), geben die Jugendlichen zwar zwischen 50 und 70 Prozent an, sie hätten dieses Wissen aus der Schule. Jedoch sind für 40 bis 60 Prozent der Jugendlichen die Massenmedien eine zentrale Informationsquelle. Insofern liegen Schule und Massenmedien bezüglich des Kompetenzerwerbs in dem Feld der Umweltthemen bei den 15jährigen in Deutschland fast gleichauf (vgl. OECD 2009, 105ff). Die Marginalisierung der Schule kann man – zumindest bezüglich der Umweltthemen – mithin als fortgeschritten bezeichnen. Woraus man übrigens ein Entlastungsargument gewinnen könnte: Was die Massenmedien anbieten, muss die Schule nicht mehr für alle noch einmal offerieren.

These 7: Das selbstregulierte Lernen entwertet Curricula und Lehrkräfte

Die Feststellung, dass die Potenziale junger Menschen durch die formelle Bildung nicht hinreichend gefördert werden – zahlreiche Jugendliche verlassen die Bildungseinrichtungen mit allenfalls minimalen Kenntnissen in Bezug auf das Lesen, Schreiben und Rechnen – hat seit den 1980er Jahren international zu einer intensivierten Debatte um die praktizierten Lehr- und Lernformen geführt. Dabei wurde und wird deutlich Abstand genommen von fremdbestimmten Lernformen und für mehr Verantwortungsübernahme, Partizipation, ja Selbstbestimmung der Lernenden plädiert. Man erwartet sich von selbstbestimmten Lernformen, die durch konstruktivistische Theorien über das Individuum und die Gesellschaft gestützt werden (vgl. de Haan/Rülcker 2009) bessere Lerneffekte.

Die in diesem Kontext entwickelten Lernkonzepte werden hier unter dem Begriff „Selbstreguliertes Lernen" zusammengefasst. Selbst reguliert zu lernen meint, in selbst gesteuerten Prozessen Gedanken, Handlungen und Gefühle so zu kontrollieren und zu organisieren, dass diese systematisch und reflektiert zu persönlichen Zielsetzungen und Aufmerksamkeiten führen, die dann wiederum in einen gezielten, konstruktiven, eigenständigen Lernprozess münden (vgl. Schunk/Zimmermann 1998). Mit dem selbstregulierten Lernen verbindet sich die Erwartung, dass im Resultat das Erlernte nicht nur memoriert werden kann (also nicht nur zentrale Aspekte einzelner Sachverhalte erfasst und behalten werden), sondern dass darüber hinaus eine Tiefenverarbeitung erfolgt, so dass die erlernten Sachverhalte gut durchdrungen sind und mit Alltagsproblemen in Verbindung gebracht werden können. Wenn die selbstregulierten Lernprozesse sehr erfolgreich sind, gelingt schließlich sogar eine Transformation, das heißt der Sachverhalt wird in seine größeren Kontexte eingebettet, mit schon Erlerntem in eine deutliche Verbindung gebracht und es erfolgt ein Transfer des neuen Wissens auf andere Probleme und Situationen.

Dieses Paradigma des Lernens vereint drei Forschungsrichtungen: Erstens die Forschungen zu den individuellen Lernstilen, zweitens Forschungen zu metakognitiven Prozessen, die das Lernen unterstützen können und drittens Forschungen zum Selbstkonzept, wobei insbesondere analysiert wird, wie Individuen zu einem zielgerichteten, verstetigten Handeln gelangen. Das muss für die folgende Argumentation nicht im Detail entfaltet werden. Hier ist nur auf zwei Aspekte einzugehen: Die metakognitiven Strategien und die motivationale Selbstregulation, denn mit beiden Aspekten wird nicht nur ein verändertes Lernen kenntlich, sondern auch ein Funktionsverlust von Schule. Metakognitive Strategien zu erwerben heißt Fähigkeiten zu erlangen, die der Organisation des eigenen Lernens dienen zwecks systematischen Aufbaus von domänenspezifischem Wissen. Zu den Fähigkeiten gehört es, selbsttätig in Bezug auf den Lerngegenstand Orientierung gewinnen, einen Lernprozess planen, realisieren sowie beobachten und schließlich auch evaluieren und korrigieren zu können. Das sind anspruchsvolle Tools, die nicht ohne weiteres erworben und angewendet werden können. Sie setzen eine hohe Motivation der Lernenden voraus. Von daher ist nicht verwunderlich, dass die Fähigkeit zur Selbstregulation vom Alter der Schüler, den Bildungsaspirationen, der Lernumgebung und dem Interesse an den spezifischen Domänen abhängig ist.

Zentral für das selbstregulierte Lernen ist es, die Ziele des Lernens selbst wählen zu können. Damit aber müssen die laufenden wie neuen Lernaktivitäten in Beziehung gesetzt werden zu den eigenen Wünschen, Bedürfnissen und Erwartungen. Die eigenen Zielsetzungen müssen zugleich vor konfligierenden Alternativen geschützt werden und man muss wissen, wo die eigenen Potenziale liegen, was man leisten kann, ohne sich zu überfordern. Um selbstreguliertes Lernen zu evozieren ist es wichtig, spezifische Kompetenzen zu fördern, etwa jene, autonom handeln und persönliche Zielsetzungen identifizieren zu können und zu wissen, was die eigenen Erwartungen, Wünsche und Bedürfnisse umfasst. Man ahnt, dass es oftmals konfligierende Zielsetzungen geben wird, so dass die Auswahl dessen, womit man sich beschäftigen will, schwer fällt. Wichtig ist dann, über ein hohes Maß an Motivationskontrolle zu verfügen, also positive Szenarien aktivieren zu können, damit man das Ziel des Lernens vor Augen hat und glaubt, dieses erreichen zu können. Zudem ist Willenskontrolle notwendig, damit man mit dem Lernen anfängt und das Engagement aufrecht erhält. Nimmt man im Rahmen der Selbstregulation des Lernens tatsächlich in Anspruch, die Ziele des Lernens selbst zu wählen und in diesem Rahmen die eigenen Wünsche und Bedürfnisse zum Selektionskriterium zu machen, dann ist die Kompatibilität zwischen dem schulischen Curriculum und den selbst gewählten Domänen ein nicht sonderlich wahrscheinlicher Fall. Die schulischen Curricula werden somit eher entwertet als dass sie eine Aufwertung erfahren, wenn das selbstregulierte Lernen tatsächlich stattfinden sollte.

Mit der Adaption des Paradigmas „Selbstreguliertes Lernen" verändert sich auch die Funktion der Lehrkräfte in gravierendem Maße (vgl. Dennen 2004): Sie werden nicht erst mit dem Abschluss der Schulzeit (oder in der pädagogischen Tradition: mit der Mündigkeit des Schülers) überflüssig, sondern immer dann, wenn das selbstregulierte Lernen vom Schüler internalisiert wurde. Ist zu Beginn noch ein „Modelling" erforderlich, das heißt sind die Lehrenden noch anleitend tätig, so helfen sie in dem Maße, wie die Selbstregulation entwickelt wird, nur noch spezifische Grenzen des Erkenntnisgewinns zu überwinden („Coaching"), um schließlich über die Phase des „Scaffolding" mit einzelnen kleineren Hinweisen und Hilfestellungen zum „Fading" überzugehen: Die Lehrkräfte ziehen sich zurück, da ihre Hilfe nicht mehr benötigt wird.

Das „selbstregulierte Lernen" als zukunftsfähiges neues Lernkonzept zu propagieren hat nicht allein vor dem Hintergrund deutlichen Desinteresses etlicher Schüler an den derzeitigen Lernformen und -inhalten seine Berechtigung. Die Bedeutung dieser Lernform ist auch der Tatsache geschuldet, dass das informelle, massenmediale und lebenslange Lernen (s.o.) zur Existenzsicherung des Individuums in der Zweiten Moderne alternativlos ist – und selbsttätiges Lernen erforderlich macht. Insofern handelt es sich nicht allein um einen Akt der Freiwilligkeit, sich selbst zu befähigen, selbsttätig zu lernen, vielmehr kann man mit Hermann Lübbe (1992) auch vom „Zwang zur Selbstbestimmung" sprechen. Zudem gehört nicht viel dazu, sich vorzustellen, dass die Selbstregulation spezifische, nämlich bildungsnahe Milieus privilegiert. Deutlich wird das schon heute an der freiwilligen Teilnahme an Weiterbildungsmaßnahmen. Ungelernte und angelernte Arbeitskräfte nehmen an Weiterbildungen in weitaus geringerem Maße teil als Akademiker (vgl. Rosenbladt/Bilger 2008).

Insofern kann die Fähigkeit zur Selbstregulation des Lernens zum neuen Distinktionsmerkmal der Zukunft werden, das spezifische Milieus eher exkludiert als andere, da das selbstbestimmungsfähige Subjekt gerade in jenen Leitmilieus zu finden ist, die aus bildungsaffinen Familien stammen. Dass zudem der wachsenden Selbstregulation der Lernenden im Zuge des „Fadings" ein Bedeutungsschwund der Lehrkräfte korrespondiert, ist dann eher nur eine Nebenfolge des Phänomens, mit dem die Schule sich selbst finalisiert durch das Lernen, das sie nun initiiert.

Schlussbemerkung

Die vorgestellten sieben Thesen haben lediglich den Anspruch, eine künftig fortschreitende Erosion der Schule plausibel – nicht: wahrscheinlich – zu machen. Zudem handelt es sich um eine Skizze, der sich weitere Argumentationslinien beifügen ließen – etwa bezüglich der wachsenden Bedeutung und generellen Relevanz des informellen Lernens, den Veränderungen, die (neue) Medikamente für die Leistungsfähigkeit des lernenden Gehirns erbringen, die Veränderungen, die aus neuen Schnittstellen zwischen Technik und Lernen (zum Beispiel für den Erwerb von Fremdsprachen) resultieren und anderes mehr.

Wenn man bedenkt, das zwischen der Entwicklung einer Idee für eine Reform im formalen Bildungssystem und der flächendeckenden Durchsetzung dieser Reform bis hin zu etablierten neuen Strukturen, die wiederum ein verändertes Kompetenzprofil nach sich zieht, immer noch rund 30 Jahre vergehen können, dann scheint es dringend geboten, sich das heutige Bildungssystem aus der Perspektive des Jahres 2040 vorzustellen. Aus dieser Perspektive betrachtet, scheint es wenig aussichtsreich, in der heutigen Schule mitsamt den aktuellen Reformprogrammen und -initiativen jene Anstalt zu identifizieren, die als Lokalität, in Hinblick auf die dort erwerbbaren Kompetenzen, in der Konkurrenz zu anderen (virtuellen) Lernorten und in der Konkurrenz zum lebenslangen selbst regulierten Lernen in einer alternden Gesellschaft ein Attest mit dem Prädikat „*zukunftsfähig*" ausgestellt werden kann.

Literatur

Bundesministerium für Bildung und Forschung München (1998): Delphi-Befragung 1996/1998: Abschlussbericht zum „Bildungs-Delphi", München (http://www.bmbf.de/pub/delphi-befragung_1996_1998.pdf) (02.02. 2011)

Cuhls, K. (2009): Delphi-Befragungen in der Zukunftsforschung. In: Popp, R./Schüll, E. (Hrsg.): Zukunftsforschung und Zukunftsgestaltung. Beiträge aus Wissenschaft und Praxis, Berlin/Heidelberg, 207-222

Dennen, V. P. (2004): Cognitive Apprenticeship in Educational Practice: Research on Scaffolding, Modeling, Mentoring, and Coaching as Instructional Strategies. In: Jonassen, D.H. (Ed.), Handbook of Research on Educational Communications and Technology, 813-828, Mahwah, NJ, USA

Engel, B./Ridder, Chr.-M. (2010a): Massenkommunikation 2010. Eine Erhebung i. A. von ARD und ZDF, o. O. (http://www.media-perspektiven.de/fileadmin/downloads/mediaperspektiven/PDF-Dateien/ARD_ZDF_Medienkommission_-_Handout.pdf) (02.02.2010)

Engel, B./Ridder, Chr.-M. (2010b): Massenkommunikation 2010: Funktionen und Images der Medien im Vergleich. In: Mediaperspektiven 11, 537-548 (http://www.unternehmen.zdf.de/fileadmin/files/Download_Dokumente/DD_Das_ZDF/Langzeitstudie_Massenkommunikation_2010.pdf) (02.02. 2011)

Haan, G. de (2008): Ungewisse Zukunft, Kompetenzerwerb und Bildung. In: Ehrenspeck, Y./Haan, G. de/Thiel, F. (Hrsg.): Bildung: Angebot oder Zumutung? Wiesbaden, 25-44

Haan, G. de/Huck, J./Schröder, T. (2009): Delphi-Studie zur Zukunft der Flächennutzung. In: Planerin – Fachzeitschrift für Stadt-, Regional- und Landesplanung. Berlin, S. 50-51

Haan, G. de/Rülcker, T. (2009): Der Konstruktivismus als Grundlage für die Pädagogik. Frankfurt a. M.

Helmke, A. (1992): Selbstvertrauen und schulische Leistungen. Göttingen

Klieme, E. u. a. (2003): Zur Entwicklung nationaler Bildungsstandards. Eine Expertise, Berlin (http://www.dipf.de/de/pdf-dokumente/projekte-materialien/zur-entwicklung-nationaler-bildungsstandards/view?searchterm=Klieme Bildungsstandards) (02.02.2011)

Kreibich, R. (2006): Zukunftsforschung, Berlin http://www.izt.de/fileadmin/downloads/pdf/IZT_AB23.pdf (02.02.2011)

Lübbe, H. (1992): Der Lebenssinn der Industriegesellschaft. Berlin, Heidelberg

OECD (2009): Green at fifteen? How 15-year-olds perform in environmental science and geoscience in PISA 2006, o.O.

Prenzel, M. u. a. (Hrsg.) (2006): PISA 2003.Untersuchungen zur Kompetenzentwicklung im Verlauf eines Schuljahres. Münster

Rosenbladt, B./Bilger, F. (2008): Weiterbildungsbeteiligung in Deutschland – Eckdaten zum BSW-AES 2007 TNS Infratest Sozialforschung. München

(http://www.bmbf.de/pub/weiterbildungsbeteiligung_in_deutschland.pdf) (02.02.2011)
Schinkel, Ph. (2007): Demografischer Wandel in Deutschland: Herausforderungen unserer Gesellschaft. Saarbrücken
Schunk, D./Zimmerman, B. (Eds.) (1998): Self-Regulated Learning. From Teaching to Self-Reflective Practice. New York, USA
Senatsverwaltung für Bildung, Wissenschaft und Forschung (2009): Duales Lernen in der Integrierten Sekundarschule, Berlin (http://www.berlin.de/imperia/md/content/sen-bildung/bildungspolitik/schulreform/duales_lernen_handreichung.pdf?start&ts=1282222797&file=duales_lernen_handreichung.pdf) (02.02.2011)
Sennett, R. (1998): Der flexible Mensch. Die Kultur des neuen Kapitalismus. Berlin
Solomon, S./Qin, M./Manning, Z. Chen/M. Marquis/K.B. Averyt/M. Tignor and H.L. Miller (eds.) (2007): Contribution of Working Group I to the Fourth Assessment Report of the Intergovernmental Panel on Climate Change, Cambridge, UK and New York, USA
Statistisches Bundesamt (2009): Bevölkerung Deutschlands bis 2060, Ergebnisse der 12. koordinierten Bevölkerungsvorausberechnung, Wiesbaden
Steinmüller, A./Steinmüller, K. (2004): Wild cards. Wenn das Unwahrscheinliche eintritt. Hamburg
Thüringer Kultusministerium (2003): PISA 2003 – I – plus. Erste Ergebnisse. (http://www.thueringen.de/imperia/md/content/tkm/informationen/pisa2003-i-plus.pdf) (02.02.2011)

Die Autoren

Bernadette M. Baker, Prof. Dr. phil., Jg. 1968
University of Madison, Wisconsin, USA, Center for Global Studies, Holtz Center for Social Studies of Science and Technology, & Dept of Curriculum and Instruction

Heike de Boer, Prof. Dr. phil., Jg. 1963
Universität Koblenz-Landau – Campus Koblenz, Fachbereich 1 Bildungswissenschaften, Institut für Grundschulpädagogik

Heike Deckert-Peaceman, Prof. Dr. phil., Jg. 1963
Pädagogische Hochschule Ludwigsburg, Institut für Erziehungswissenschaft, Abteilung Elementar- und Primarstufe

Gerhard de Haan, Prof. Dr. phil. habil., Jg. 1951
Freie Universität Berlin, Fachbereich Erziehungswissenschaften und Psychologie; Leiter des Instituts für Erziehungswissenschaftliche Zukunftsforschung: Institut Futur an der Freien Universität Berlin

Ansgar Häußling, Prof. Dr. phil. habil., Dipl.Phys., Jg. 1936, em. (2002), Universität Koblenz-Landau – Campus Landau Fb7; Natur- und Umweltwissenschaften; u. a. langjähriger Lehrbeauftragter an der Johann Wolfgang Goethe-Universität Frankfurt am Main

Helga Kelle, Prof. Dr. phil. habil., Jg. 61
Johann Wolfgang Goethe-Universität Frankfurt am Main, Fachbereich Erziehungswissenschaften, Institut für Pädagogik der Elementar- und Primarstufe

Susanne Schittler, Wissenschaftliche Mitarbeiterin, Jg. 1968
Universität-Koblenz – Campus Koblenz, Fachbereich 1 Bildungswissenschaften, Institut für Grundschulpädagogik

Monika Sujbert, Dr. phil., Akademische Rätin, Jg. 1971
Pädagogische Hochschule Ludwigsburg, Institut für Erziehungswissenschaft, Abteilung Elementar- und Primarstufe

Patrick Sunnen, Dr. phil., Assistant professeur, Jg. 1970
University of Luxembourg, Faculté des Lettres, des Sciences Humaines, des Arts et des Sciences de l'Education

Kristin Westphal, Prof. Dr. phil. habil., Jg.1953
Universität Koblenz-Landau – Campus Koblenz, Fachbereich 1 Bildungswissenschaften, Institut für Grundschulpädagogik

Frankfurter Beiträge zur Erziehungswissenschaft
Fachbereich Erziehungswissenschaften der
Goethe-Universität Frankfurt am Main

Reihe Monographien:

Matthias Proske
Pädagogik und Dritte Welt
Eine Fallstudie zur Pädagogisierung sozialer Probleme
Frankfurt am Main 2001

Thomas Höhne
Schulbuchwissen
Umrisse einer Wissens- und Medientheorie des Schulbuchs
Frankfurt am Main 2003

Thomas Höhne/Thomas Kunz/Frank-Olaf Radtke
Bilder von Fremden
Was unsere Kinder aus Schulbüchern über Migranten lernen sollen
Frankfurt am Main 2005

Wolfgang Meseth
Aus der Geschichte lernen
Über die Rolle der Erziehung in der bundesdeutschen
Erinnerungskultur
Frankfurt am Main 2005

Elke Wehrs
Verstehen an der Grenze
Erinnerungsverlust und Selbsterhaltung von Menschen mit
dementiellen Veränderungen
Frankfurt am Main 2006

Matthias Herrle
Selektive Kontextvariation
Die Rekonstruktion von Interaktionen in Kursen der
Erwachsenenbildung auf der Basis audiovisueller Daten
Frankfurt am Main 2007

Iris Clemens
Bildung – Semantik – Kultur
Zum Wandel der Bedeutung von Bildung und Erziehung in Indien
Frankfurt am Main 2007

Nils Köbel
Jugend – Identität – Kirche
Eine erziehungswissenschaftliche Rekonstruktion kirchlicher Orientierungen im Jugendalter
Frankfurt am Main 2009

Marianne Weber
Anfänge und Übergänge
Bildungsentscheidungen der Grundschule
Frankfurt am Main 2010

Meron Mendel
Jüdische Jugendliche in Deutschland
Eine biographisch-narrative Analyse zur Identitätsfindung
Frankfurt am Main 2010

Jens Rosch
Das Problem des Verstehens im Unterricht
Frankfurt am Main 2011

Matthias Schmolke
Bildung und Selbsterkenntnis im Kontext Philosophischer Beratung
Frankfurt am Main 2011

Oliver Hollstein
Vom Verstehen zur Verständigung
Die erziehungswissenschaftliche Beobachtung einer pädagogischen Denkform
Frankfurt am Main 2011

Reihe Kolloquien:

Frank-Olaf Radtke (Hrsg.)
**Die Organisation von Homogenität
Jahrgangsklassen in der Grundschule**
Kolloquium anläßlich der 60. Geburtstage von Gertrud Beck und
Richard Meier, Frankfurt am Main 1998

Frank-Olaf Radtke (Hrsg.)
**Lehrerbildung an der Universität
Zur Wissensbasis pädagogischer Professionalität**
Dokumentation des Tages der Lehrerbildung an der
Johann Wolfgang Goethe-Universität, Frankfurt am Main 1999
(vergriffen)

Heiner Barz (Hrsg.)
**Pädagogische Dramatisierungsgewinne
Jugendgewalt. Analphabetismus. Sektengefahr**
Frankfurt am Main 2000

Gertrud Beck, Marcus Rauterberg, Gerold Scholz, Kristin Westphal
(Hrsg.)
Sachen des Sachunterrichts
Dokumentation einer Tagungsreihe 1997–2000
Frankfurt am Main 2001
Korrigierte Neuauflage 2002

Brita Rang und Anja May (Hrsg.)
Das Geschlecht der Jugend
Dokumentation der Vorlesungsreihe Adoleszenz: weiblich/männlich?
im Wintersemester 1999/2000
Frankfurt am Main 2001

Dagmar Beinzger und Isabell Diehm (Hrsg.)
**Frühe Kindheit und Geschlechterverhältnisse
Konjunkturen in der Sozialpädagogik**
Frankfurt am Main 2003

Vera Moser (Hrsg.)
Behinderung – Selektionsmechanismen und Integrationsaspirationen
Frankfurt am Main 2003

Gisela Zenz (Hrsg.)
Traumatische Kindheiten
Beiträge zum Kinderschutz und zur Kindesschutzpolitik aus erziehungswissenschaftlicher und rechtswissenschaftlicher Perspektive
Frankfurt am Main 2004

Tanja Wieners (Hrsg.)
Familienbilder und Kinderwelten
Kinderliteratur als Medium der Familien- und Kindheitsforschung
Frankfurt am Main 2005

Micha Brumlik und Benjamin Ortmeyer (Hrsg.)
Erziehungswissenschaft und Pädagogik in Frankfurt –
eine Geschichte in Portraits
Frankfurt am Main 2006

Argyro Panagiotopoulou und Monika Wintermeyer (Hrsg.)
Schriftlichkeit – Interdisziplinär – Voraussetzungen, Hindernisse und Fördermöglichkeiten
Frankfurt am Main 2006

Dieter Katzenbach
Vielfalt braucht Struktur – Heterogenität als Herausforderung für die Unterrichts- und Schulentwicklung
Frankfurt am Main 2007

Reihe Forschungsberichte:

Thomas Höhne/Thomas Kunz/Frank-Olaf Radtke
Bilder von Fremden – Formen der Migrantendarstellung als der „anderen Kultur" in deutschen Schulbüchern von 1981–1997
Frankfurt am Main 1999 (vergriffen)
http://www.uni-frankfurt.de/fb/fb04/personen/radtke/Publikationen/Bilder_von_Fremden.pdf

Uwe E. Kemmesies
Umgang mit illegalen Drogen im 'bürgerlichen' Milieu (UMID)
Bericht zur Pilotphase
Frankfurt am Main 2000 (vergriffen)

Oliver Hollstein/Wolfgang Meseth/Christine Müller-Mahnkopp/
Matthias Proske/Frank-Olaf Radtke
Nationalsozialismus im Geschichtsunterricht
Beobachtungen unterrichtlicher Kommunikation
Bericht zu einer Pilotstudie
Frankfurt am Main 2002 (vergriffen)
http://www.uni-frankfurt.de/fb/fb04/personen/radtke/Publikationen/
Forschungsbericht_3_Nationalsozialismus_im_Geschichtsunterricht.pdf

Andreas Gruschka/Martin Heinrich/Nicole Köck/Ellen Martin/
Marion Pollmanns/Michael Tiedtke
Innere Schulreform durch Kriseninduktion?
Fallrekonstruktionen und Strukturanalysen zu den Wirkungen administriell verordneter Schulprogrammarbeit
Frankfurt am Main 2003

Andreas Gruschka
Auf dem Weg zu einer Theorie des Unterrichtens
Die widersprüchliche Einheit von Erziehung, Didaktik und Bildung in der allgemeinbildenden Schule
Vorstudie
Frankfurt am Main 2005

Frank-Olaf Radtke/Maren Hullen/Kerstin Rathgeb
Lokales Bildungs- und Integrationsmanagement
Bericht der wissenschaftlichen Begleitforschung im Rahmen der Hessischen Gemeinschaftsinitiative Soziale Stadt (HEGISS)
Frankfurt am Main 2005

Benjamin Ortmeyer
Die geisteswissenschaftliche Pädagogik und die NS-Zeit
(Vier Teilbände im Schuber)
Teil 1: Eduard Spranger und die NS-Zeit
Teil 2: Herman Nohl und die NS-Zeit
Teil 3: Erich Weniger und die NS-Zeit
Teil 4: Peter Petersen und die NS-Zeit
Frankfurt am Main 2008

www.ingramcontent.com/pod-product-compliance
Lightning Source LLC
Chambersburg PA
CBHW050139170426
43197CB00011B/1898